KB269471

주식10년
대호황
新
투자
전략

주식 10년 대호황
新
투자
전략
김동희 지음
매일경제신문사

피할 수 없는 거대한 조류의 한가운데에서

"A spectre is haunting in Europe."
하나의 유령이 유럽을 배회하고 있다.

칼 마르크스가 쓴 공산당 선언은 이렇게 시작한다. 당시의 암울했던 시대상황과 공산주의의 대두를 표현한 유명한 말이다.

시간이 흘러 오늘날, 전 세계 곳곳에는 '자본'이라는 유령이 떠돌고 있다. 넘쳐나는 유동성은 수익이 창출되는 모든 곳을 찾아 바쁘게 움직인다. 그리고 그 한가운데에 주식시장이 자리를 잡고 있다. 저평가된 기업은 전 세계 어디에 있든지 자본의 먹잇감이 된다. 한 국가의 증시 전체가 저평가되어 있다면 그것은 대규모 자본의 아주 좋은 투자처가 된다. 이는 곧 그 나라 증시의 레벨업(Level-up)을 유발한다.

필자는 이른 나이에 주식 공부를 시작했다. 한창 혈기왕성했던 시기였기에 원서를 비롯한 각종 서적들을 탐독하면서 글로벌 증시를 연구하곤 했다.

당시 언제나 머릿속에 담고 있던 생각은 '왜 한국증시는 레벨업 과정에 들어서지 못하는 걸까' 라는 것이었다. 선진국을 비롯해 우리와 경제규모가 비슷한 대만 등 각국의 증시는 한 차례씩 주가 대급등을 통해 레벨업을 겪었다. 그러나 유독 한국증시만 20여 년의 세월 동안 1000포인트의 테두리 안에서 답답하게 움직여 왔다.

그러던 중 각국 증시의 사례를 연구하면서 언제부터인가 나의 눈에 강렬하게 들어오기 시작하는 것이 있었다. 그것은 '레벨업과 대호황은 일정한 공통점들로 인해 유발된다' 라는 사실이었다.

'과연 우리증시의 레벨업은 요원한 것인가? 그렇지 않다면 과연 어느 시기에 이루어질 것인가?'

의문점을 해결하기 위한 필자의 오랜 싸움(?)이 마침내 시작되었다.

그로부터 시간이 흘러 2005년. 오랫동안 끌어왔던 싸움의 해결점들이 마침내 실체를 드러내기 시작했다. 저금리, 고령화, 넘쳐나는 유동성 등으로 대표되는 시대적 상황과 더불어 한국증시 역사상 최초로 '적립식 펀드 열풍' 이 불기 시작한 것이다.

증시의 레벨업은 기업의 구조조정에 이어 가계의 구조조정, 즉 가계부채문제를 해소하는 단계에서 시작된다. 저금리로 인해 투자자들은 주식을 '위험자산'에서 일종의 '저축' 으로 인식하게 되고, 이는 적립식 펀드 열풍으로 이어진다. 결국 본격적인 투자의 시대가 도래하면서 주식시장의 화려한 장기상승 사이클이 시작되는 것이다.

드디어 그러한 상황들이 우리증시에서도 동일하게 펼쳐지며 그 서막이 엿보이기 시작하였고, 필자는 우리증시의 레벨업과 장기상승 랠리를 예측할 수 있었다.

그리고 2007년 7월 현재까지 우리증시는 이후 거침없는 상승을 거듭해 왔다.

여전히 저금리 기조는 지속되고 마땅한 투자처를 찾지 못한 각 분야의 자금들이 증시로 흘러들어오고 있다. 개인 투자자들뿐만 아니라 기업과 각종 연금들도 주식 이외에는 대안이 없음을 깨닫고 본격적인 진입 준비를 마쳤다. 증시 주변에 매수를 기다리는 대기성 자금들이 역사상 가장 풍부하게 쌓여 있는 것이다.

또한 글로벌 증시의 호조와 기술혁명으로 인한 패러다임의 변화, 베이비붐 세대의 소비주체 부각, 차이나 모멘텀 등으로 인한 한국 기업들의 엄청난 순익 증가 등 장기상승을 위한 근본적인 재료들이 모두 갖춰졌다. 이러한 상황이 전개되면서 '투자의 시대', 정확히 표현하자면 '주식투자의 시대'의 서막이 오르고 있는 것이다.

그러나 많은 투자자들은 아직 이러한 상황을 깨닫지 못하고 있다. 이러한 상승이 과도한 것은 아닌지 내가 들어가면 상투가 아닌지에 대한 불안감, 그리고 '주식투자'는 곧 '투기' 혹은 '패가망신'이라는 과거의 부정적 인식에서 여전히 벗어나지 못하고 있기 때문이다.

과거가 저축의 시대였다면 지금은 투자의 시대다. 그럼에도 불구하고 대부분의 사람들은 지금까지의 가치관을 고수하고 있다. 이는 잘못된 교육에서 비롯된 것이다. 지금까지 우리는 저축을 절대 선으로 배워 왔으며, 투자에 대한 교육은 전혀 받지 못하고 살아왔다. 이러한 제도교육은 무면허 투자자들을 양산했고 그것은 고스란히 투자자들의 고통으로 전가되었다.

오랫동안 한국증시의 레벨업에 대해 연구하고 고민해 온 필자로서는 이러한 상황이 너무도 안타까울 수밖에 없었다. 결국 피할 수 없는 거대한 시대적 조류의 중대함을 널리 알려 투자자들의 이해를 도와야 한다는, 일종의 책임감으로 이 책을 집필하게 되었다.

이 책은 '한국증시가 장기상승랠리를 이어갈 수밖에 없는 이유' 와 함께, '주식시장에서 성공하기 위해 가장 중요한 투자원칙들' 을 설명하고 있다. 특히 전자는 7가지 주된 근거를 들어 분석했으며 별책으로 구성해 내용의 차별화를 꾀했다.

살기 좋은 세상이 구현되기 위해서는 진보와 보수, 부분과 전체 등 대립되는 개념들이 조화롭게 어우러져야만 한다. 그것은 새가 양 날갯짓을 통해 조화롭게 날 수 있는 이치와 같다.

주식투자도 마찬가지다. 어떤 사람은 펀더멘탈과 가치가 중요하다고 하고, 또 다른 사람들은 타이밍과 기술적인 부분들이 중요하다고 한다. 그러나 필자가 오랜 시간 투자하면서 터득한 것은 이 두 가지 모두 소홀히 할 수 없는 중요한 영역이라는 사실이다.

그래서 본문에서는 투자마인드와 철학, 그리고 기본적인 분석에서부터 기술적으로 중요한 요소들까지 성공투자를 위한 원칙들을 고루 다루었다. 고통이 아닌 즐거운 투자를 위해서 우리는 투자의 1종 면허라 할 수 있는 '원칙' 의 중요성을 깨닫고 실천해야만 하기 때문이다.

주식시장은 항상 잡음 섞인 음악을 들려준다. 원칙이 없는 투자자들은 항상 잡음에 귀를 기울인다. 이러한 불협화음 가운데에서 시장이 들려주는 선율을 가려듣기 위해서는 반드시 원칙이 필요하다.

필자의 가장 큰 바람 역시 이 책을 읽고 많은 투자자들이 원칙을 세우고 흔들리지 않는 매매를 하는 데 큰 도움이 되었으면 하는 것이다.

2003년, 2005년 그리고 2007년 이렇게 세 번에 걸쳐 책을 출간하게 되었다. 각 책이 출간될 때의 상황들을 되돌아보면 시기마다 빠르게 변화하는 시장환경에 놀라게 되는데, 변화하는 것은 시장뿐만이 아닌 것 같다. 두 번째 책을 탈고

한 직후 가졌던 딸 예성이가 어느새 자라서 "아빠 힘내세요"라고 옹알옹알 노래를 불러주고 있으니 말이다. 책을 쓰기 시작하면서부터 주말에도 딸의 곁에 있어주지 못해 미안할 따름이다.

나이를 먹어가고 자식이 생기면서부터 부모님에 대한 고마움을 조금씩 더 깨달아 가는 것 같다. 아마도 철이 들어가는 증거겠지만 그러면 그럴수록 늙고 기력이 쇠약해지는 부모님을 보면서 가슴이 아파올 때가 많다. 부모님에 대한 죄송함을 지면을 통해서나마 전해드리고 싶다. 덧붙여 평생 가족을 위해 헌신하시고 이제는 관절염으로 고생하고 계신 어머님의 쾌유를 간절히 기원한다.

더불어 평일이고 주말이고 없이 바쁘기만 한 남편을 잘 내조해 준 아내와, 좋은 책을 만들기 위해 노력해 주신 매경출판과 매경인터넷, 리딩투자증권 관계자 분들, 항상 큰 도움을 주고 있는 김종옥, 이원준 님께 감사의 뜻을 전한다.

김 동 희

Contents

1

자세와 철학

실수를 피하기 위한 가장 좋은 방법은 투자를 안 하는 것이다.

그러나 그것이야말로 가장 큰 실수이다.

존 템플턴(John Templeton)

21세기 안에 다우지수 100만 포인트 간다

"다우존스지수는 21세기 안에 100만 포인트를 돌파할 것이다."

과연 누가 이렇게 허황되고 정신나간 말을 했을까. 더군다나 2007년 현재 다우지수는 13500포인트 수준에 불과한데 말이다.

이 말은 존 템플턴(John Templeton)이 지난 1999년 11월 기관투자가 연례회의에서 한 말이다. 그렇다면 세계적인 투자의 명인이 이런 말을 한 근거는 무엇일까? 다소 허황된 듯하지만 여기에는 나름대로의 객관적인 분석이 자리 잡고 있다.

100년 전인 20세기 초 다우지수는 100포인트에도 못 미쳤다. 그러나 1999년 3월 마침내 10000포인트 선을 돌파했다. 템플턴이 강연을 한 시점의 다우지수가 10600포인트 수준이었으니 해마다 평균 10%씩만 상승한다면 2047년에는 100만 포인트에 도달한다. 연평균 상승률이 4.6%만 돼도 2099년에는 다우지수가 100만 포인트에 이른다.

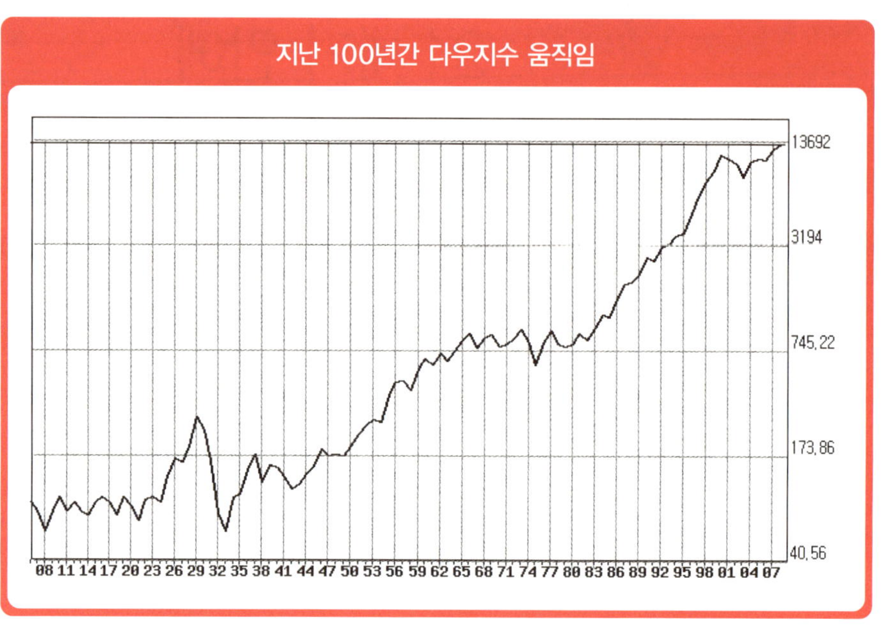

템플턴은 어린 시절부터 복리이자의 신비함에 흠뻑 빠졌다고 회고한다. 그는 1626년 네덜란드 상인이 불과 24달러에 인디언에게서 맨해튼 섬을 샀지만, 이 돈을 받은 인디언이 연리 8%의 복리수익률을 올렸다면 그들은 지금 맨해튼 섬을 다시 매입하고도 돈이 남을 것이라고 말한다. 그래서 그는 가능하면 일찍 투자를 하라고 조언한다. 남은 생애 동안 복리수익률의 혜택을 더 많이 볼 수 있기 때문이다.

워렌 버핏, 피터 린치, 앙드레 코스톨라니 그리고 존 템플턴 등 성공한 투자가들의 공통점은 단 한 가지, 바로 주식시장을 무한히 긍정적으로 보았다는 것이다. 특히 템플턴은 85세가 되던 1997년 자신의 사무실 임대기간을 10년 더 연장했을 만큼 장래를 낙관적으로 바라본 투자가로 유명하다.

일반 투자자들이 실패하는 가장 큰 이유는 근시안적이며 단기적인 사고를 가지고 있기 때문이다. 누구나 짧은 기간에 큰돈을 벌길 원한다. 그러나 투자의 세계에 지름길은 절대 존재하지 않는다. 때문에 시간과의 싸움에서 이길 수 있는 긍정적 사고야말로 투자의 필수 덕목이다.

투자자들이 단기적인 시각에 갇혀 얼마나 투자를 그르치고 있는지는 피터 린치(Peter Lynch)와 마젤란 펀드(Magellan Fund)[1]의 일화에서 잘 나타난다.

월가(Wall Street)의 살아있는 전설로 불리는 피터 린치의 운용실력은 정말 대단했다. 1977년부터 1990년까지 피델리티의 '마젤란 펀드'를 운용하면서 누적수익률 2,700%라는 경이적인 기록을 남겼다. 무엇보다 13년 내내 연 수익률이 한 번도 마이너스로 내려간 적이 없었다. 1987년 주가 폭락 때도 연 수익률 3%를 맞춘 그야말로 '투자의 귀재'였다. 당시 미국 100가구 중 1가구가 '마젤란 펀드'에 가입했을 정도였다.

그러나 피터 린치는 자신의 은퇴식에서 깜짝 놀랄 만한 소식을 들었다. 바로 '마젤란 펀드'에 투자했던 사람 중 절반이 원금 손실을 경험했다는 것이다. 대체 뭐가 잘못되었던 것일까. 이유는 바로 1년도 안 돼 가입과 환매를 반복했던 단기적 투자행태 때문이었다.

주식투자 수익의 90%가 전체 투자기간의 2% 동안 발생한다. 조바심 때문에 기다리지 못한 투자자들은 그러한 2%의 달콤한 오름세를 맛보지 못한다. 부화

---

1 .. 미국의 대표적 뮤추얼 펀드 회사인 피델리티(Fidelity) 사의 간판 펀드로, 1963년 피델리티 사의 창업자인 에드워드 존슨 2세의 아들인 네드 존슨이 '피델리티 국제 펀드'로 시작하여 1965년 3월 '마젤란 펀드'로 명칭을 바꾸었다. 초창기의 펀드는 소위 인-하우스 펀드(In-House Fund)로 대부분의 자산은 피델리티의 창업주인 존슨 일가의 재산이었다. 1976년 6월, 피델리티는 에섹스 펀드(Essex Fund)와 절세를 목적으로 합병했고, 다시 1981년 6월 살렘 펀드(Salem Fund)로 통합되었다. 마젤란 펀드는 피터 린치라는 유능한 펀드매니저의 능력으로 1977년에는 1,800만 달러에 불과했던 펀드 규모가 1990년에는 140억 달러 규모로 불어났다. 이후 모리스 스미스(Morris Smith), 제프리 비닉(Jeffrey Vinik)에 이어 현재는 로버트 스탠스키(Robert Stansky)에 의해 운용되고 있다. 2003년 약 900억 달러로 세계최대 규모였으나 최근 수익률 부진으로 순위에서 밀려났다.

뇌동하는 성급한 투자자는 결코 큰 수익을 거둘 수 없다는 것이다.

21세기 안에 다우지수가 100만 포인트까지 간다 해도 그 과실의 달콤함을 누릴 투자자는 소수에 불과할 것이다. 성공투자의 기본적인 요건은 시장의 등락이 아니라 주식시장에 대한 올바른 원칙과 인내할 수 있는 낙관적인 자세이기 때문이다. 주식시장에 대한 무한한 낙관론을 가지고 있지 않은 투자자라면 당장 주식시장을 떠나는 것이 옳다.

21세기형 문맹은 '금융문맹' 이다

"21세기형 문맹은 문자를 읽을 줄 모르는 것이 아니라 돈의 소중함과 관리 방식을 모르는 것, 즉 '금융문맹(Financial Illiteracy)' 을 뜻한다."

이는 미국정부가 금융문맹퇴치 캠페인을 벌이면서 내건 슬로건이다. 세계 경제 대통령이라 불렸던 앨런 그린스펀(Alan Greenspan) 전 미연방준비제도이사회 의장은 "금융문맹은 자본주의 사회가 낳은 21세기형 문맹이고, '문맹' 보다 더 무서운 것이 '금융문맹' 이다"라고 거침없이 말했다. 문맹은 생활을 불편하게 할 뿐이지만 금융문맹은 생존 자체를 불가능하게 만들기 때문이라는 것이다. 그는 또 "기초 금융 지식을 초·중등학교 때부터 배워야 은행, 증권 등 금융 서비스의 내용을 몰라 손해를 보는 일을 막을 수 있다"라고 덧붙였다.

필자가 초등학교에서부터 고등학교를 졸업할 때까지 줄기차게 받았던 금융 교육이 있다. 바로 저축이다.

초등학교 시절 매주 수요일이 되면 새마을 금고의 직원들이 학교로 찾아왔다. 그러면 우리는 코 묻은 돈을 손에 쥔 채 길게 줄을 섰고, 직원들은 볼펜으로 통장에 액수를 적은 후 도장을 찍어주곤 했다. 또한 저축이야말로 개인도 잘살 수 있고 나라도 부강하게 만드는 '애국의 길'이라고 교육받아 왔다.

그러나 대학에 가기 전 12년 동안 은행과 저축에 대한 교육은 받았어도 '투자'라는 단어는 거의 들어보지 못했던 것 같다. 저축이 미덕이고 곧 최선이었던 것이다. '투자'라는 말은 암묵적으로 '투기'라는 말과 동일시되었고, 금기시되었던 시대였다. 당시 대중들의 머릿속엔 '주식투자는 대단히 위험한 투기이며 곧 패가망신'이라는 인식이 자리 잡고 있었다.

대학에 들어간 이후 다른 동기들이 어떻게 하면 좋은 곳에 취직을 할 수 있을까 고민하는 시간에 나는 주식투자를 공부하기 시작했다. 외서와 국내서를 막론하고 투자명인들의 서적과 각종 투자기법에 대한 책을 보고 직접 실전투자도 했다.

이때 필자가 느낀 것은 '어려서부터 올바른 투자마인드를 배웠다면 투자의 즐거움을 훨씬 일찍 깨달았을 텐데… 그리고 많은 사람들이 어른이 되어 뒤늦게 배운 도둑질에 허황된 투기를 하지는 않았을 텐데…'라는 것이었다. 그리고 '나중에 자식이 생기면 어려서부터 주식투자를 가르치리라'라는 다짐을 하기도 했다.

그 후 시간이 흘러 2007년, 지금에 이르렀다. 오늘날은 고령화, 디플레이션, 실질금리 마이너스 등으로 대표되는 시대다. 최근 들어 불기 시작한 적립식 펀드 열풍은 이러한 시대를 살아가는 대중들의 관심사를 잘 대변해 주고 있다. 새로운 패러다임이 눈앞에 다가오면서 부(富)를 창출하는 통로가 은행권 중심의 확정수익형 상품이나 안정적인 채권위주의 상품에서 주식형 상품으로 서서히 옮겨가고 있는 것이다.

그렇지만 아직 본격적으로 '투자의 시대' 가 무르익은 것은 아니다. 총 1,000조 원으로 추정되는 국내 개인 가계자산의 80%가 부동산 등 실물자산이며, 나머지 금융자산 가운데서도 주식비중은 불과 6% 안팎에 불과하다. 가계자산구조에 있어 부동산 편중이 심각한 수준이다. 미국은 부동산 대 금융자산의 비중이 3:7, 일본만 해도 1:2 정도인데 비해 우리는 5:1로 기형적 구조를 가지고 있다. 아직도 갈 길이 먼 것이다.

전설적인 투자의 달인이었던 앙드레 코스톨라니(Andre Kostolany)는 "주식투자를 할 때 항상 시장에 주식보다 바보가 많은지, 아니면 바보보다 주식이 많은지를 본다"라는 말을 했다. 이 말은 주식시장에 들어와 있는 돈이 많은지, 아니면 주식시장에 들어올 대기성 자금이 풍부한지를 판단한다는 것이다.

마땅한 투자대안이 없고 부동자금이 사상 최대인 상황에서, 2007년 현재 우리나라가 맞이한 대세상승은 서막에 불과하다. 더군다나 각국의 증시가 수십 년 동안 박스권 안에서 움직이다가 한 단계 크게 레벨업이 되었던 시기의 상황을 비교해 보면 현재 우리나라의 상황과 매우 유사함을 알 수 있다.

기업의 구조조정에 이어 가계의 구조조정, 즉 가계부채문제의 해소 이후 저금리 기조가 이어졌다. 이로 인해 일반투자자들은 주식을 '위험자산' 이 아닌 일종의 '저축' 으로 인식하기 시작했고, 본격적인 투자의 시대가 열리면서 주식시장의 화려한 장기상승이 가능했던 것이다.

이제 우리나라도 '투자의 시대', 정확히 표현하자면 '주식투자의 시대' 를 맞이하고 있다. 이러한 상황에서 올바른 투자원칙으로 무장하지 못하다면 21세기의 문맹, 즉 '금융문맹' 이 될 수밖에 없다.

가장 큰 실수는 투자를 하지 않는 것

"실수를 피하는 길은 투자를 하지 않는 것이다. 그러나 그것은 실수 중에서도 가장 큰 실수다."

미국 테네시주의 작은 산골 마을에서 태어나 후에 '월가의 전설'로 불린 존 템플턴의 말이다. 그동안 우리나라에서 주식은 대표적인 위험자산으로 여겨져 왔다. 기관과 개인의 구분 없이 투기적인 매매에만 집중한 결과 증시는 황폐해졌고, 많은 투자자들이 증시를 떠났다. 특히 1999년부터 2000년 초에 걸쳐 불어 닥쳤던 '코스닥 광풍'은 너무나 큰 후유증을 남겼다.

오늘날 증시가 1000포인트를 훌쩍 넘어 역사적 신고가 시대를 열었음에도 많은 투자자들이 시장 진입을 꺼리는 이유는 '그때의 아픈 기억'과 함께 '개인투자자들이 진입하는 시기는 항상 고점이었다'는 인식이 팽배해 있기 때문일 것이다.

그렇지만 필자는 이것이 아주 좋은 장기상승의 시그널이라고 본다. 주가가 크게 올라감에도 불구하고 투자자들이 흥분하지 않는다는 것은 아직도 주식시장에 '들어온 돈' 보다 '들어올 돈' 이 더 많다는 강력한 반증이기도 하다. 주식을 매수한 투자자들은 주식이 오르길 기대하고, 현금을 보유한 투자자들은 주가가 떨어지길 기대하는 것이 원초적 투자심리이기 때문이다.

더군다나 주식시장에 신규로 들어오는 자금도 '직접투자' 보다는 적립식 펀드 등 '간접투자 상품' 에 몰리고 있다는 사실이 더욱더 시장의 앞날을 밝게 해주고 있다. 적립식 펀드는 자금 유출입이 크지 않고 시장을 견고하게 지지해 주는 기능을 하기 때문에 장기상승의 토대가 된다.

주식투자를 할 때 투자자들이 저지르기 쉬운 가장 큰 실수가 '백미러를 보는 것' 이다. 즉, 자꾸만 과거를 뒤돌아보며 투자를 한다는 것이다. 이것은 앞을 보지 않고 뒤를 보고 운전하는 것과 같다. 이 때문에 투자의 경험과 수익이 비례하지 않는 것이다.

2,000만 달러의 펀드를 13년 만에 무려 660배인 132억 달러로 만든 마젤란 펀드의 펀드매니저였던 피터 린치는 "주식시장에서 성공하기 위해서는 주식시장을 떠나서는 안 된다"라는 말을 했다. 과거의 실수와 손실에 집착하지 말고, 시장을 항상 긍정적으로 보며, 인내할 준비가 되어 있다면 주식투자만큼 안정적인 수익을 가져다주는 것은 없다는 말이다.

지금은 바야흐로 투자의 시대다. 과거에는 '주식투자를 하는 것' 이 리스크였으나 이제는 '투자를 하지 않는 것' 자체가 리스크가 되는 시대로 들어선 것이다.

투자자들을 지배하는 원초적 감정

많은 사람들에게 감동과 용기를 준 영화 〈쇼생크 탈출〉의 포스터를 보면 원제목 위에 'FEAR CAN YOU HOLD PRISONER, HOPE CAN SET YOU FREE(공포는 너를 죄수로 남게 할 것이며, 희망은 너를 자유롭게 할 것이다)' 라는 문구가 있다.

오랜 수형생활을 경험한 죄수들이 오히려 스스로를 구속하고 있는 감옥의 일상에 익숙해 있을 때 주인공 앤디(팀 로빈슨)는 자유를 찾아 축구장 두 배 길이의 오수관을 기어 탈옥에 성공한다.

이에 비해 대다수의 장기수들이 가석방 후 갑자기 주어진 자유에 적응하지 못하고 방황의 길을 걷거나 자살하는 모습에서 우리는 인간의 감정이 얼마나 쉽게 훈련되고 길들여지는지 알 수 있다.

주식시장에서도 투자자들의 감정은 시세의 변화에 따라 너무나 쉽게 움직인다. 부가 곧 자유의 상징이 되어버린 오늘날 많은 투자자들은 부를 통해 경제적

자유를 얻기 위해 주식시장에 뛰어든다. 그러나 오히려 주식시장의 노예가 되어 스스로를 구속하고 있는 것을 쉽게 발견할 수 있다.

이렇게 한 치 앞도 내다보지 못하고 흔들리는 투자자들의 감정을 너무도 잘 표현한 한 편의 일화가 있다.

어느 투자자가 월스트리트의 고급 레스토랑에서 굴요리, 수프, 스테이크, 그리고 커피와 과자를 주문했다. 요리사가 굴을 까는 데 시간을 지체하다 보니 요리 시간이 너무 오래 걸리자, 투자자는 그 사이에 인근 객장의 시세판을 보려고 자리를 떴다.

"굴 요리 취소!"

레스토랑으로 돌아온 그가 소리쳤다. 그리곤 다시 객장으로 갔다. 가격이 폭락하고 있었다.

"수프 취소!"

그는 다시 객장으로 달려갔다.

"스테이크도 취소!"

그렇게 해서 커피까지도 주문이 취소되었다. 그리고 투자자는 점심 식사 대신 물 한 잔과 아스피린을 갖다 달라고 부탁했다.[2]

투자자들은 돈을 벌겠다는 단 한 가지 목표를 가지고 주식시장에 진입한다. 그렇지만 대부분의 투자자들은 올바른 원칙없이 단순히 돈을 벌겠다는 일념만

---

2 .. 〈주식투자는 심리게임이다〉 p182, Andre Kostolany, 김재경 옮김, 미래의 창, 2001

으로 시장에 뛰어드는 경우가 많다. 이는 마치 아무런 무기 없이 전쟁터에 나가는 병사와 다름없는 무모한 행동이다.

그렇기 때문에 시세의 변화를 이용해 돈을 버는 것이 아니라 시세에 이끌려 다니는 노예로 전락하는 것이다. 주가가 상승할 때는 탐욕에 이끌려 제때 매도하지 못하거나 반대로 최고가에 매수하고, 주가가 하락할 때는 공포감에 휩싸여 앞 다투어 투매를 하게 된다.

주식시장은 주가가 상승과 하락 운동을 끊임없이 반복하는 곳이다. 주식시장에서 돈을 번다는 것은 이러한 시세의 변동성을 통해 차익을 남기는 행위다. 그렇기 때문에 상승과 하락을 반복하는 시세의 흐름에 얽매이지 않고 시세를 즐기는 자유로운 투자자만이 궁극적인 성공을 거둘 수 있다.

시세를 즐기기 위해서는 시세의 흐름을 미리 정확하게 예측해야 하고, 예측했던 대로 시세가 움직이지 않을 때는 빠르게 대응해야 한다. 이를 위해 필요한 것이 바로 올바른 투자의 원칙이다. 올바른 투자의 원칙이 없기 때문에 시세의 흐름에 따라 탐욕과 공포의 감정에 휘둘리는 무분별한 투자를 반복하는 것이다.

아마도 모든 투자자들이 이성적인 투자를 한다면 주식시장의 변동 폭은 지극히 작아질 것이고, 그 존재가치도 사라질 것이다. 인간이기에 보다 쉽게 극한의 감정에 빠지게 되고 그것이 비이성적인 행동으로 이어지며, 마침내 그러한 투자자들의 행위가 커다란 시세의 변동을 가져오기 때문에 큰 손실과 수익을 가져다 줄 것이다.

그렇지만 분명한 것은 투자자 스스로가 일정한 투자의 원칙을 가지고 있다면 감정에 치우친 무분별한 투자를 반복하지는 않게 된다는 것이다. 올바른 투자는 일종의 습관이기 때문이다.

필자 역시 오랜 연구와 경험을 통해 일정한 원칙을 세우고 그 원칙에 따라 투자를 반복하는 습관이 몸에 밴 후부터 비로소 꾸준한 수익을 창출할 수 있었다. 또한 예측하지 못한 큰 변동 속에서도 크게 흔들리지 않고 침착하게 대처하는 투자를 할 수 있게 되었다.

사람은 투자를 하면서 수익을 낼 수도 있고 손실을 입을 수도 있다. 그렇지만 올바른 원칙이 없었다면 큰 수익을 냈다 해도 그것은 잠시 계좌에 머물렀다 흘러가는 순간의 이익에 불과할 뿐이다. 반대로 손실을 입었다 해도 원칙이 있는 투자자라면 두 번 다시 실수를 반복하지는 않을 것이다.

투기는 태초에 인간과 함께 탄생했다

19세기 미국의 유명한 상인 케네(R.kene)는 "인생은 투기이고, 투기는 인간과 함께 탄생했다"라는 말을 남겼다. 인간과 투기와의 관계를 이보다 더 잘 설명한 말도 없을 것이다.

광적인 투기의 원조는 1636~1637년에 있었던 네덜란드의 튤립투기일 것이다. 당시 네덜란드 노동자의 1년 임금이 평균 300길더 정도였는데 20길더에 거래되던 튤립 1뿌리 값이 1,200길더까지 치솟았다. 튤립 한 뿌리 값이면 50톤의 호밀을 사고, 황소 4마리를 살 수 있었다고 하니 당시의 광기 어린 열풍을 짐작할 수 있다.

1637년 2월 3일 마침내 튤립가격이 급락하며 시장이 붕괴되었다. 예나 지금이나 마찬가지로 이 당시에도 거상들은 거의 손해를 보지 않았고, 집과 가재도구를 저당 잡혀 일확천금을 노렸던 서민들이 대부분 회복할 수 없을 정도의 손실을 입었다고 하니 시장은 항상 개미들에게 냉혹하다는 생각을 지울 수 없다.

1940년대 영국에서는 엄청난 수의 철도회사들이 생겨나고 8,000킬로미터의 철도가 건설되었는데, 이때가 바로 철도혁명의 시대다. 당시 철도회사 주식에 대한 투기열풍은 비이성 그 자체였다고 볼 수 있다. 철도회사 전용 주식 거래소 3개에 3,000명의 증권브로커가 활동했다. 심지어 의회가 신설 허가를 내주지 않은 철도회사의 공모주 청약권조차도 거액의 프리미엄을 받고 거래되었다고 한다.

그러나 수없이 난립한 철도회사의 채무액은 당시 영국 국민총생산 5억 5,000만 파운드를 초과하는 6억 파운드였다. 또한 〈더 타임즈〉, 〈이코노미스트〉와 같은 잡지에서 버블에 대한 우려를 나타내기도 했다. 하지만 사람들은 이에 귀를 기울이지 않았다. 끼니를 때우며 사는 것조차 어려웠던 파출부의 아들이 청약권 시세차익을 위해 3만 7,500파운드의 주식을 청약하는 일도 있었다고 하니 영국 전체가 일확천금을 꿈꾸는 하나의 거대한 투기판이었다고 해도 과언이 아닐 것이다.

주식시장에서 신기술과 새로운 개념의 탄생은 언제나 거대한 투기와 그에 따른 버블을 불러왔다. 증기기관차가 처음 모습을 드러냈을 때 1차 철도주 투기가 있었고, 철도혁명 시기에 2차 투기가 일어났다.

영국에 처음으로 운하가 건설됐을 때도 관련 주가는 폭등했고, 자동차가 출현한 1890년대 영국에서, 그리고 1920년대에는 미국에서 자동차 관련주의 투기가 있었다. 1920년대 미국의 신경제 호황도 있었고, 1990년대도 신경제 초호황이 있었다.

그러나 역사상 폭락으로 이어지지 않은 호황은 없었다. 1920년의 신경제 호황은 대공황으로, 1990년대 신경제 호황은 인터넷 버블이 걷히며 역시 폭락으로 이어졌다. 이처럼 폭락에 폭락을 거듭할 때에야 비로소 두려움을 느낀 사람

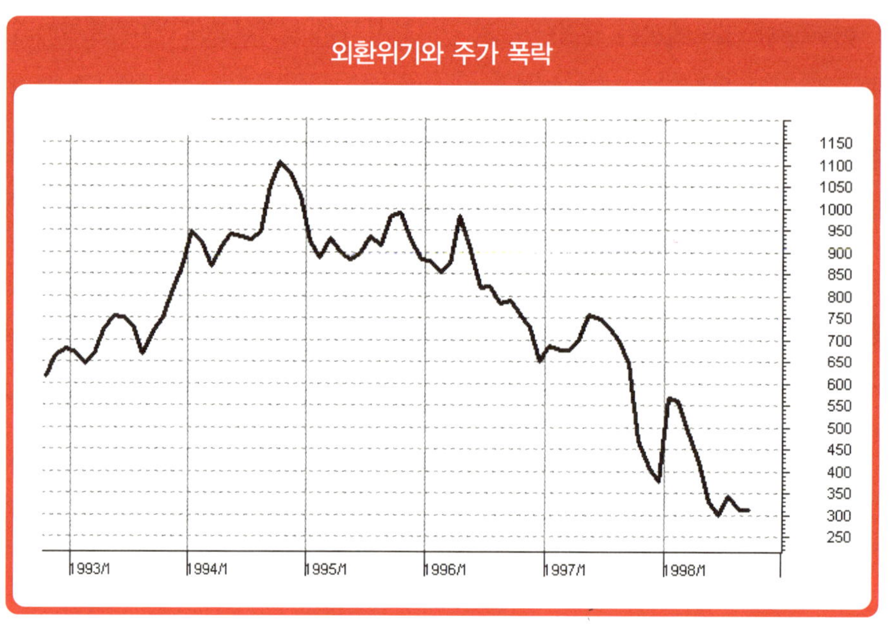

들이 투매에 동참하며 그것이 투기였다고 뒤늦은 후회를 했다.

이러한 투기 뒤에는 항상 시세를 조정하는 투기꾼과 탐욕스러운 경영자 그리고 이들과 결탁한 정치인들이 있었고, 버블의 고통은 언제나 힘겨운 일상을 탈출해 보려던 서민들의 몫으로 고스란히 돌아왔다.

우리나라만 해도 1997~1998년 외환위기와 1999년에서 2000년으로 이어지는 코스닥 묻지마 투기가 엄청난 후유증을 남겼고, 그 여파가 오늘날 증시의 호황에도 불구하고 개인투자자들의 적극적인 참여를 꺼리게 만드는 요인으로 작용하고 있다.

역사가 되풀이되듯이 인간이 존재하는 한 투기의 역사도 되풀이될 것이고, 탐욕 속에서 시세를 조정하려는 세력도 항상 존재할 것이며, 투자자를 사로잡

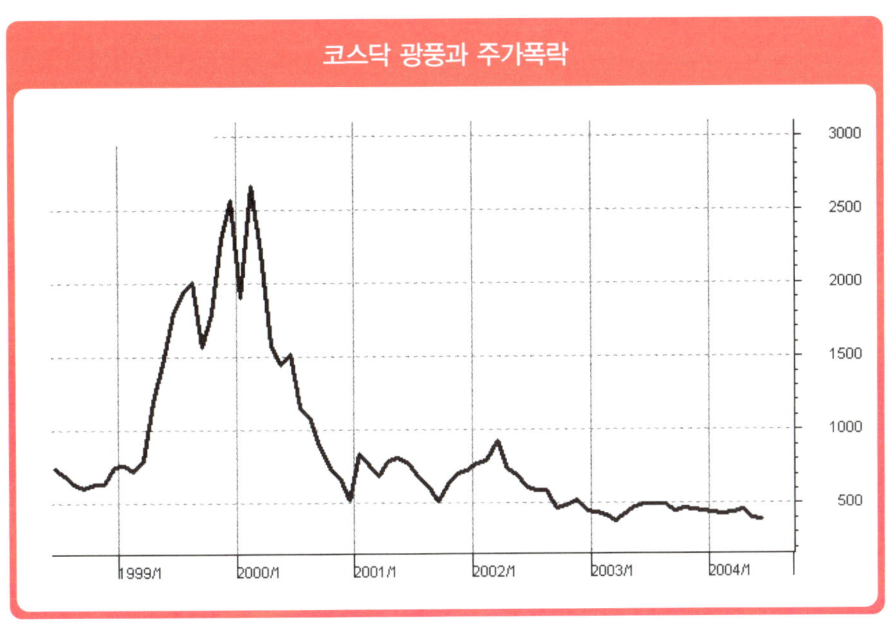

는 기술과 새로운 개념 역시 계속 생겨날 것이다.

대다수의 투자자들은 엄청나게 오른 주가가 반드시 더 오를 것이라는 확신에 휩싸여 베팅을 할 것이고, 그러한 광풍이 불고 간 자리에는 다시 냉혹한 시련이 닥칠 것이다. 이렇듯 반복되는 투기의 열풍 속에도 준비된 투자자들은 그것을 기회로 받아들일 것이고, 그렇지 못한 투자자들은 열풍의 끝 무렵에 와서야 비로소 열광할 것이다.

모든 투자는 기본적으로 투기이며, 우리는 투기의 시대에 살고 있다. 유대인 속담에 "기왕에 돼지고기를 먹으려면 가장 기름기 많은 부위를 먹어라"라는 말이 있다. 주식시장에 뛰어들었으면 적어도 수익을 내야 한다.

17세기 네덜란드의 튤립투기열풍을 굳이 들먹이지 않더라도 곡물과 석유를 비롯해 금, 은, 동 등의 원자재에서부터 오늘날 외환과 각종 파생상품에 이르기

까지 인간을 둘러싸고 있는 모든 환경은 투기의 연속이라고 할 수 있다.

특히 우리나라의 경우 부동산을 떠나서는 일상을 논하기 힘들 정도로 광적인 투기의 열풍이 계속되어 왔다. 인간이 존재하면서부터 투기는 시작되었고, 오늘날 투기는 하나의 일상이 되어버렸다. 이러한 투기 가운데에서도 단연 으뜸이라 할 수 있는 분야가 바로 주식투자다.

1602년 네덜란드의 암스테르담에 세계 최초의 증권거래소가 설립되었으니, 세계 증권시장의 역사는 약 400년이 되는 셈이다. 오늘날 세계 경제의 중심지가 된 미국증시의 경우 180년의 역사를 가지고 있고, 미국증시보다 젊은 일본증시는 약 120년 동안 일본경제의 젖줄 역할을 하며 경제대국 일본의 영광과 오욕의 역사를 동시에 보여주었다.

1980년대 일본 최고 호황기의 주가가 38000엔대였고, 잃어버린 10년(Lost-decade)이라 불리며 버블의 제거 과정을 통해 만성적인 부동산 침체와 장기불황을 겪은 1990년대에는 고작 수천 엔대를 왔다갔다 하는 최악의 상황을 보이기도 했다. 1960년대 1000엔대를 돌파한 후부터 한 번도 쉬지 않고 40000엔 가까이 상승했던 대단한 기세를 생각해 본다면 가히 투기와 기회의 역사 그 자체라고 불려도 될 만한 일본증시의 역사라 할 수 있다.

1964~1982년까지 20년 넘게 600~1000포인트 박스권에 갇혀있던 미국 다우지수는 1982년 10월 1000포인트를 돌파한 뒤 16개월 동안 65.6%라는 가파른 상승세를 보이며 지루한 박스권을 벗어나는 데 성공했다. 다우지수는 이후 20년 넘게 장기랠리를 펼치며 현재 10000포인트를 훌쩍 넘어섰다.

한국증시 역시 현재 20여 년간 500~1000포인트의 박스권을 지루하게 움직이다 역사적 신고가를 돌파하며 새로운 기회에 직면하고 있다. 과거 지수 네 자릿수 시대와 다른 점이라면 경기가 정점이 아닌 바닥 탈출 국면에서 맞이한 점, 부동산의 침체와 시중 부동자금이 사상 최대 규모인 점, 적립식 펀드 등 간접투자 상품으로의 대규모 자금 이동, 개인투자자들의 과열이 없다는 점 등이다. 이로 비추어 보았을 때 그 어느 때보다 한국증시 레벨업의 가능성은 상당히 높다고 할 수 있다.

케네의 말처럼 인간의 삶 자체가 투기의 연속이고, 우리는 투기의 시대에 살고 있다. 분명한 것은 기회가 있는 곳에 투기가 있고 성공한 투기가 곧 투자라는 것이다. 그리고 현재 그 기회의 한복판에 대한민국 증시가 자리 잡고 있다.

실패한 투자가 바로 투기다

주식시장에서는 수많은 투자자들의 꿈과 욕망, 공포와 탐욕 같은 감정들이 순간순간 '시세'로 표현된다. 그렇기 때문에 주식시장은 그렇게 합리적으로 움직이는 곳이 아니다. 그래서 버튼 멜키엘(Burton Malkiel)[3]은 불규칙하게 움직이는 주식시장의 시세를 마치 술에 취해 비틀거리는 취객에 비유해 '랜덤워크 이론(A Random Walk Down Wall Street)'을 만들어 냈다.

이토록 비이성적이고 때로는 지나친 투기판으로 비춰지는 주식시장이지만 분명히 주식시장에서 성공한 투자자들은 상당수 존재한다. 벤저민 그레이엄,

---

3 .. 버튼 멜키엘(Burton Malkiel)은 프린스턴대학에서 경제학을 강의하고 있으며, 미국 최대 주가지수 펀드를 운영하는 뱅가드 펀드의 이사다. 그는 1973년에 쓴 《랜덤워크이론 *A Random Walk Down Wall Street*》으로 유명세를 탔다. 술 취한 사람이 다음 발을 어디로 내딛을지 모르듯 주가도 예측할 수 없다는 이론이다. 증권시장에 주어지는 모든 정보가 즉시 주가에 반영된다는 효율적 시장 가설을 뒷받침한다. 그렇기 때문에 과거의 주가로 미래의 흐름을 추정할 수 없다는 것이다. 주가는 일반인들이 예측할 수 없는 우발성을 갖고 있어서 랜덤하게 움직이기 때문에 아예 주가 예측을 바탕으로 주식투자를 할 수 없다고 단정짓는 것이 랜덤워크이론이다.

워렌 버핏, 피터 린치, 제럴드 로브, 니콜라스 다비스, 존 템플턴 같은 이들의 주식투자를 '투기' 라고 하는 사람은 아무도 없다. 이들에게 '투기' 라는 표현을 쓰지 않는 이유는 바로 이들이 '성공한 투자자' 이기 때문이다.

워렌 버핏, 피터 린치, 존 템플턴 같은 투자자들은 장기간의 가치투자를 통해 큰 성공을 거두었다. 제럴드 로브나 니콜라스 다비스 같은 투자자들은 기술적인 분석을 이용한 투자로 거부가 되었다. 앙드레 코스톨라니 같은 투자자는 평생을 순종 투자자로 살며 '남들과 반대로 투자하라' 는 투자철학으로 무려 3세대에 걸쳐 유럽에서 투자의 제왕으로 군림하였다. 꼭 이렇게 세계적인 투자의 명인을 거론하지 않더라도 우리 주변에서 꾸준하게 수익을 거두고 있는 투자자들도 많이 있다.

이러한 투자자들의 공통점은 바로 주식시장을 있는 그대로(주식시장이 투기판이라는 사실) 받아들였다는 것이다. 그리고 이렇듯 투기적으로 움직이는 시장에서 살아남기 위해 그들만의 투자원칙을 만들었고, 누가 뭐라 해도 세상이 아무리 시끄러워도 그것을 실천하기 위해 남다른 노력을 했다.

그들이 그토록 지키고자 했던 원칙이 가치투자이든 기술적 분석에 근거한 투자이든 그것은 중요하지 않다. 중요한 것은 바로 원칙이 있었다는 것이다. 그래서 사람들은 그들의 '투자' 를 '투기' 라고 하지 않는 것이다.

벤저민 그레이엄, 워렌 버핏, 피터 린치, 제럴드 로브, 니콜라스 다비스, 존 템플턴, 앙드레 코스톨라니 모두 시세조정과 비합리성, 광기와 탐욕이 넘쳐나는 시장에서 큰 성공을 거두었지만 그들은 모두 주식시장에 근사한 용어를 갖다 붙이지는 않았다. 주식시장이 투기판이라는 것을 있는 그대로 인정하고 받아들였고, 시장의 심리를 너무나 잘 알고 있었기 때문에 사람들과 어울리지 않고 스스로 세운 투자의 원칙에 따라 초연하게 혼자 판단하고 혼자 결정해서 결국 '성공한 투자자' 가 된 것이다.

2주간의 간단한 교육이 만들어 낸 위대한 투자자들

주식시장에 원칙을 세우고 지키는 것이 얼마나 중요한 것인지를 너무나 잘 보여주는 사례가 있어 소개하고자 한다. 필자가 강연회나 기타 글을 기고할 때 자주 인용하는 것이 《국화와 칼》의 저자 '루스 베네딕트(Ruth Benedict)'와 '터틀스(Turtles)' 그룹의 성공투자 신화다. 분야는 전혀 다르지만 이 두 가지 경우 모두 일맥상통하는 교훈을 우리에게 제공하고 있다.

제2차 세계대전 발발 후 미국은 여러 가지 면에서 일본이라는 나라에 당황하지 않을 수 없었다. 일개 조그만 섬나라가 미국을 상대로 전쟁을 벌인 것이나 옥쇄니 가미가제니 목숨을 아끼지 않는 행동을 저지르는 일본인들을 서구식 사고로는 도저히 이해할 수 없었기 때문이었다.

그래서 미 국무성은 많은 일본 전문가들에게 일본에 관한 연구를 맡겼다. 그러나 서구 중심적인 시각에서 피상적이고 단편적이며 지나치게 주관적으로 접근했기 때문에 막대한 예산지원에도 불구하고 일본에 대한 연구는 답보를 거듭했다.

이때 미 국무성은 루스 베네딕트라는 학자에게 일본에 관한 연구를 맡기게 된다. 단 한 번도 일본에 가지 않았고 일본어조차 하지 못하던 그가 프로젝트를 맡게 되자 온갖 시기와 비난의 화살이 쏟아졌다.

그러나 그는 이후 역사학적인 측면에서 일본을 가장 훌륭하게 분석한 명저로 꼽히는 《국화와 칼》이라는 책을 써냈다. 루스 베네딕트가 이렇듯 훌륭한 명저를 낼 수 있었던 것은 단편적 경험과 주관에 치우쳐 고정관념에 사로잡혀 있던 다른 학자들과는 달리 직접적인 체험은 없었지만 겸허하게 객관적인 방법론으로 일본의 구조를 파악했기 때문이었다.

주식시장에서도 이러한 논리가 적용된 유사한 사례가 있는데, 그것이 바로 '터틀스(Turtles)'의 일화다. 1980년대 초반 리처드 데니스(Richard Dennis)가 이끄는 일군의 트레이더 그룹이 탄생하게 된다.

데니스는 간단한 테스트를 통해 많은 지원자들 가운데 15명을 선발했는데 도박사, 아동용 게임 프로그래머, 농부 등 다양한 배경을 가진 사람들이었다. 대부분 금융시장에 대해 문외한인 이들에게 그는 2주 동안 간단한 교육을 실시했고 적은 금액으로 곧바로 매매를 하도록 시켰다.

이들의 성공적인 임무 수행을 위해 교육 외에 그가 해 준 일이 하나 더 있었는데, 바로 외부로부터 이들을 철저히 차단시키는 일이었다. 사무실 한 칸을 마련해 주면서 처음 1년 동안은 매일 거기 모여 매매를 하라고 시켰고, 외부의 어느 누구와 어떤 대화나 접촉도 하지 말고 배운 대로만 하도록 당부했다.

그는 정보나 의견의 수집은 원칙 준수에 방해만 될 뿐임을 강조하며 다음과 같은 세 가지 원칙을 제시했다. 'Follow the trend(추세에 순응하라), Be humble(시장 앞에 겸손하라), Don't overtrade(무리한 매매를 삼가라)' 라는 세 가지 문구가 그것이었다.

그렇게 3년을 지내면서 그들은 경이적인 수익을 올렸고, 스승과 함께 큰 부자가 되었다. 그들이 더욱 신화적인 이유는 오랜 세월이 흐른 오늘날에도 그 실력이 건재하기 때문이다. 이 신화적인 일군의 트레이더들을 사람들은 '터틀스(Turtles)' 라 일컫게 되었다.

주식시장에 전혀 경험이 없었던 이들이 이렇듯 성공할 수 있었던 것은 바로 원칙이 있었기 때문이다. 시장에서의 오랜 경험이 곧 성공이라는 공식은 성립될 수 없으며, 원칙을 갖고 원칙에 입각한 투자를 하는 것, 이것만이 주식시장에서 성공할 수 있는 유일한 길임을 터틀스는 잘 보여주고 있다.

일본에 한 번도 가보지 않았지만 일본 연구에 관한 최고의 명저로 꼽히는 저서를 집필한 루스 베네딕트나 투자에 전혀 경험이 없었던 터틀스 그룹이 대 성공을 거둘 수 있었던 것을 기억해둘 필요가 있다.

대다수 투자자들은 20년간의 경험 속에서도 자신의 실수로부터 아무 것도 깨우치지 못하는 경우가 많다. 그러나 투자에 문외한이었던 그들은 2주 만에 위대한 투자자로 탄생했다. 바로 오랜 경험보다 더 중요한 한 것은 원칙이라는 것을 깨달았기 때문이다.

주식시장이라는 전쟁터에는 적군이 없다

유통왕국 '다이에'를 길러낸 일본의 입지전적인 인물 나가우치 이사오(中內功)는 제2차 세계대전 중 비참한 체험을 하게 된다. 보병이었던 나가우치는 전쟁 말기 미군의 공세가 계속되는 필리핀 정글 속에서 숨어 지내면서 필사적으로 잠과 싸웠다. 그가 정작 가장 두려워했던 것은 적이 아니라 수마(睡魔)였는데 잠에 곯아떨어지면 아군이 자신을 죽이고 잡아먹을 우려가 있었기 때문이었다.

훗날 나가우치는 이때 깨달은 두 개의 쓰라린 교훈에 관해 《카리스마-나가우치와 다이에의 전후(戰後)》에서 이렇게 말했다.

'1등이 아니면 소용이 없다. 2등은 패자나 마찬가지다.'

'누구도 믿지 말라.'

나가우치는 이 교훈 때문에 후에 정상에 올라설 수 있었다.

전쟁터에서 고향 고베로 돌아온 젊은 나가우치는 부친이 경영하던 작은 약국을 종업원 10만 명 연매출 5조 엔의 일본최대 소매유통 제국으로 길러냈다.

그러나 1990년대 들어 일본경제의 거품이 꺼지면서 나카우치는 영광인 동시에 퇴락했던 일본경제의 '잃어버린 10년'을 대표하는 존재로도 부각되었다. 나카우치의 일생이 고도 경제성장, 대량 소비사회, 부동산 신화 붕괴, 불량채권 급증 등 일본경제의 궤적과 일치하기 때문이다.

어쨌든 그의 가치관에 가장 큰 영향을 준 것은 바로 전쟁이었다. 적군과 아군이 아니라 광기, 두려움, 공포와의 전쟁… 그 한가운데서 그는 자신이 평생을 가슴속에 품고 살아갈 쓰라린 상처 하나를 새긴 것이다.

제2차 세계대전과 패망이라는 역사는 이후 일본의 부흥을 이끌어 가게 될 거목들에게 잊을 수 없는 시기였다. 아마도 그것이 이후에는 반대로 고질적 부실로 고통을 겪으면서도 일본식 방식을 고수해 '버블시대'를 도래시킨 이유가 되었는지도 모른다. 전쟁의 두려움과 공포 그리고 광기가 그들 스스로의 관념을 뛰어넘지 못하도록 뇌리 속에 자리 잡고 있었던 것이다.

나가우치 회장은 자서전에서 전투 중 사망했지만 일곱 번이나 되살아난 전설적인 사무라이 구스노키 마사시게의 길을 따를 것이라며 다음과 같이 다짐했다.

"일곱 번 다시 태어나도 이 나라에 살고 있는 사람들이 나날이 보다 풍요로운 생활을 누릴 수 있도록 공헌하고 싶다."

항상 그 어느 누구도 믿지 않고 손수 최전선에 서서 진두지휘를 하며 다이에 제국을 건설했던 나가우치는 그 어떤 조언과 경고도 무시한 채 버블 붕괴 시 거액의 손실을 입으면서도 확대노선을 계속 유지했다. 1994년 소매업 3사를 인수한 일을 "북쪽으로는 홋카이도, 남쪽으로는 규슈, 오키나와를 커버하며 일본 최초의 전국체인을 만드는 37년 장정을 완수한 쾌거”라며 자신감을 보였다.

그러나 그는 눈덩이처럼 불어난 부실을 감당하지 못하고 제국의 해체라는 불명예스러운 사태를 피하기 위해 필사적인 몸부림을 치다 결국 다음과 같은 말을 끝으로 퇴임하게 됐다.

“내가 직접 하지 않으면 한 걸음도 움직이지 않는 회사가 돼버렸다.”

스스로의 잘못을 인정한 이 같은 패배의 발언이 있은 후, 다이에는 곧 파산선고가 나고 만다. 나가우치 회장이 자신을 전쟁터의 사무라이로 비유했듯이 흔히들 주식시장을 총성 없는 전쟁터에 비유한다.

피만 흘리지 않을 뿐이지 전쟁터보다 더한 생존의 투쟁이 날마다 벌어지고 있는 곳이 바로 주식시장이다. 때문에 주식시장은 경제학에서 말하는 합리적 존재들에 의해 효율적으로 움직이는 곳이 절대 아니다. 주가가 폭락할 때의 공포와 두려움, 비합리적이고 광기어린 투기… 이러한 전쟁터의 정서가 더 절실하게 다가오는 곳이다.

“어떤 면에서 금융가의 투쟁은 전쟁보다 더 격렬하고 무자비하다. 왜냐하면 전쟁에서는 적어도 누가 아군이고, 적군인지는 알기 때문이다.”

월가의 변호사였고 수많은 주가조작 사건을 담당했던 윙켈만(B. F. Winkelman)이 주식시장이 얼마나 처절한 암투의 현장이었는지를 증언하며 한 말이다. 윙켈만의 말처럼 최소한 전쟁터에서는 아군과 적군은 구분된다. 그러나 주식시장에서는 아군과 적군이 구별되지 않기 때문에 눈에 보이지 않는 가상의 적들과 싸워야만 한다.

주식투자는 이러한 감정을 뛰어넘어야 하는 심리게임이고, 언제나 성공한 투자의 명인들은 그러한 감정을 뛰어넘은 사람들이다.

전쟁은 처음에는 언제나 명분 때문에 일어나지만 나중에는 맹목적 광기만 남게 된다. 이와 같이 투자도 원칙이 없으면 맹목적 탐욕만을 추구하는 투기가 된다. 나가우치 회장은 스스로가 비유한 전쟁터에서 아이러니컬하게도 적군이 아닌 자신이 가지고 있던 자생성에 굴복해 버렸다.

전쟁터에서는 나와 적이 존재한다. 때문에 전쟁터에서의 기본은 나를 아는 것이다. 하물며 적조차 구분할 수 없는 이 힘겨운 주식시장에서 나는 지금 뭘 하고 있는지, 무엇을 해야만 하는지 깊이 있게 생각해 봐야 할 것이다. 주식시장의 가장 큰 적은 바로 '나 자신'이기 때문이다.

골프장 캐디에서 세계 최고의 펀드매니저로

일곱 살 때 아버지를 여의고 열 살의 나이에 골프장 캐디로 일하며 돈을 벌어야 했던 소년… 그러나 미국 전체 100가구 중 1가구는 그의 펀드에 가입했을 정도로 성공한 펀드매니저가 된 사람.

그가 바로 월가의 영웅, 피터 린치(Peter Lynch)다.

피터 린치는 1944년 보스턴에서 수학자의 아들로 태어났다. 그가 7세 되던 해 아버지가 세상을 떠나면서 가정형편이 어렵게 되자, 열한 살 때부터 골프장 캐디로 일하면서 학비와 용돈을 벌어야 했다. 당시는 미국 증권시장이 초호황을 구가하던 시절로 골프장 손님들은 주식이야기에 열을 올렸고, 어린 피터는 이미 이때부터 증권시장에 깊은 관심을 갖게 되었다.

그는 대기업 임원들의 캐디 아르바이트를 하면서 보고 들은 '주식' 에 매료되어 보스턴대학 재학 당시 타이거항공 주식을 구입한다. 이 주식은 몇 년 뒤 약 5

배가 뛰면서 꽤 큰돈이 되었고, 그는 이것을 바탕으로 펜실베이니아대학의 와튼스쿨에 진학한다. 와튼스쿨 재학 중에 피터 린치는 아르바이트로 마젤란 펀드에서 일을 하고 졸업 후 마젤란에 입사한다.

그때 그는 비즈니스 스쿨에서 가르치는 주식시장과 관련된 내용의 거의 대부분이 실제 현장과는 관계가 없다는 데 허탈감을 느꼈다고 한다. MBA를 비롯한 경영학 공부를 하지 않은 사람이 오히려 더 훌륭한 투자자가 될 수 있을 거라고 말하기까지 했다. 비즈니스 스쿨에서 배운 내용들을 다시 '잊어버려야' 하는 과정이 필요 없기 때문이라는 것이다. 그가 현장에서 접한 주식시장의 움직임은 '효율적 시장가설', '포트폴리오 이론' 등과는 전혀 달랐기 때문이다.

그는 대학을 졸업한 후 1969년 피델리티 사에 화학업종 분석가로 정식 채용되었고, 펀드매니저가 되기 전까지 조사 분석가로 성실히 일했다. 피터 린치는 마젤란 펀드를 운용하기 시작한 1977년부터 공식적으로 은퇴를 선언한 1990년까지 연평균 20% 이상의 수익률을 기록했다.

펀드를 담당했던 13년 동안 단 한 해도 손실을 기록하지 않았고, S&P500지수보다 높은 수익을 올리지 못한 적이 단 두 해뿐이었다. 뿐만 아니라 1,800만 달러에 불과했던 운용자산이 그가 은퇴할 무렵에는 140억 달러 규모로 불어났고, 미국 전체 100가구 중 1가구는 마젤란 펀드에 투자했을 정도로 큰 인기를 누렸다.

그는 1만 5,000개가 넘는 주식을 매입했으며, 1년에 200여 개 이상의 기업을 방문했고, 700개 이상의 연차보고서를 직접 검토했다. 주식투자의 성공은 시간과 노력 없이는 이룰 수 없다는 평소의 투자신념을 철저하게 지킨 것이다.

그는 1990년 5월 31일 부사장직을 마지막으로 피델리티 사를 떠났다. 이후 후진 양성과 왕성한 집필 활동을 하며 《*One Up on Wall Street*》, 《*Beating the*

Street〉 등 주식투자 관련 베스트셀러를 연이어 발표했다. 그는 자신의 저서를 통해 주식투자의 세계를 취미의 영역으로 끌어내렸다는 찬사를 받았으며, 성공적인 투자 비결을 간결하면서도 힘 있는 문체로 전달했다.

그는 주식투자를 하려는 사람들에게 다음과 같은 몇 가지 조언을 한다.

먼저 평생 살 자기 집을 마련하라는 것이다. 또 반드시 여유 자금으로 투자해야 하며, IQ가 너무 좋거나 나쁜 사람은 주식투자에 실패할 확률이 높기 때문에 피해야 한다고 한다.

또한 투자를 하기 전에는 꼭 기업을 방문해 현장을 확인하고, 남들이 모르는 사실을 조사·분석하기를 권한다. 마지막으로 주식투자를 하기 위해 가장 중요한 것은 참을성과 자기 자신에 대한 신뢰감, 끈기와 편견 없는 마음 등 주식투자에 적합한 인간적 자질을 지녔는가를 스스로 되짚어보아야 한다고 덧붙인다.

그는 중장기적으로 보면 주식투자가 어떠한 투자수단보다 높은 수익률을 보장하고, 전문가가 아니더라도 투자기업에 대해 약간의 연구만 한다면 높은 수익을 올릴 수 있다고 말한다. 다음은 그가 강조한 투자원칙들이다.

- 주식을 보유하는 것은 아이를 기르는 것과 같다. 당신의 능력을 넘어서는 많은 수의 주식에는 관심을 기울이지 말라.
- 일시적인 인기업종의 인기종목을 피하라.
- 투자할 때는 최소한 새 냉장고를 고를 때만큼의 시간과 노력을 기울여라.
- 재무 상황에 대한 이해 없이는 어떠한 기업에도 투자하지 말라.
- 좋지 않은 재무 구조를 가진 기업에서 비롯되는 손해가 가장 크다.

그는 현란한 기법과 수사 대신 단순한 투자원칙들을 제시했지만 그것이 투자자들의 가슴 속에 쉽게 각인될 수 있는 것은 바로 그만의 뚜렷한 원칙을 세우고 그 원칙들을 묵묵히 실천해 놀라운 성과를 얻었기 때문이다.

어느 날 갑자기 부와 명예를 뒤로하고 피델리티의 부사장직을 떠나는 그에게 사람들이 이유를 묻자 "가족들과 소중한 시간을 보내기 위해서"라는 대답을 남겼다고 한다. 그의 은퇴는 갑작스러운 사건으로 투자자들에게 충격을 주었다. 하지만 그는 부와 명예를 뒤로 한 채 한 가족의 가장으로 돌아간 것이다. 그가 현직에서 물러난 46세라는 그는 자신의 아버지가 세상을 떠났을 때와 같은 나이였다.

당시 그는 2,000개 종목의 티커를 외우고 있으면서도 세 딸의 생일은 잊어버리고, 18개월간 단 한 권의 책도 읽지 못했으며, 2년 동안 축구경기를 한 차례도 구경하지 못했다고 한다. 삶이 유한하다는 사실이 더욱 와 닿았고, 자신의 삶을 되돌아보게 됐다는 것이다. 그리고 그는 "죽음을 맞이해 '사무실에서 더 많은 시간 보낼걸…' 이라고 후회하는 사람은 이 세상에 아무도 없다"라는 말을 했다.

그는 시작할 때와 떠나야 할 때를 아는 현인이라고 생각한다. 더군다나 주식투자 때문에, 혹은 돈 때문에 가족 혹은 주위의 지인들과 멀어지는 일이 비일비재한 세태에 비추어 볼 때 더더욱 그렇다.

80세 노인 10년 뒤에 베팅하다

매년 네브래스카주 오마하에서 열리며 자본주의의 우드스탁이라고도 불리는 '버크셔 해서웨이 주주총회' 에서 워렌 버핏은 이런 말을 했다.

"내가 10년 뒤에도 살아있을지 모르지만 그래도 나는 10년 후를 보고 베팅한다."

과연 자신의 생존기간을 고려해 볼 때 버핏과 같은 선택을 할 수 있을 것인가를 고려해 본다면 그리 쉽지 않을 일일 것이다. 워렌 버핏은 "내가 가장 좋아하는 주식 보유기간은 '영원히' 다"와 "10년 이상 보유할 주식이 아니면 단 10분도 갖고 있지 말라" 등의 말을 통해 일단 매수한 종목은 단기등락에 연연하지 않고 충분한 수익이 날 때까지 장기보유할 것을 강조했다.

그가 투자한 종목은 대략 10년 정도 그의 손에서 떠나지 않았다. 평생, 아니 영원히 보유할 종목이 아니라면 아예 매수하지 않았다는 말이다. 아무하고나 평생 살 수 없듯이 워렌 버핏은 주식도 그렇게 골랐다.

그는 1997년 캘테크(Caltech) 강연에서 종자돈과 투자기간에 대해 언급했다. 가장 먼저 인식해야 할 것은, 주식투자는 시간이 오래 걸린다는 것이다. 그는 11살 때부터 시작했다. 돈을 모으는 것은 눈덩이를 언덕 아래로 굴리는 것과 같다. 눈을 굴릴 때는 긴 언덕 위에서 시작하는 게 중요하다. 그의 경우 56년짜리 언덕에서 굴렸다. 그리고 또 잘 뭉쳐지는 눈을 굴렸다.

주식투자를 처음 시작할 때는 작은 눈뭉치가 필요하게 마련이다. 버핏은 워싱턴포스트 신문을 돌려서 그걸 마련했다. 그리고 지나치게 서두르지 않고, 좋고 올바른 방향으로 오랫동안 지속하는 게 중요하다는 조언을 잊지 않았다.

가장 중요한 것은 버핏이 큰 손실을 입은 적이 한 번도 없었다는 사실이다. 월가에서 활동하는 대부분의 사람들이 버핏의 버크셔 해서웨이의 성공적인 투자에 비견할 만한 투자성공 사례를 갖고 있을 것이다.

하지만 버핏은 실패를 피하는 쪽으로 움직여 왔고, 그건 자신이 잘하는 영역 내에만 머물렀기 때문에 가능한 일이었다. 즉 막연한 기대감만으로 모르는 것에는 절대로 투자를 하지 않았다는 것이다.

바로 그것이 버핏이 투자를 하는 방식이다. 자신이 이해할 수 있는 회사들에만 투자한 것이다. 그렇게 한다고 해서 항상 커다란 성공을 거둘 수 있는 것은 아니지만 중대한 손실을 입은 경우는 거의 없었다.

워렌 버핏의 이러한 투자방식에 지대한 영향을 끼친 사람은 바로 스승인 벤자민 그레이엄이었다. 그가 스승으로부터 배운 것이 바로 '길거리에서 담배꽁초 줍기' 투자방법이다. 길거리에 버려진 담배꽁초도 마지막 한 모금 정도는 피울 수 있는 것처럼, 다른 사람들이 별로 관심을 기울이지 않는 심하게 저평가된 회사를 중장기보유한 뒤 적정가에 이르면 팔고 나오는 것이다. 이것이 바로 전통적인 의미의 '가치투자' 방식이다.

버핏은 이러한 투자방식을 발전시켜 '덜' 저평가된 탁월한 회사와 '현저하게' 저평가된 그저 그런 회사가 있다면 전자 쪽이 장기적으로 훨씬 더 좋은 결과를 가져다준다고 생각했다. 그래서 그런 탁월한 소수의 회사에 집중투자한 것이다.

그는 적정가에 이르면 팔기 위해 주식을 구입하지는 않았다. 가급적 영원히 팔지 않고 보유할 수 있는 탁월한 회사를 선별한 뒤 이들이 매력적인 가격까지 폭락하면 대규모로 투자하고 계속 보유했다. 탁월한 회사에 투자한 경우 시간은 투자자 편이라고 생각했기 때문이다.

코카콜라는 주당 40달러의 가격으로 상장되었다. 상장된 해에 주가는 19달러까지 내려갔다. 설탕 가격이 오르는 등 몇 가지 악재로 가치의 반 이상이 날아가 버린 것이다.

시장이 투자자들을 가르치기 위해 존재한다고 믿는다면 당시의 코카콜라는 형편없는 비즈니스고, 빨리 빠져나오는 게 상책일 것이다. 또는 곧 다가 올 대공황이나 제2차 세계대전 등 여러 가지 상황들에 대해서 생각하고 있었다면 그냥 물러앉아서 그런 것들에 대해 걱정만 하고 있었을 수도 있다.

하지만 중요한 것은 '코카콜라라는 회사가 어떤 회사인지 정확하게 파악할 수 있느냐' 하는 것이다. 더더욱 중요한 것은 만약 당시 40달러, 또는 19달러일 때 투자했다면 그것이 지금은 500만 달러가 넘는 돈이 되었을 것이라는 사실이다.

버핏이 즐겨 했던 질문은, "10년 동안 어딘가로 떠나 있어야 하는데 경쟁 회사 주식 중 하나를 반드시 사야만 한다면 어떤 회사를 사겠습니까? 그리고 그 이유는 무엇이지요?"였다. 이런 식의 질문을 투자할 회사의 경쟁회사나 전직 직원, 공급자 등 가능한 많은 사람에게 해 보고 그 얘기들을 종합하면 전체가 맞아 들어가는 어떤 그림이 그려진다는 것이다.

버핏은 스스로가 10년 뒤에도 이 세상에 생존해 있을지를 정확하게 예측하기 힘들었을 것이다. 그러나 그럼에도 불구하고 10년 뒤를 보고 투자를 하지 않는다면 성공할 수 없다는 것은 정확하게 판단하고 있다.

Chapter 11

위대한 돈 철학자가 말하는 투자의 4가지 덕목

앙드레 코스톨라니는 성공하는 투자를 위해 투자자가 가져야 할 덕목들을 제시하고 있다. 그는 80년간 투자라는 지적유희를 즐기면서도 자신이 세운 '투자자의 덕목'을 늘 잊지 않았다.

그 덕목이란 바로 돈, 생각, 인내, 그리고 행운을 의미한다. 다시 말해 경제적 자유를 얻으려면 반드시 투자해야 하며, 생각할 시간을 가져야 하고, 자신의 결정을 믿고 지킬 수 있는 인내심을 지녀야 하며, 마지막으로 운도 따라 주어야 한다는 것이다.

1) 돈 – 경제적 자유를 얻으려면 투자하라

코스톨라니는 85세가 되던 해에 "내 야망은 오직 물질적, 지적 독립을 성취하는 것이었고, 나는 이 야망을 이미 달성했으며 지금 이렇게 즐기고 있다"라는 말을 남겼다.

그리고 93세가 되었을 때 열세 번째 책을 쓰며 행복해할 수 있는 것은 그가 받았던 최고의 의학서비스 덕택이었음을 밝혔다. 경제적인 자유가 자주적인 삶을 가능하게 한 것이다. 그는 부자가 되는 대표적인 방법으로 다음과 같은 세 가지를 언급했다.

첫째, 부유한 배우자를 만난다
둘째, 유망한 사업아이템을 찾는다
셋째, 투자를 한다

이 말은 투자야말로 부자가 될 수 있는 아주 중요한 축임을 가리킨다. 다음 일화에서 우리는 투자에 대한 그의 생각을 엿볼 수 있다.

어떤 대학생이 세미나에 찾아와 질문을 했다.

"만약 당신에게 아들이 있다면 그 역시 투자자가 되길 원하십니까?"

그러자 코스톨라니는 다음과 같이 대답했다고 한다.

"만약 네 명의 아들이 있다면 첫째는 음악가, 둘째는 화가, 셋째는 소설가 아니면 저널리스트로 만들 것입니다. 하지만 넷째는 다른 형제들을 먹여 살리기 위해 꼭 투자자가 되어야겠지요."

그러나 그는 주식거래를 한다고 해서 '투자자' 칭호를 받을 수 있는 것이 아니며 반드시 위험을 감수하겠다는 정신의 준비운동이 필요하다는 것을 강조한다.

"최대의 불행은 게임을 시작함과 동시에 돈을 따는 것이다. 왜냐하면 그 다음에 당사자는 미친 사람이 되기 때문이다. 첫 게임에서 벌어들인 돈은 사고력을 마비시키기 마련이다.”

2) 생각 – 투자는 심리게임이다

주가폭락은 갑작스럽고 격렬하게 오는 반면, 시세가 상승할 때는 부드럽기 그지 없다. 사람들이 알아차리지 못할 정도로 한 발짝 한 발짝씩 기어오른다. 반면에 주가폭락은 재산을 한순간에 붕괴시킨다.

증권시장에서 행복감이 넘쳐나는 시기에 사람들은 오로지 투자에 대해서만 얘기한다. 정보를 교환하고, 특정 주식에 대해 분석한다. 이때 ‘증권인’이라는 직업은 존경의 대상이 된다. 그러나 주식투자가 장안의 화젯거리가 되는 바로 그 시점에서 투자자들은 무조건 하차해야 한다. 이렇듯 성공하려면 부화뇌동파가 아닌 소신파가 되어 남들과 반대로 행동해야만 한다는 것을 코스톨라니는 이렇게 강조했다.

“사람들이 증시에서 하는 말이나 충고 따위는 아무 쓸모가 없다. 모든 것이 오직 이 한 가지 사실에 달려 있다. 바로 주식시장에 주식보다 바보들(증권시장 참여자들)이 많은가? 아니면 바보들보다 주식이 많은가?”

“유감스럽게도 대부분의 증권인들은 이윤을 냈을 때는 얘기를 하고, 잃었을 땐 침묵을 지킨다. 그들은 언제나 가장 낮은 시세에서 사며, 가장 높은 시세에서 판다. 그들은 자신을 천재로 여긴다. 그러나 나는 그들을 거짓말쟁이로 여긴다.”

아무 생각도, 자기주장이나 의욕도 없는 주식투자자는 룰렛 게임을 하는 사람과 조금도 다를 바가 없고, 결국 노름꾼에 지나지 않는다는 것이다.

코스톨라니는 레스토랑에서 웨이터가 추천하는 메뉴는 절대 주문하지 않는다고 고백한다. 그 메뉴들은 레스토랑이 빨리 팔아 치우려고 하는 것들이기 때문이다. 증권사들이 추천하는 종목이나 투자유형 또한 마찬가지여서 투자자는 그들의 조언을 듣기보다는 자신의 경험과 예리한 감각을 토대로 면밀히 분석하고 정확하게 판단하라고 주문한다.

3) 인내 – 투자하라, 그리고 수면제를 먹고 푹 자라

주식투자로 돈을 버는 것은 머리로 버는 게 아니라 엉덩이로 버는 것이다. 인내는 아마도 주식이나 파생시장에서 가장 중요한 요소일 것이다. 투자에서 번 돈은 고통의 대가로 받은 돈, 즉 고통 자금이다. 처음에는 항상 생각하는 것과 다르다가 마지막에 가서야 생각하던 것처럼 된다.

$$2 \times 2 = 5 \cdots -1$$

위의 계산식처럼 마지막 답은 처음 예측한 대로 나온다. 투자자가 '–1'이 나타날 때까지 버틸 수 있는 충분한 인내가 없으면 성공할 수 없다.

주식시장에서도 투자자들의 감정은 시세의 변화에 따라 너무나 쉽게 변화한다. 부가 곧 자유의 상징이 되어버린 오늘날 많은 투자자들은 부를 통해 경제적 자유를 얻기 위해 주식시장에 뛰어들지만 오히려 주식시장의 노예가 되어 스스로를 구속하는 것을 흔히 발견할 수 있다.

주식시장에 참여하는 투자자들은 돈을 벌겠다는 단 한 가지 목표를 가지고 시장에 진입한다. 그렇지만 대부분의 투자자들은 돈을 벌기 위한 올바른 원칙은 제쳐두고 돈을 벌겠다는 일념 하나로 시장에 뛰어든다. 모든 일이 생각과 다르게 진행될 수 있다는 것을 명심해야 한다. 그리고 반드시 인내해야만 된다. 코스톨라니는 인내의 중요성을 다음과 같이 표현했다.

"수면제와 우량주를 동시에 사서 사이사이에 울리는 천둥번개를 의식하지 말고 몇 해 동안 푹 자라. 이 조언대로 하는 사람은 잠에서 깨어나는 순간 기쁘고 경이로운 순간을 체험하게 될 것이다."

4) 행운 – 그리고 승리를 즐겨라

코스톨라니는 투자에 뛰어들기를 원하는 사람들이 투자를 배우기 위한 수업료를 조금이라도 줄이길 원한다면 다음과 같이 행동하라고 권한다.

"인내와 끈기를 가지고 상상력을 펼쳐라, 정보에 흔들리지 말고 항상 최악의 상황을 염두에 두어라. 그리고 승리를 즐겨라."

그리고 자신의 주장이 옳았더라도 그것은 행운이 일부 따라주었던 것이므로 항상 겸손해야 한다.

영혼이 있는 투자원칙 10가지

존 템플턴은 1912년 테네시주 윈체스터에서 농부의 아들로 태어나 예일대학으로 진학했다. 2학년에 재학 중이던 1931년 주가의 움직임이 급변하는 것을 보고 그는 "한 해에 기업의 가치가 이렇게 급변할 수는 없는데 주가가 왜 이렇게 움직일까?" 하는 의문을 가졌다. 그는 이 의문을 풀기 위해 한 평생을 투자의 세계에 바쳤다.

예일대학교 경제학과를 수석으로 졸업한 그는 옥스포드대학교로 유학을 갔고, 유학시절 주말과 방학을 이용해 유럽 각국과 일본 등 35개국을 여행했다. 이것은 이후 세계 각국을 대상으로 한 포트폴리오를 실행하는 데 많은 영감을 주었고 '글로벌 펀드'의 새 장을 여는 계기가 됐다.

미국 지질탐사회사에 근무하던 20대 청년 존 템플턴은 1939년 제2차 세계대전이 터졌다는 소식을 들었다. 전쟁이 끝난 후 곧바로 불황에 빠져있던 미국 경제가 살아날 것이라고 판단했다. 그는 곧 증권사에 전화를 걸어 1달러 이하로 거래되는 모든 종목을 100달러어치씩 샀다. 상사에게 돈을 빌려 104개 종목에 1만 달러를 투자했다. 4년 뒤 그가 산 주식들의 가치는 4배로 불어났다. 그는 이 자금으로 투자자문사를 설립했다.

그의 '역발상' 투자는 이때부터 시작됐다. 극단적 비관론이 지배하는 시기에 집중투자하는 전략이다. 1968년부터 아무도 돌아보지 않던 일본시장에 주목, PER(주가수익비율)가 3배에 불과한 주식들을 사들여 1980년대 중반 PER가 30배가 넘자 팔았다. 한국이 외환위기에 빠져있던 1997년 이후 한국시장에도 투자했다. 템플턴은 "다른 사람들이 낙담해서 주식을 팔 때 사고, 다른 사람들이 탐욕스럽게 주식을 살 때 팔기 위해선 엄청난 강인함이 요구되지만 큰 보상이 뒤따라 온다"고 말했다.

그는 '투자업계의 콜럼버스'로 불린다. 미국 이외 다른 주식시장에 투자해 큰 이익을 냈기 때문이다. 유럽, 일본, 한국, 중국 등 세계 1만 5,000여 개 기업들을 일일이 뒤져 '최고로 싼' 주식을 찾았다. 1954년엔 세계 최초의 해외투자 펀드인 템플턴 그로스 펀드를 만들어 꾸준히 높은 수익률을 냈다.

하지만 템플턴이 투자를 하는 목적은 여느 펀드매니저들과는 사뭇 다르다. 그는 펀드 운용을 '신성한 신탁(A Sacred Trust)'이라고 생각했다. 그래서 그의 장기적인 투자목표는 돈을 버는 것이 아니라 다른 사람들을 돕고, 정신적인 진보에 도움이 되도록 하는 것이었다. 이 같은 그의 뜻은 공식은퇴를 20년 앞둔 1972년 인류애와 종교적 성취가 뛰어난 인물을 선정해 시상하는 템플턴상(the Templeton Prize)을 창설한 데서 잘 나타난다.

앞서 인용한 '다우지수 100만 돌파론'을 얘기한 자리에서 템플턴은 이런 말을 남겼다.

"돈을 가진 사람이 남에게 그것을 줘버리면 그 사람에게는 돈이 없습니다. 하지만 사랑은 주고나면 더 많이 남습니다. 이게 돈과 사랑의 차이입니다."

그는 이러한 신념을 실천하기 위해 1992년 회사를 매각하고 홀연히 떠나 95세의 나이로 사회공헌활동에 힘쓰고 있다. 템플턴은 월가 역사상 가장 뛰어난 투자자 중 한 명으로, 또 글로벌 펀드라는 새로운 분야를 개척한 창조적인 펀드매니저로 기록될 것이다. 이런 훌륭한 투자자답게 그는 인생 최고의 투자목표를 인류애의 확산에 두고 있었던 것이다.

템플턴이 스스로 정리한 영혼이 있는 성공투자의 원칙 10가지는 다음과 같다.

1) 대중과 다른 분석을 하라

다른 사람들보다 나은 실적을 내고 싶다면 대다수가 하지 않는 무언가를 해야 한다. 다른 사람과 같은 주식을 사면 다른 사람과 같은 결과를 얻는다.

2) 대중과 반대로 움직여라

비관론이 최고조에 달했을 때가 가장 좋은 매수시기이고, 낙관론이 최고조에 달했을 때가 가장 팔기 좋은 때이다. 싼값에 주식을 사려면 대부분의 투자자들이 팔고 있는 주식을 사야만 한다.

3) 노력하라

투자하기 전에 먼저 면밀히 조사하라. 좋은 성적을 얻기 위해서는 많은 연구와 노력을 해야 한다. 스스로 연구하기 어렵다면, 유능한 전문가를 고용해 도움을 받아도 된다.

4) 인내하라

다른 사람들이 공포에 떨며 파는 종목을 사고, 탐욕에 빠져 사는 종목을 팔아 큰 수익을 얻기 위해서는 반드시 인내가 필요하다.

5) 세계에 투자하라

전 세계를 대상으로 투자처를 찾다 보면 한 나라 안에서만 찾을 때보다 더 좋은 기회를 잡을 수 있다. 여기에 덤으로 분산투자의 효과도 얻게 된다.

6) 투기가 아닌 투자를 하라

주가가 1~2% 움직일 때마다 주식을 사고팔고, 선물을 사고팔고, 옵션을 사고파는 식이라면 결국 카지노장의 도박꾼처럼 돈을 잃게 될 것이다. 주식투자는 말 그대로 거래나 투기가 아닌 투자가 되어야 한다.

7) 실수를 통해 배워라

실수를 하지 않는 투자자는 없다. 또 이를 만회하려고 더 큰 위험을 무릅쓰는 우를 저질러서도 안 된다. 실수를 통해 배움을 얻으면 된다.

8) 유연하게 사고하라

여러 종류의 투자부문 즉 주식이나 채권, 현금 등에 대해 유연하면서도 개방적인 자세를 유지해야 한다. 언제나 최고의 투자수익률을 가져다주는 투자대상은 없다. 자산을 팔 시기는 그 자산을 대체할 훨씬 더 나은 수단을 찾아냈을 때다.

9) 겸손해라

모든 문제의 답을 아는 투자자는 없다. 성공이란 새로운 문제에 대한 답을 끊임없이 찾아가는 과정이다.

10) 투자에 대해 긍정적인 자세를 가져라

주식시장은 대폭락 속에서도 유지됐고 약세장은 언제나 일시적이었다. 엄청난 약세장에서도 일부 투자자들은 투자수익을 올렸다. 조정이 있고, 폭락이 있어도 장기적으로 주가는 상승했다. 주식시장의 미래는 밝다.

성공투자를 위한 정신적 준비운동

주식시장이 열리는 한 주가는 투자자들에게 끊임없이 탐욕과 공포를 경험하게 만든다. 시장에 깊게 드리워진 이 두 개의 망령에 사로잡힌 투자자들은 어느 순간부터 최초의 투자목표를 망각한 채 광기에 가까운 투기를 하게 된다.

성공투자의 기본은 이 두 가지 망령에서 자유로워지는 것이다. 따라서 투자라는 모험의 세계에 들어가기 전에 우리가 해야 할 것은 바로 성공투자를 위한 정신적 준비운동인 것이다.

주식투자는 대단히 큰 수익을 얻을 수 있는 게임이다. 이것을 반대로 해석하면 굉장히 리스크가 크다는 말이기도 하다. 그럼에도 불구하고 많은 투자자들이 수익에만 집착한 나머지 리스크에 대한 대비는 거의 하지 않은 채 시장에 진입해 버리곤 한다.

그러한 결과 예상대로 수익을 안겨주면 좋지만 손실로 이어지는 경우에는 현명하게 대처하지 못하고 악수를 두게 되는 것이다. 이것이 여기서 끝나면 좋지만 예상치 못한 손실은 언제나 발생하기 마련이다. 투자자들은 손실을 단시간에 만회하려고 집착한 나머지 무리한 투자를 반복하게 되고, 이것이 손실을 더욱 크게 만드는 결과를 부르게 된다.

이러한 일련의 과정이 안 좋은 투자습관으로 굳어지게 되면 그때는 정말 뼈를 깎는 고통을 수반하지 않고는 성공투자의 길로 다시 들어서기가 쉽지 않게 된다.

우리말에 '세 살 버릇이 여든 간다'는 속담이 있다. 주식시장만큼 이 말이 잘 들어맞는 곳도 없을 것이다. 필자에게 상담을 하거나 교육을 받기 위해 찾아온 많은 투자자들은 대부분 잘못된 투자습관 때문에 큰 손실을 입고 있는 사람들이다.

그렇지만 투자자들은 자신의 투자습관이 잘못되었다는 것을 알면서도 그것을 고치려 하기보다는 이미 발생한 손실 자체에 너무나 집착한 나머지 당장 그것을 만회할 종목을 찾는 것에만 몰두한다. 그것을 위해 주변 투자자나 증권회사 직원들에게 혹은 유료 ARS에 끊임없이 귀를 기울이며 로또 복권이나 경마장에서와 같은 행동을 반복하는 것이다.

주식투자는 분명 리스크가 큰 투자다. 리스크가 없는 투자를 원한다면 절대로 주식을 해서는 안 된다. 수익이 크다는 것은 리스크에 대한 대가이기 때문이다. 때문에 주식에 투자하는 투자자는 하나의 모험을 하는 것이다. 주식투자라는 모험을 할 때는 항상 돈을 벌 수도 있고 잃을 수도 있다는 두 가지 가능성을 열어두어야 한다.

투자자들이 항상 분출된 시세의 고점에 흥분하고, 떨어지는 시세의 마지막 국면에 투매에 동참하게 되는 것은 바로 이러한 마지막 인내에서 실패하기 때문이다. 이렇듯 인내의 마지막 구간을 견디지 못하도록 만드는 것이 탐욕과 공포라는 두 개의 감정이다. 가장 원초적이고 본능적인 감정이지만 이것을 넘어서지 못하면 성공투자는 머나먼 일일 뿐이다.

주식시장의 상승과 하락의 사이클에서 폭락은 반드시 급등으로 이어지고 역시 폭락으로 이어지지 않는 급등 역시 없기 때문에 대다수 투자자들과 반대편에 서 있는 투자자만이 큰 수익을 거두게 된다. 따라서 모두가 탐욕스러워졌을 때 시장을 떠나고 모두가 공포를 느낄 때 매수를 하는 용기가 필요하다.

탐욕과 공포의 망령에서 비교적 자유로워지기 위해서는 주식투자라는 모험에서 즐거운 마음가짐을 가져야 한다. 그렇다면 어떻게 하면 모험을 즐길 수 있을 것인가? 정답은 투자모험을 떠나기 전 정신적 준비운동을 하는 것이다.

투자를 하기 전 해야만 하는 정신적 준비운동이란 항상 0에서 시작할 준비를 하는 것이다. 위에서도 언급했지만 주식투자는 돈을 잃을 수도 있다는 사실을 항상 염두에 두어야만 하는 리스크가 큰 게임이다. 대부분의 투자자들은 주식시장에 커다란 수업료를 지불하고 나서야 그 사실을 깨닫게 된다. 더군다나 무슨 수를 써서라도 잃어버린 돈을 찾겠다는 무모한 강박관념에 사로잡히게 되고 자꾸만 무리수를 두게 된다는 것이다.

반대로 큰 수익을 거두게 되면 항상 그러한 수익을 거둘 수 있을 것이라는 자만심에 빠지게 되고, 역시 과도한 수익을 내려는 탐욕이 싹트게 된다. '과거 계좌에서 발생했던 수익이 얼마였는데', 혹은 '내 원금이 얼마였는데' 하는 '한때의 추억'을 돌아보는 습관은 올바른 투자를 방해하는 가장 큰 독이다.

따라서 수익이 발생했을 때도, 손실이 발생했을 때도 미래의 수익을 위해 주변을 깨끗이 정리하고 새롭게 0에서 출발한다는 각오를 해야 한다. 이것이 바로 투자라는 모험을 떠나기 전에 해야 할 가장 중요한 정신적 준비운동인 것이다.

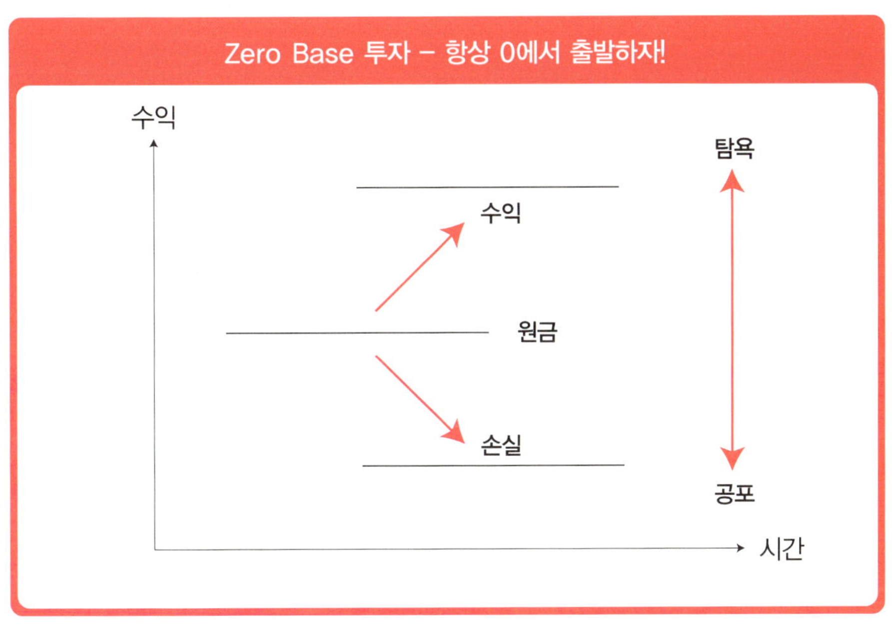

위의 그림은 정신적 준비운동의 핵심인 'Zero Base 투자'의 개념도다. 투자에서 손실이 났다면 입은 손실을 현실로 빠르게 받아들이고 과거의 원금은 잊어버리자. 수익이 발생했다 해도 수익 자체에 들떠있지 말고, 처음 출발한다는 마음가짐으로 새롭게 투자를 시작하자. 그것이 바로 성공투자를 위한 첫 걸음이다.

2

투자심리를 통한 시장의 흐름 읽기

제1원칙 : 절대 돈을 잃지 않는다.

제2원칙 : 제1원칙을 반드시 지킨다.

워렌 버핏(Warren Buffett)

주가를 결정하는 것은 무엇인가

　자본주의의 가장 큰 원동력은 주식시장이다. 주식시장을 통해 그 기초인 주식회사에 자금이 공급된다. 그리고 그것이 수백 년 동안 기술혁명을 통해 산업을 발전시키는 원동력이 되었다. 사회의 발전을 위해 자본은 필수적인 것이다.

　반면 시세차익을 얻을 수 있다는 기대가 투자자들을 끌어 모은다. 투자자들은 시세차익에 대한 기대가 크기 때문에 작은 이자 수익을 포기하고 시장에 기꺼이 뛰어드는 것이다. 매수를 할 때 손해를 볼 거라고 판단하고 투자하는 투자자는 아무도 없을 것이다.

　중요한 것은 모두가 나름대로의 근거를 가지고 시장에 뛰어들었지만 투자자들은 근거의 틀 안에서 움직이지 않는다는 것이다. 대다수의 투자자들은 잠시 후면 매수의 근거를 잊어버리고 주가의 움직임에 발을 맞춰 춤추게 된다. 주식시장은 바로 이러한 대중들로 이루어져 있다.

　때문에 이러한 대중들의 심리를 이해하는 것이 주식시장에서는 무엇보다 중요하다. 바로 주가가 대중들의 심리에 돈이 더해져서 결정되기 때문이다.

천재적인 경제학자이자 열정적인 투자자였던 케인즈는 주식시장은 "바보들이 벌이는 심리게임"이라고 평하였다. 케인즈는 아주 특이하게도 분산투자도 하지 않았으며 한두 종목에 집중투자했고 기술적분석도 무시했다. 그리고 "주식투자는 미인대회에서 미인 뽑기다"라고 경제학자로서는 다소 어울리지 않는 말을 했다.

그러나 케인즈는 주식투자로 큰돈을 벌었다. 주식투자는 심리게임이라는 것을 잘 알고 있었기 때문이다.

1920년대 주식시장은 최대 호황기였다. 그러나 폭락으로 끝나지 않은 호황이 없듯 1929년 대공황이 시장을 급습했다. 시장은 하루아침에 열광에서 공포의 대상으로 야누스처럼 얼굴을 바꾼 것이다. 이 당시 모두들 시장에 열광했고 상승을 지속할 것이라 믿어 의심치 않았다고 한다.

대다수가 시장의 상승을 당연히 받아들일 때 시장은 하락으로 전환된다. 반대로 공포 속에 투매가 이루어지면 시장은 보란 듯이 급등한다.

투자자들이 열광하며 시장의 추가적 상승을 의심치 않는다는 것은 이미 주식시장에 대부분의 자금이 유입되었기 때문이다. 이 단계에 이르면 전혀 투자에 관심이 없었던 이들까지 시장에 참여하게 되고 이것이 정확도 높은 과열의 시그널이 된다. 실제로 존 F 케네디 전 미국 대통령의 아버지인 조셉 케네디는 구두닦이가 주식 얘기하는 것을 보고 주식을 팔아 대공황의 파장을 피할 수 있었다.

이와 반대로 투매가 이루어졌다면 더 이상 시장에 내놓을 매물이 사라졌다는 것을 의미하므로 더 이상 떨어질 수 없다. 그러므로 주가는 곧 반등한다. 이렇듯 주가는 투자자의 심리에 의해 움직일 수밖에 없는 구조인 것이다.

신문과 방송에서 '과열이 우려된다'라는 진단이 내려진다면 시장은 갈 길이 멀다는 것을 의미한다. '조정'과 '과열'을 걱정할 때 주가가 상투였던 적이 없었다는 사실을 시장은 이미 잘 알려주고 있기 때문이다.

정신나간 군중들과 강아지의 움직임

"자연과 자연의 법칙은 어둠에 묻혀 있었노라. 신이 '뉴턴이 있으라' 하니 온 누리가 빛이 되었다."

이 말은 시인 알렉산더 포프(Alexander Pope)가 계몽주의 시대 위대한 과학자 이이작 뉴턴 (Isaac Newton)을 칭송하며 읊었던 구절이다.

아이작 뉴턴은 '천체 운동은 센티미터와 초 단위로 측량할 수 있으나 주가의 움직임은 도무지 알 수가 없다' 는 말을 남겼다. 주가가 오죽이나 뜻대로 안 움직였으면 이런 말을 했을까. 천재 중의 천재였던 뉴턴에게도 주식투자는 어려웠던 작업임에 틀림없었다.

뉴턴은 85세의 나이에 남해주식회사(South Sea Company) 주식 사기사건에 휘말려 낭패를 당했다. 18세기에 일어난 남해주식회사 사건은 네덜란드에서 일어났던 튤립 투기사건과 함께 세계 투기역사를 거론하는 사람들의 입에 자주 회자되는 사건이다.

남해주식회사는 영국 정부가 막대한 부채를 해결하기 위해 설립한 회사였다. 영국 정부는 국채를 남해주식회사의 주식으로 전환하기 위해 투자매력을 잔뜩 부풀렸다. 당시 신대륙이었던 남미에 대한 환상에 매료된 왕족과 귀족들이 다투어 주식 매입에 나서면서 주가는 6개월 만에 발행가의 8배로 치솟았다. 투기 열풍에 동참했던 뉴턴은 처음에는 7,000파운드를 벌어 100% 수익을 올렸다.

그러나 주식을 팔고 난 뒤에도 주가가 계속 급등하자 당황한 뉴턴은 거액을 동원해 다시 주식을 사들였다. 그러나 주가는 급락하기 시작했고, 상투를 잡은 그는 2만 파운드의 뼈저린 손실을 보게 되었다. 천재적 과학자의 냉철한 이성도 시장을 지배하는 군중의 광기 앞에서는 무력했던 것이다.

주가의 예측이 어려운 것은 주식시장이 근본적으로 투자자들의 심리적 요인에 의해 움직이기 때문이며, 그것은 당연한 것이라 할 수 있다. 주가가 회사의 가치대로 정확하게 측정가능하고 그대로만 움직인다면 주식시장은 존재할 필요가 없을 것이다.

이러한 주가의 움직임을 투자의 달인 앙드레 코스톨라니는 '산책하는 신사와 개'에 비유했다. 신사가 산책을 하는 동안 개는 주인의 곁을 맴돌다가 때로는 앞으로 뛰어나가기고 하고, 때로는 뒤로 뛰어나가기도 하지만, 결국 주인을 따라간다는 것이다.

신사가 '경제'이고, 개가 '주가'라고 한다면 큰 흐름은 지나고 보면 같은 방향을 그렸지만 항상 같이 움직이는 것은 아니라는 의미다. 결국 시세는 돈에 투자자들의 심리가 더해져서 나타나는 것일 뿐이다.

아이작 뉴턴은 물리학의 위대한 영웅일지는 모르지만 주식에서는 실패한 투자자였다. 그는 실패의 원인을 '정신나간 군중'의 탓으로 돌렸다.

반대로 주식시장의 위대한 영웅 앙드레 코스톨라니는 '정신나간 군중' 의 속성을 잘 알고 있었다. 단기적으로 주가는 산책을 나온 개와 같이 어디로 움직일지 아무도 알 수 없지만 군중들을 개를 쫓아다니는 데 여념이 없는 것이다.

주식투자는 근본적으로 심리게임이다. 그리고 그러한 주식시장의 속성을 코스톨라니는 너무나 잘 파악하고 있었기 때문에 흔들리지 않고 성공할 수 있었다. 산책을 하러 나온 신사의 개가 어느 쪽으로 움직일지는 아무도 모른다. 그러나 결국 그 개는 주인과 함께 집으로 돌아가게 되어 있다.

노벨경제학상 수상자의 파산이 주는 교훈

런던의 금융중심가에는 증권맨들에게 사랑받는 유명한 레스토랑들이 많이 있다. 그런데 정보교환이나 협상 장소로 각광받던 이 고급 레스토랑들이 수년 전부터는 일부만 간신히 명맥을 유지하고 있다고 한다.

모든 금융거래가 전산화되고 정보통신 기술이 급속도로 발전하면서 이제 사람들이 얼굴을 맞대고 할 일이 거의 없어졌기 때문이다. 우르르 식당으로 몰려가는 모습 대신 샌드위치를 사들고 각자 사무실로 돌아가는 바쁜 걸음들만이 눈에 두드러질 뿐이다. 이처럼 정보통신이 발달하면서 '금융중심가'라는 개념도 희박해지고 있다. 굳이 비싼 임대료를 내고 도시 중심가에 머물 필요가 없기 때문이다.

정보통신과 금융공학의 결합으로 탄생한 하이테크 금융은 시간과 공간의 절약, 이용의 편리성, 쉬운 정보에의 액세스 등 눈부신 장점에도 불구하고 그 뒤에는 어두운 그림자가 드리워져 있다.

하이테크 금융산업이 본격적으로 성장하기 시작한 것은 냉전의 종식과 함께 미·소 양진영이 경쟁적으로 열을 올리던 우주항공과 국방 분야의 긴축 재정이 있었을 때였다. 이때 많은 우주공학, 물리학자들이 거리로 내몰렸고 이들은 대거 월스트리트로 진출, 첨단 컴퓨터와 복잡한 수학을 사용해 각종 프로그램과 파생상품들을 만들어냈다.

이들에 의해 선물, 옵션, 스와프, 칼라, 지브라, 딩고 등 이름도 현란한 각종 수백 개의 파생상품이 탄생하고, 빛의 속도로 발전하는 첨단 금융기법을 수반한 거래는 도저히 감독기능을 수행하기 어려운 수준으로 발전하고 있다.

그래서 35세 이상의 사람들은 이해하기를 포기해야 한다는 말이 나올 정도로 복잡하게 됐다. 그 결과 상부의 경영진들은 자신들이 파생상품과 첨단 기법에 대해 잘 모른다는 인상을 줄까봐 두려워 일일이 묻는 것을 꺼리고 부하 딜러들의 눈치만 살피는 형국이 되었다.

파생상품은 원래 금융이나 실물상품의 미래 가격변동에 대한 위험분산(헤지)의 수단으로 개발됐다. 그러나 가용현금의 수십 배에 이르는 거액 거래를 할 수 있다는 특성 때문에 대표적 투기의 대상이 됐다. 특히 월스트리트 등에서 활약하는 금융공학 전문가들이 고도의 수학적 계산을 바탕으로 한 달이 멀다하고 돈이 될 만한 신상품을 내놓기 때문에 거래의 실상조차 정확하게 파악되지 않고 있다.

상황이 이렇다보니 겁 없는 철부지 딜러들에 의해 엄청난 메가톤급 사고가 저질러져도 막을 도리가 없는 경우도 많다. 베어링 은행의 파산, 다이와 증권의 잘못된 채권선물 거래로 인한 11억 달러 손실, 스미모토상사의 구리선물 거래로 인한 18억 달러 손실, 미국 캘리포니아 오렌지카운티의 금리스왑 '리버스

리포즈' 거래 실패로 인한 파산 선고 등 금액 면에서 보면 가히 천문학적이다.

특히 도산 직전에서 구제금융으로 회생한 미국의 헤지 펀드 롱텀캐피털매니지먼트(LTCM)의 사례는 규제를 덜 받는 헤지 펀드가 파생상품을 활용했을 때 그 위험이 얼마나 증폭되는가를 생생히 보여주는 대목이다.

LTCM은 옵션가격 결정이론으로 노벨경제학상을 공동 수상한 로버트 머튼과 마이런 숄스, '황금의 손'으로 불렸던 살로몬 스미스바니의 부사장 출신 존 메리웨더 등이 참여해 화제를 모았던 펀드다.

LTCM은 저위험-고수익 전략을 고안해냈다고 스스로 공언했고, 실제로 한동안 상상을 초월하는 고수익을 올렸다. 10억 달러로 출발한 LTCM의 자기자본은 1997년 말 75억 달러로 불어났고, 최초 투자자들에게 27억 달러를 배당해 주었다. 펀드는 이 같은 '스타'들의 명성에 힘입어 엄청난 자금을 차입, 자본금의 40~50배에 이르는 1,200억 달러대의 파생상품 투자를 했다.

그러나 LTCM은 이로부터 1년도 채 되지 않아 파산 위기에 몰려 결국 채권은행으로 넘어갔다. 러시아 사태로 채권가격이 폭락하는 바람에 도산위기까지 몰렸던 것이다. 파생분야 연구로 노벨경제학상을 받은 천재들조차도 이런 실패를 하니 파생상품 거래의 파괴력을 실감할 수 있다.

최근까지 우리나라에도 선물·옵션 열풍이 몰아치며 '옵션시장 거래대금 세계 1위'에 랭크되기도 했다. 개인투자자들을 중심으로 한 옵션 열풍은 코스닥 열풍 이후 주식투자를 통해 까먹은 돈을 한 번에 만회하고자 하는 과욕 때문에 비롯된 것이다. 이러한 개인투자자들의 절박한 심리에 편승해 마치 선물·옵션이 기회의 땅이자 축복의 장인 양 몇십 배, 몇백 배 수익률을 미끼로 투전판이 벌어졌다.

물론 나름대로 철저히 공부하고 준비한 투자자들도 있겠지만 파생상품에 대한 노하우와 첨단 기법, 풍부한 자금으로 무장한 외국계에 맞서 대다수가 희생양으로 전락했다.

개인투자자들 뿐만 아니라 국내 금융사들도 첨단 금융시장의 실상을 제대로 파악하지 못한 채 과욕을 부리다가 선진국 프로들에게 제물이 되어 수억 달러의 손해를 보는 사례가 심심치 않게 나타나곤 했다.

첨단 하이테크 금융공학에 기반을 둔 데이터와 수치로 무장하는 것이 투자에 큰 도움은 될 것이다. 그러나 결국 그것을 통제하는 것은 사람의 몫이다. 과욕을 억제하고 자신을 컨트롤하는 심리 게임의 승자만이 궁극적으로 시장의 승자가 되는 것이다.

옵션 가격 결정 모델로 1997년 노벨경제학상을 수상한 숄즈와 머튼은 바로 다음해 소위 '천재들의 헤지 펀드'로 불렸던 롱텀캐피털매니지먼트(LTCM)의 파탄으로 인해 개인적으로 투자했던 자산은 물론 평생 쌓아왔던 명성까지 다 날려버렸다.

시작과 함께 그들은 잠시 달콤한 성공을 맛보았다. 그러나 그 다음이 문제였다. 차입금을 늘렸고 무리한 투자를 단행한 것이다. 그리고 원칙을 잃어버린 탐욕은 '천재들'에게도 예외 없이 재앙으로 다가왔다.

소위 경제전문가라는 사람들의 수준

1990년대 일본 증시는 한심하기 짝이 없을 정도로 추락에 추락을 거듭하며 연일 신저점을 갱신하고 있었다. 1990년대 초 38800엔을 정점으로 니케이지수가 10년 뒤 8000엔으로 붕괴되었으니, 앞에 있던 30000이라는 숫자가 그대로 사라져 버린 꼴이 되어버린 것이다.

일본의 니케이지수는 1960년대 1000엔을 돌파한 후, 한 번도 상승 추세를 벗어나지 않고 기세 좋게 1990년 초반 40000엔에 육박할 때까지 상승했다. 정말 대단한 기세였다.

1980년대 일본은 이러한 호황을 바탕으로 미국의 기업과 땅을 사들이고 어마어마한 양의 미국 국채도 사들인다. 부동산 가치와 주식가치가 수직으로 상승하고 샐러리맨들조차 점심시간에 스시에 금가루를 쳐서 먹는 모습이 〈타임〉이나 〈뉴스위크〉 같은 잡지에 심심찮게 실리곤 했다.

반면 1980년대 불황의 늪에서 벗어나지 못하던 미국은 이러한 일본의 질주에 극도의 경계심을 보였다. 재밌게도 당시에 제작된 영화 〈떠오르는 태양〉이나 〈블레이드 러너〉 등에는 미국의 일본에 대한 두려움과 불안감이 잘 나타나 있다.

자기 나라인양 미국의 한복판을 활보하며 세력화하는 야쿠자의 모습과 미국 자본주의의 상징인 대도시 초대형 전광판에는 기모노를 입은 일본 여인의 상품 광고와 노랫소리가 울려 퍼진다. 마치 미래의 미국 도시의 모습을 일본 다국적 거대 기업의 식민지처럼 묘사하는 모습에서 당시 미국인들의 정서가 어떠했는가를 느낄 수 있다.

어쨌든 이러한 1980년대가 끝나고 1990년대에 접어들면서 많은 경제전문가

들은 새로운 10년에 대해 다양한 연구와 예측을 내놓았다. 내로라하는 경제전
문가들이 자신감에 차 제시했던 예측들을 요약하면 다음과 같다.

　　첫째, 일본의 번영은 계속된다
　　둘째, 미국은 영원히 2등 국가이다
　　셋째, 유가는 배럴당 30달러를 절대 넘지 않을 것이다

38800엔까지 올랐던 니케이지수가 25000엔까지 폭락하면서 영원할 것만 같
았던 일본의 번영이 깨진 것이 1990년, 미국 경기가 바닥을 치고 올라온 것이
1991년, 유가는 1991년 걸프전을 제외하고는 30달러 이상을 오른 적이 없으니
이 예측들이 검증되는 데는 불과 2년도 걸리지 않았다.

1990년대 일본은 ‘Lost-decade’, 즉 ‘잃어버린 10년’ 이라는 말로 대표되는
버블 제거과정을 거치면서 만성적인 부동산과 증시 침체 등 장기 불황에 접어
들게 된다. 반대로 미국은 경제의 부흥 속에 ‘번영의 10년’ 이 찾아온다.

다시 10년이 지나 2000년, 새로운 밀레니엄을 맞으며 예전과 다름없이 내로
라하는 경제전문가들의 예측들이 어김없이 나왔다.

　　첫째, 미국의 번영은 계속된다
　　둘째, 주가는 계속 상승한다
　　셋째, 유가는 더 이상 올라가지 않는다

불과 1년도 지나지 않아 IT경제의 버블이 꺼지고 미국의 경제는 침체의 길로

접어들었으며, 유가는 폭등을 했으니 이것이 바로 여러분들이 그토록 믿고 있는 소위 경제전문가들의 안목이고 수준이다.

주가가 연일 폭락할 때 증시 전문가들은 하나같이 "지지선을 찾을 수가 없으니 주식을 팔고 현금화하라"고 예외 없이 외쳐댄다. 그러면 주가는 보란 듯이 반등을 한다. 그러자 이번에는 다들 장밋빛 전망을 시장에 쏟아낸다. 애꿎은 투자자들만 갈피를 잡지 못하고 혼란스럽게 되는 것이다. 먼저 사건이 터지고 이를 설명할 근거들을 뒤늦게 찾기 때문이다.

존 템플턴은 대다수 사람들보다 나은 실적을 내고 싶으면 대다수가 하지 않는 무언가를 해야 한다며 외딴 해변저택에서 주식투자를 했다. 워렌 버핏은 그 흔한 블룸버그 뉴스 단말기 한 대도 없이 오마하에 머물며 세계적인 부호가 됐다.

미스터 주식이라는 닉네임을 가진 진정한 프로 투자가 앙드레 토스콜라니는 정보투자는 곧 파산이라고 말했다. 리처드 데니스가 신화적인 트레이더 그룹인 터틀스(Turtles)를 증시 초년생들을 모아 결성하며 제일 먼저 가르친 것 역시 외부 정보로부터 자신을 차단시키라는 것이었다.

주식투자에 전문가는 존재하지 않는다. 단지 자신만의 투자의 원칙을 굳게 실천하는 성공투자자가 존재할 뿐이다. 시장에 겸손하고 누가 뭐라던 원칙을 가지고 혼자서 가는 투자자만이 궁극적인 승자가 되는 것이다.

전문가의 80%가
떨어진다고 하면 매수하라

상당히 오래 전에 일부 사람들이 주식시장에서 이상한 법칙성을 발견했다. 대다수 전문가들 혹은 투자자들의 견해가 한 방향으로 지나치게 치우치면 시장은 오히려 반대 방향으로 움직인다는 사실이다.

그래서 이후 전문가들에게 설문조사를 하고 데이터를 살펴본 결과, 대체적으로 전문가의 80% 이상이 시장의 상승에 동의하면 시장은 떨어지고, 전문가의 80% 이상이 시장의 하락에 동의하면 반대로 시장은 올라간다는 사실을 발견하게 되었다. 이러한 논리를 '반대의견이론' 이라고 한다.

주가지수 선물 역시 많은 경우 잘못된 투자판단을 한다고 전제한다. 기술적 투자자는 다른 투자자들의 70% 이상이 매수 포지션을 취하면 오히려 매도하고, 70% 이상이 매도 포지션을 취하면 오히려 이를 주식 매수의 신호로 사용한다.

이러한 논리에 의하면 대다수의 투자자는 대부분의 투자결정을 잘못 판단하고 있으며, 특히 고점과 저점을 파악하는 데 어려움이 많다. 대다수의 투자자들이 앞으로 주가 움직임에 대하여 아주 낙관적이거나 아주 비관적일 때를 택해 그 반대 방향으로 주식투자를 하라는 이론이다.

이 이론을 영어로 'Contrary Opinion' 혹은 'Bullish Consensus'라고 한다. 미국의 어떤 회사가 정기적으로 전문가 100인에게 질문한 결과를 취합하여 그 데이터를 서비스하고 있는데, 이 서비스 이름이 'Bullish Consensus'다. 그리고 대다수 전문가의 의견에 반대 방향으로 시장은 움직인다는 의미에서 'Contrary Opinion'이라는 용어를 쓴다.

문제는 이 이율배반적인 이론의 확률이 매우 높아서 이것이 시장을 판단하는 중요한 근거로 자리 잡고 있다는 것이다. 아직은 우리나라에 이런 서비스를 하는 기관은 없지만, 이를 적용할 방법으로 다음과 같은 것이 있다.

첫 번째, 주가 예측기사나 전문가 의견을 참고는 하되 믿지 않는 것이다. 어떤 의견에 대한 맹신은 '투자의 적'이다.

두 번째, 언론매체에서 다들 오른다고 하면 팔 준비를 하라. 뉴스의 헤드라인이 주가의 상승이었다면 그것은 이미 고지가 가까웠음을 알리는 가장 좋은 신호다.

세 번째, 개인투자자들의 투자를 위한 부채가 역사상 최고치에 임박하거나 갱신했다면 역시 고점의 신호라는 것이다. 이것은 개인투자자들의 투자심리를 잘 반영하는 것으로 단기 투자자들이 상승에 '올인' 했다는 것을 나타내므로 주가는 절대 올라갈 수가 없다. 더 이상 들어올 자금이 없기 때문에 사줄 사람이 없는 시장에서 주가는 절대 올라가지 않는다.

이러한 반대의견이론을 이해한다면 '시장이 올라갈 수밖에 없는데 왜 떨어질까'라는 의문의 일부를 푸는 데 도움이 될 것이다.

필자의 경우 시장의 뉴스는 가급적 참고만 할 뿐 속보를 듣고 종목을 매수하는 일은 하지 않는다. 시장의 정보나 루머는 들으려고 생각도 하지 않는다. 때문에 정보투자를 통해 큰돈을 벌어본 적도 없고 그렇다고 크게 손해를 본 일도 없다. 그러나 꾸준하게 돈을 버는 것이 가능했던 이유는 정보에 의존하지 않고 나름의 기준으로 판단했기 때문이다.

주요 정보나 루머를 찾아 해석하려 하고, 다른 투자자들의 분위기에 휩쓸려 투자하는 것은 곧 파산에 이르는 길이다. 반대의견이론은 주식시장이 왜 심리게임의 장이며, 남들과 반대로 투자하는 투자자만이 성공할 수 있는지를 잘 보여준다.

탐욕과 공포를 넘어서

심리적 요인에 의한 주가폭락은 크게 '경제외적 요인' 특히 정치적 요인에 의한 것과 '기정사실화(Fait Accompli)'라는 현상으로 대표된다.

첫 번째는 정치적 요인에 의한 주가폭락의 경우 우리나라에서는 남북관계의 특수성과 정치적 불안정성 때문에 자주 발생하는 일이다. 2004년 '대통령 탄핵안 가결'과 '행정수도 위헌 결정'이 두 번에 걸쳐 큰 폭의 주가변동을 이끌었다.

노무현 대통령 탄핵안이 국회에서 가결된 2004년 3월 12일의 경우 가결소식이 전해진 후 장중에 전일대비 무려 47포인트 하락한 822포인트까지 지수가 폭락했다.

행정수도 위헌 결정이 내려진 2004년 10월 21일에는 위헌결정이 내려진 후 장중에 고점대비 17포인트 하락한 814포인트까지 지수가 급락했었다. 특히 관련 건설주의 경우 대거 하한가를 기록하기도 했다.

그러나 노무현 대통령 탄핵안이 국회에서 가결된 2004년 3월 12일 당일의 경우 저가대비 26포인트 반등한 848포인트에 마감했고, 이후 한 달 동안 100포인트 가까이 상승한 939포인트까지 급등을 기록했다.

행정수도 위헌 결정이 내려진 2004년 10월 21일의 경우에도 이후에는 추세적 상승세를 이어가며 1000포인트를 돌파했다. 당일 급락했던 건설주의 경우 바로 상승추세로 전환했다.

이러한 사례를 통해 알 수 있듯이, 시장외적 충격에 의한 급락은 빠르게 원래 시세를 복원하고, 오히려 상승추세로 전환시키는 계기가 되기도 한다. 저가에 대량거래가 이루어지고 손바꿈이 활발하게 나타나기 때문이다. 실질적으로 주식시장에 미치는 영향이 제한적이기 때문에 단기적 충격에 그치는 것이다.

우리시장의 50%에 가까운 주식을 보유하고, 절대적인 영향력을 행사하는 외국인들의 움직임은 이러한 경우 매우 중요한데 위의 두 사례와 더불어 북한이 핵보유 선언을 했을 때도 외국인들이 순매수로 일관했다는 것은 시사하는 바가 대단히 크다고 할 수 있다.

두 번째는 '기정사실화(Fait Accompli)'라는 현상이다.

기정사실화라는 것은 '사람들은 어떤 현상이 나타나기 전까지는 '불확실성'에 크게 반응하고, 그것이 현실화 되어 확고한 사실로 나타나면 크게 반응하지 않는다' 는 것이다.

즉, 투자라는 의미 자체가 미래에 일어날 불확실한 사건과 관련이 있기 때문에 확고한 사실이 되고 나면 투자를 하지 않는다는 것이다.

이러한 현상은 전쟁과 같은 상황을 두고 많이 발생한다. 전쟁이 일어날 것이

이라크전 후 다우지수

이라크전 후 종합주가지수

라는 의식이 투자자들 사이에 확산되면 그 만큼 주가는 하락을 거듭하게 된다. 주가가 하락하는 이유는 전쟁이 나면 주가가 큰 폭으로 하락할 것이라는 투자자들의 공포감이 반영되기 때문이다. 이러한 투자자들의 심리는 전쟁 발발 시점 바로 전에 가장 극심한 투매를 불러오게 된다.

대표적인 사례가 2003년 발발한 미국과 이라크의 전쟁이라고 할 수 있다. 2002년 하반기 이후 줄곧 증시는 한 가지 망령에 시달리며 맥없이 빠지고 있었는데, 바로 이라크를 미국이 공격할 것이라는 전망 때문이었다.

미국은 공격의 뜻을 비치면서 시기를 저울질했고, 주식시장은 이 불확실성으로 인해 침체일로를 걸었다. 11000포인트를 넘던 다우지수는 7000포인트 초반까지 하락했고, 종합주가지수는 940포인트를 고점으로 제대로 된 반등 한 번 없이 500포인트 대 초반까지 내려앉았다.

당시 필자는 강연회에서 이라크전 발발과 함께 주식시장이 크게 상승할 것이기 때문에 주식을 과감하게 매수하라고 강조했었다. 향후 수년을 통틀어서 가장 좋은 둘도 없는 기회가 될 것이라는 강한 표현을 사용했었다. 이후 주가는 거침없이 올라 1000포인트를 돌파하는 대세상승을 보여주었다.

필자가 이렇게 확신에 찬 예측을 할 수 있었던 이유는 오래전의 경험에서 비롯된 것이었다. 주식시장에 관심을 갖기 시작할 무렵인 1990년 걸프전 발발 당시를 생생하게 기억하고 있었던 것이다.

이라크가 쿠웨이트를 침공하고 걸프전이 일어나기 전까지 유가는 20달러에서 40달러까지 두 배로 뛰었고, 반면에 주가는 하락을 거듭했다. 부화뇌동하는 투자자들은 당시 겁에 질려 주식을 내다팔았다.

그러나 막상 전쟁이 시작되자 상황은 역전되기 시작했다. 주가는 급등하기 시작했고 유가는 다시 절반으로 떨어졌다. 이것이 바로 주식시장에서의 '기정 사실화'라는 것이다.

필자는 이러한 시장의 모습에 너무나 깊은 인상을 받은 나머지 메모장에 여러 가지 상황들을 자세하게 기록해 두었고, 덕분에 이러한 비슷한 상황들이 발생했을 때 안절부절 부화뇌동하지 않고 침착하게 대응할 수 있었다.

총성이 울릴 때 주식을 사라

주식투자를 하다보면 충격과 공포에 휩싸이는 순간이 바로 시장의 변곡점이며, 이 순간이야말로 투자자들에게 기회라는 사실을 알 수 있다. 투자자들은 하나의 사건이 주식시장에 충격을 줄 것이라는 판단 하에 투매를 하고, 그러한 투매의 폭이 크면 클수록 더욱더 공포를 느낀다. 하지만 실제로 투매의 원인이 반드시 주식시장에 영향을 미친다고는 볼 수 없다. 그것이 주식시장 밖의 정치적인 충격에 의한 것일 경우 더더욱 그렇다.

이렇게 주식시장 외적인 충격에 의해 갑자기 주가가 폭락한 경우 그로 인한 주가의 급격한 하락은 오히려 좋은 매수의 기회가 된다. 대표적인 사례가 2004년 3월 12일 '노무현 대통령 탄핵안 가결' 이라고 할 수 있다. 이날의 상황은 '총성이 울릴 때 주식을 사라' 라는 주식시장의 격언을 너무나 잘 설명해 주고 있다.

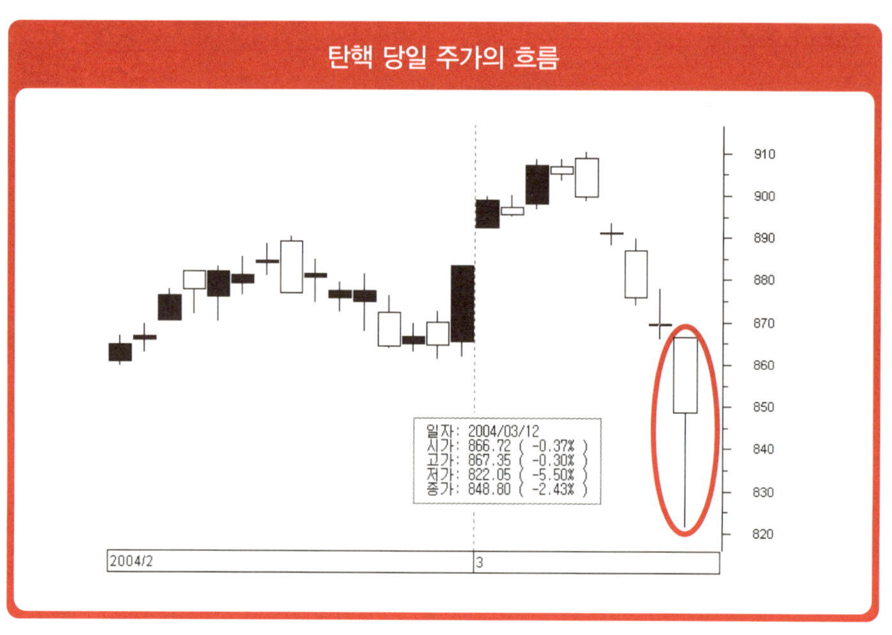

탄핵 당일 주가의 흐름
910
900
890
880
870
860
850
840
830
820
일자: 2004/03/12
시가: 866.72 (-0.37%)
고가: 867.35 (-0.30%)
저가: 822.05 (-5.50%)
종가: 848.80 (-2.43%)
2004/2
3

탄핵 이후 주가의 흐름
940
930
920
910
900
890
880
870
860
850
840
830
820
810
800
790
780
770
2004/1
2
3
4

노무현 대통령 탄핵안이 국회에서 가결된 2004년 3월 12일, 가결소식이 전해진 후 한국증시는 장중에 전일대비 무려 47포인트 하락한 822포인트까지 지수가 폭락했다.

그러나 노무현 대통령 탄핵안이 국회에서 가결된 2004년 3월 12일 당일의 경우 저가대비 26포인트 반등한 848포인트에 마감했고, 이후 한 달 동안 100포인트 가까이 상승한 939포인트까지 급등을 기록했다. 아마도 이날 대부분의 투자자들이 자신의 매매를 뼈아프게 후회했을 것이고, 그 후에도 종종 '탄핵의 추억'을 떠올릴 것이다.

이는 2001년 9월의 '9·11테러'에도 동일하게 적용된다. 사건 발생 후 열린 한국증시는 전날 종가 540포인트에서 무려 65포인트 하락한 475포인트로 마감했다. 거의 대부분의 종목이 하한가에 거래조차 되지 않는 절망적인 상황이 전개된 것이다. 갑작스럽게 다가온 엄청난 충격에 투자자들은 절규했지만 시장은 이후 6개월 동안 100%가 넘는 가파른 상승세를 보였다.

이렇게 외부적 충격에 의해 갑작스럽게 투매가 발생하는 경우 외에도 이미 사건이 예고되어 시장에 충격을 줄 것이라고 투자자들이 예상하고 있었던 경우라면 이것 역시 '기정사실화(Fait Accompli)' 되는 것이므로 좋은 매수의 기회로 삼아야만 한다.

1929년 10월 주식시장이 붕괴하면서 끔찍한 대공황을 맞이한 미국은 10년 후 제2차 세계대전 발발로 마침내 경제 불황에 마침표를 찍었다. 전쟁이 인력과 군수품 등의 수요를 증가시키고 기술진보 효과를 불러와 강력한 경제성장의 원동력이 되어줬기 때문이다.

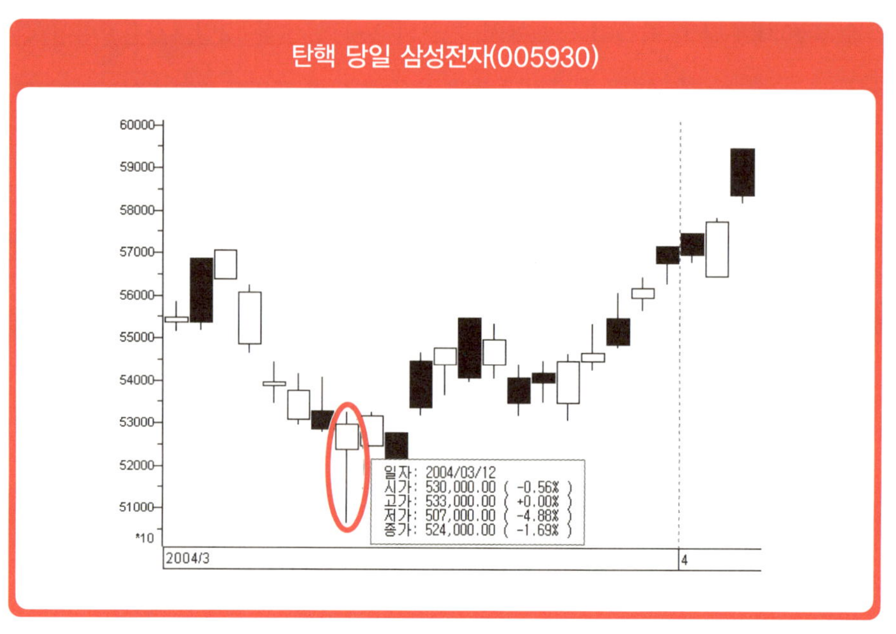

탄핵 당일 삼성전자(005930)
60000
59000
58000
57000
56000
55000
54000
53000
52000
51000
*10
일자: 2004/03/12
시가: 530,000.00 (-0.56%)
고가: 533,000.00 (+0.00%)
저가: 507,000.00 (-4.88%)
종가: 524,000.00 (-1.69%)
2004/3
4

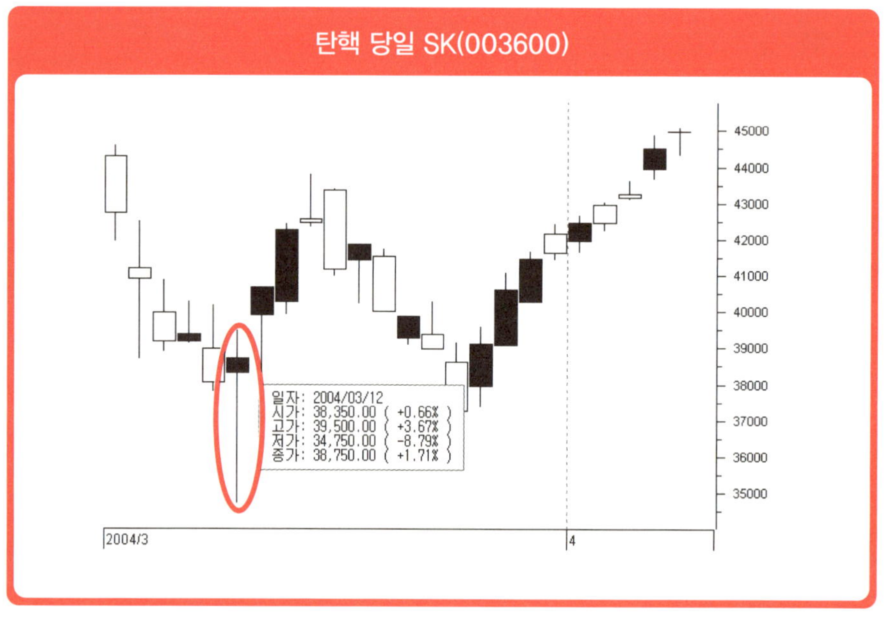

탄핵 당일 SK(003600)
45000
44000
43000
42000
41000
40000
39000
38000
37000
36000
35000
일자: 2004/03/12
시가: 38,350.00 (+0.66%)
고가: 39,500.00 (+3.67%)
저가: 34,750.00 (-8.79%)
종가: 38,750.00 (+1.71%)
2004/3
4

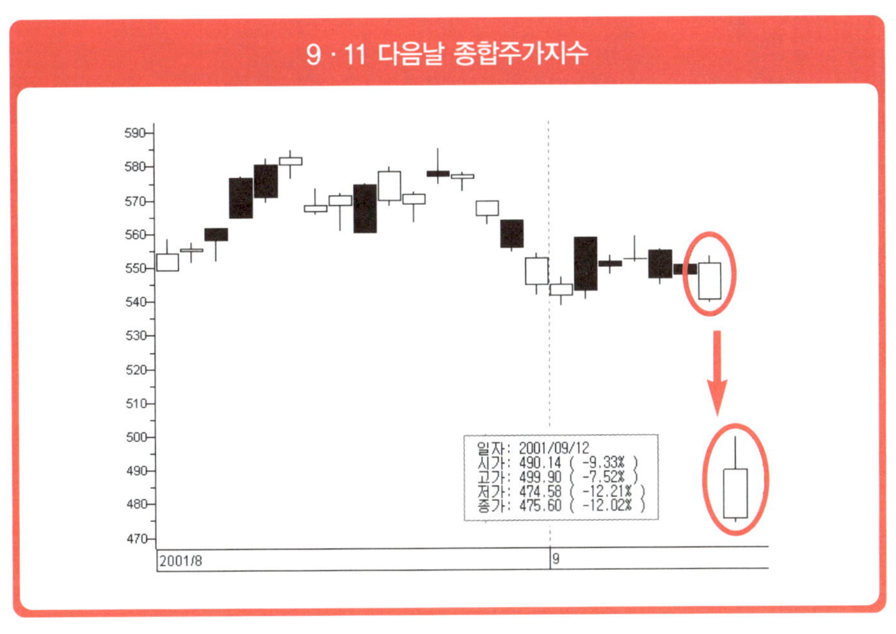

9 · 11 다음날 종합주가지수
일자 : 2001/09/12
시가 : 490.14 (-9.33%)
고가 : 499.90 (-7.52%)
저가 : 474.58 (-12.21%)
종가 : 475.60 (-12.02%)
2001/8
9

9 · 11 이후 종합주가지수
2001/7
9
10
11
12
2002/1
2
3
4

　당시 평범한 삶을 살아가던 20대 청년은 전쟁이 경제호황으로 연결될 것이라고 판단했다. 그래서 주변의 우려를 뒤로하고 1만 달러를 투자해 1달러 이하로 거래되는 모든 주식(104개)을 사들였다. 그야말로 총성이 울릴 때 주식을 산 것이다. 그리고 4년 뒤 4배의 수익을 거둬들였다. 바로 월가의 살아있는 전설이자, 영적인 투자가라 불리는 존 템플턴의 일화이다.

　투자를 지적인 모험이자 즐거움으로 표현했던 심리투자의 달인 코스톨라니는 청개구리 정신에 입각해 대중에 역행하는 투자를 지향한 것으로 유명하다. 그는 제2차 세계대전 직후 독일 국민의 근면성과 재건의지를 보고 잿더미 속에 파묻혀 아무도 거들떠보지 않던 독일 국채를 헐값에 사들였다. 그리고 훗날 140배에 달하는 수익을 거둬들일 수 있었다. 총성이 울릴 때 용기를 내야만 아주 싼 가격에 주식시장의 미인을 차지할 수 있는 것이다.

'어둠의 주술'과
'종합지수 0포인트'?

1998년 종합주가지수가 끝없는 나락으로 떨어지고 있을 때의 일이다. '어둠의 주술사'로 불리는 도이치증권 한국증시 담당 리서치헤드 스티브 마빈이 〈한국에 제2의 위기가 다가오고 있다〉라는 리포트를 통해 '한국증시는 당연히 250포인트까지 떨어질 것이고, 200포인트까지 내려갈 수도 있다'라는 섬뜩한 말을 하자 증시가 크게 요동치기 시작했다. 이미 지수는 300포인트 초반까지 내려온 상태였다.

스티브 마빈은 〈이제 더 이상 기회는 없다〉(1997년), 〈죽음의 고통-은행이 계속 강간당하고 있다〉(1998년), 〈한국에 제2의 위기가 다가오고 있다〉(1998년) 등 제목만 들어도 오싹한 리포트들을 속속 내놓으면서 '어둠의 주술사'라는 별명을 얻은 인물이었다.

당시 2년 연속 아시아 최우수 애널리스트로 선정되었던 스티브 마빈의 리포

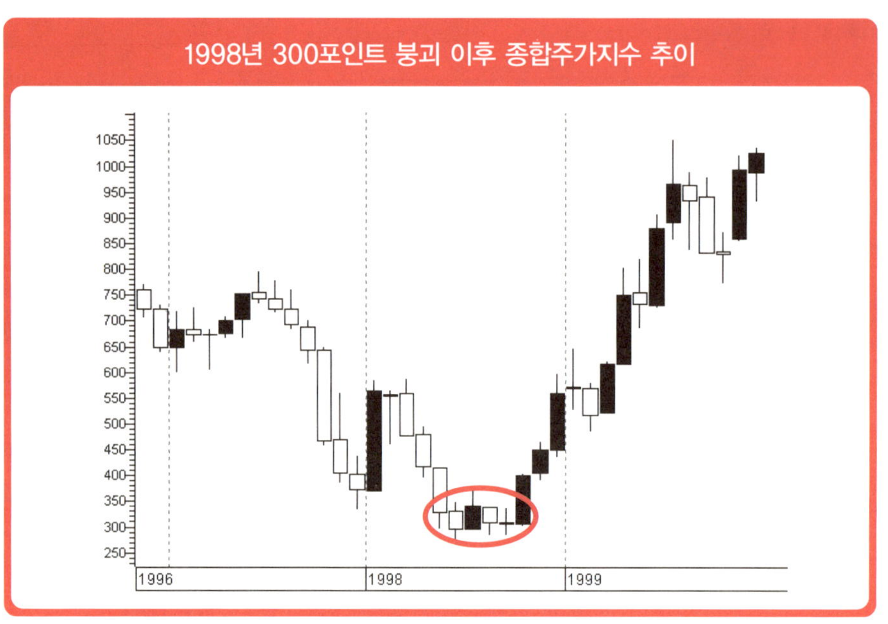

트는 대단한 영향력을 행사했다. 마빈의 경고에 국내 기관투자가들이 매물을
쏟아내기 시작한 것이다. 이미 추락할 대로 추락한 증시에 이러한 매물은 극도
의 패닉을 불러왔다.

그런데 이러한 상황 속에서 이상한 일들이 벌어지기 시작했다. 마빈의 경고
로 기관투자가들은 매물을 쏟아놓았지만 외국인 투자자들은 이를 엄청난 매수
세로 거둬들이기에 바빴다. 마빈의 리포트를 그토록 신뢰하던 외국인들이 정작
행동은 반대로 한 것이다.

결국 시장은 반등하기 시작했다. 스티브 마빈이 걸었던 '주술' 대로 '한국
의 제2의 위기'는 오지 않았고 증시는 1000포인트를 넘는 대세상승장을 만들
어 냈다.

이후 이를 두고 스티브 마빈과 외국 투자자들의 커넥션 의혹을 제기하는 의견도 적지 않았다. 마빈은 극도로 침체된 시장에 마지막 펀치를 먹였고 이에 따른 혜택은 외국인 투자가들이 누린 셈이라는 것이다. 그러나 주식시장에서는 누구의 의견이 옳고 그르고를 판단할 수 없다. 확실한 것은 돈을 버는 투자자만이 항상 승리한다는 것이다.

당시 주가가 곤두박질해 300포인트가 붕괴됐을 즈음, 필자는 모 TV 프로그램에 출현한 어떤 증시전문가가 "종합주가지수가 0포인트로 수렴할 것이다"라는 충격적인 말을 하는 것을 들었다. 이들의 말이 사실이었다면 한국은 벌써 망하고 증시도 없어졌어야 했다.

1929년 대공황 때도 투자자들이 패닉상태에 빠졌지만 증시는 사라지지 않았다. 항상 증시가 침체기에 접어들면 비관론이 득세를 하게 되고, 지나고 보면 한 편의 코미디에 가까운 극한의 비관론들마저 투자자들의 심리에 영향을 미치게 된다.

투자자들은 손실을 보기도 하고 수익을 내기도 하지만 증시는 결코 사라지지 않는다. 때문에 항상 급등으로 이어지지 않은 대폭락은 없었다는 역사적 진리를 가슴에 품은 투자자만이 성공할 수 있는 것이다. '쌀 때 밀을 가지고 있지 않은 사람에게는 비쌀 때 팔 밀 역시 없다' 는 유대인 격언처럼 말이다.

버블은 어떻게 만들어지는가

주식시장을 버블의 형성과 붕괴의 연속이라고 보아도 무방할 것이다. 주가가 침체국면에서 적정가치를 찾아가는 단계, 그리고 버블을 형성하는 과열의 단계가 반복적으로 순환되기 때문이다. 그렇기 때문에 주식시장에서 성공하는 방법은 침체국면에 주식을 매수한 뒤 버블이 터지기 전에 매도를 하는 것밖에 없다.

주식투자를 흔히 매도의 예술이라고 일컫는다. 주식투자에서 매도가 중요한 이유는 버블이 터진 뒤에는 매도의 기회가 여러 번 주어지지 않기 때문이다. 주식투자를 하는 사람이라면 누구나 매도의 기회를 놓쳐 크게 후회를 한 경험이 있을 것이다.

계좌에 크게 수익이 발생했다 하더라도 현실화되지 않았다면 아직 온전히 내 것이 된 게 아니다. 한때 크게 발생했던 평가액을 떠올리며 '즐거운 추억'을 해본들 그것은 이미 깨져버린 한여름 밤의 꿈일 뿐이다.

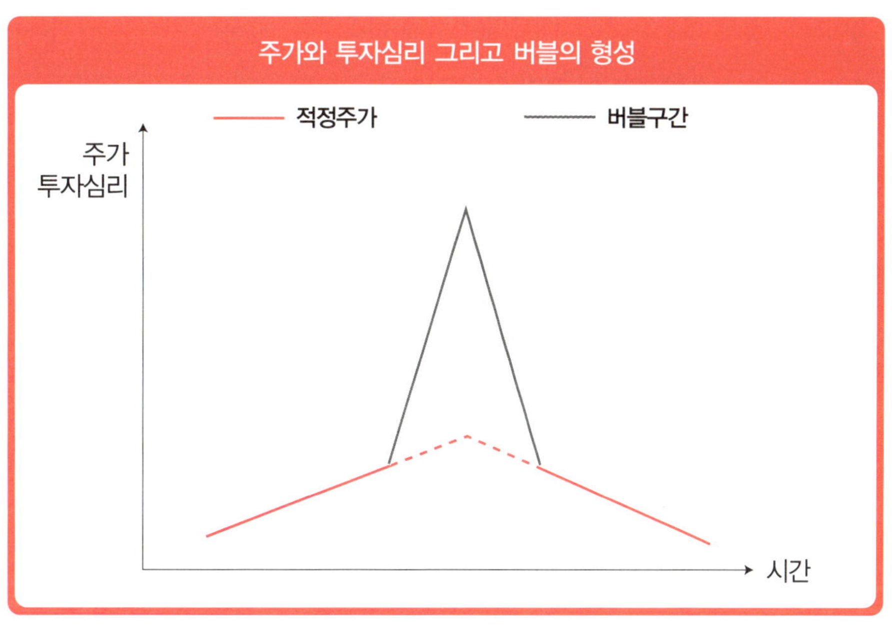

주식투자에서 버블이 형성되는 이유는 주가가 마치 풍선처럼 움직이기 때문이다. 풍선은 서서히 부풀어 오른다. 조금만 더, 조금만 더 하며 욕심을 내서 바람을 불어넣다 보면 임계치에 다다랐을 때 '펑' 하고 터져 버린다. 주가도 마찬가지다. 주가가 올라갈 때는 서서히 올라간다. '주가는 근심의 벽을 타고 오른다(Climbing the wall of worry)'는 격언처럼 주가상승 초기에는 투자자들이 시장에 대한 확신을 갖지 않기 때문이다.

위의 그림은 주가와 투자심리가 어떻게 버블을 형성하는가의 관계를 나타낸 것이다. 주가가 상승을 지속하면 투자자들의 투자심리는 점점 더 달아오르고 주가는 8부 능선에 다다랐을 때 급격하게 상승한다.

즉, 버블은 이 단계에서부터 형성되는 것이다. 그리고 투자자들이 주가가 고점이라는 것을 깨닫는 순간 다시 급격하게 하락한다. 때문에 주가는 급격하게 하락하고 매도의 기회를 놓치게 되는 것이다.

매수의 기회는 여러 번 주어진다. 그리고 매수를 하지 않아도 최소한 손해는 보지 않는다. 그러나 매도를 잘못하면 모든 것이 물거품이 되어 버린다. '무릎에 사서 어깨에 팔아라' 혹은 '생선의 머리와 뼈는 고양이에게 주어라' 라는 주식격언은 바로 완전한 고점에서 매도를 하려는 투자자들의 탐욕에 대한 경고를 나타내는 말이다.

풍선을 불 때 조금만 더 크게 불기 위해 욕심을 내다보면 결국 터져 버리듯이 탐욕이 바로 버블을 만드는 주된 원인이며, 올바른 시기에 매도를 하지 못하게 만드는 최대의 적인 것이다.

다시 한 번 강조하지만 자신만의 매매원칙을 세우는 것이 매우 중요하다. 물론 세운 원칙대로 실천하는 것은 그보다 더욱 중요한 일이다. 물론 자신이 주식을 매도한 후에 주가가 더 올라갈 수도 있다.

그러나 주식시장이 열려 있는 한 수익을 낼 수 있는 기회는 계속 존재한다. 탐욕으로 인해 큰 손실을 입는다면 이러한 기회조차 잃어버리게 된다. 원칙이 없는 매매를 하거나 원칙을 세웠음에도 '이번만은 다를 것이다' 라는 생각 때문에 원칙대로 실천하지 않은 것이 바로 지금까지 수많은 투자자들을 도탄에 빠뜨린 원인이었다.

목표한 가격이 되면 계획대로 매도를 하고, 예상했던 방향과 반대로 주가가 움직이면 적은 손실을 아까워하지 말고 손절매를 하는 것이 성공투자의 초석이다. 투자자들은 부풀어 오르는 풍선을 보며 탐욕스러워지지만 고점에서 주가가 하락하면 한순간에 공포의 감정으로 바뀌게 된다.

　이러한 심리 속에서 올바른 판단을 내릴 수 없기 때문에 무리한 매매를 하게 되는 것이다. 매수한 순간부터 풍선이 터지기 전에 하차할 준비를 해야 한다. 투자자들이 버블이었음을 깨닫게 되는 것은 이미 버블이 터지고 난 다음이기 때문이다.

폭락으로 이어지지 않은 호황은 없다

1929년 미국 증권시장의 호황 국면이 끝나고 주가가 급격하게 하락할 것이라는 예언을 한 〈월스트리트저널〉의 사설이 있었다. 이후 달콤한 호황은 어느새 악명 높은 대폭락의 길로 접어들었다.

오늘날 널리 사용되고 있는 기술적 분석은 원래 1900년대 초부터 형성되기 시작한 다우이론(Dow Theory)에서 그 원형을 찾을 수 있다. 기술적 분석을 시도하는 많은 투자자들이 다우이론을 중시하는 이유는 주식시장의 추세를 강조하고 있기 때문이다.

다우이론은 기술적 분석 중 가장 오래되고 유명한 분석 방법 중 하나다. 이것은 다우존스회사(Dow Jones Company)를 설립하고 1900년경 〈월스트리트저널〉의 편집자였던 찰스 다우에 의해 개발된 이론이다. 그가 1902년 세상을 떠난 이후에도 〈월스트리트저널〉 편집진을 중심으로 많은 실무자와 학자들에 의해 발전되어 왔다.

다우이론이 유명하게 된 것은 1930년대 대공황(The Great Crash and Depression) 때부터다. 대공황은 1929년 9월 3일에 시작되었는데, 이날 다우존스산업지수(DJIA)는 381포인트였다. 그러다 두 달 뒤인 1929년 10월 23일에는 306포인트로 떨어졌는데 두 달이라는 짧은 기간 동안 주가지수의 거의 20%나 하락한 것이다.

이 때 시작된 하락장세(Bear Market)는 그 후로 거의 3년 가까이 지속되었다. 대공황이 시작된 시점에서 3년 후인 1932년 7월 8일에는 다우존스산업지수가 41포인트 수준으로 급격히 하락하였다. 이는 공황이 시작되기 전인 1929년 최고 수준의 11%에도 미치지 못하는 수준이다. 이것이 유명한 1930년대 미국 증권시장의 주가 변동 상황이다.

당시 〈월스트리트저널〉은 역사적인 사설인 '국면의 전환(A Turn in the Tide)'을 게재하였는데, 여기서 그들은 다우이론에 기초해 미국 증권시장의 활황 국면(Bull Market)이 끝나고 불황(Bear Market)이 시작될 것을 예언했다. 그 후 미국 증권시장은 사설이 예언한 대로 급속히 붕괴되었고 세계 경제대공황으로 이어짐으로써, 많은 사람들이 다우이론에 크게 관심을 갖게 된 것이다.

물론 다우이론만으로 주식시장에서 벌어지는 일들을 100% 정확하게 분석할 순 없다. 그러나 주식시장의 참가자들이 어떠한 투자심리와 전략을 가지고 있는가를 살펴봄으로써 나는 과연 어떻게 대응할 것인가 참고하는 데는 많은 도움을 준다. 특히 대다수 투자자들이 시장을 외면할 때 왜 주식을 사야 하고, 모두가 열광할 때 왜 주식을 팔아야 하는지를 국면별로 잘 설명해 주고 있다.

다우이론에서 주추세의 진행과정을 시장상황과 관련해 나누면 다음과 같다.

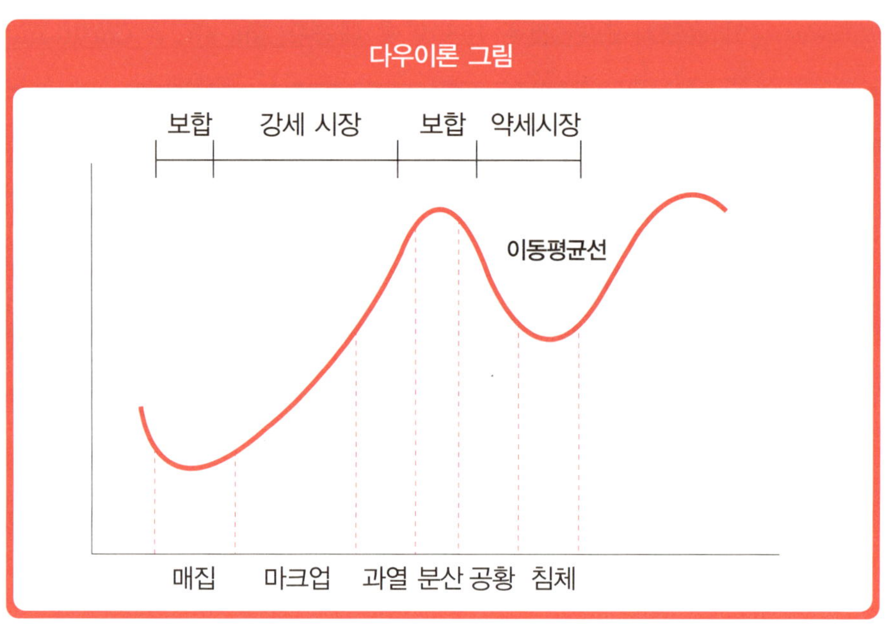

1) 매집 국면(강세1국면)

강세시장의 초기단계에서는 전체 경제 및 시장여건은 물론 기업환경이 회복되지 못해 장래에 대한 전망이 어둡다는 특징이 있다. 이런 상황에 실망을 느낀 대다수 투자자들은 오랫동안 지속된 약세장에 지쳐 보유주식을 매도하려고 한다.

결국 전문투자자만이 현재의 침체국면이 조만간 안정될 것이란 것을 예측하고, 일반투자자들의 매도물량을 매입하기 시작한다. 따라서 거래량이 점차 증가하게 되는데, 이러한 시장내부의 변화과정을 매집 국면(Accumulation Phase)이라고도 한다.

2) 마크업 국면(강세2국면)

전반적인 경제여건 및 기업의 영업수익이 호전됨으로써 일반투자자들의 관심이 고조되어 주가가 상승하고 거래량도 증가하게 된다. 이러한 국면을 마크업(Mark-up Phase) 국면(고조 국면)이라고 한다. 기술적 분석에 따라 주식투자를 하는 사람에게 가장 많은 투자수익을 안겨주는 국면이기도 하다.

3) 과열 국면(강세3국면)

강세시장의 제3국면에서는 전체 경제 및 기업수익에 관한 각종 통계 숫자가 극히 호조를 보이고, 신주발행도 급격히 증가하며, 신문이나 매스컴에서 증권시장에 관한 내용이 톱뉴스로 부상할 만큼 증권시장이 과열기미를 보이게 된다. 따라서 이 국면을 과열 국면이라고 부르기도 한다.

보통 일반투자자나 주식투자의 경험이 없는 사람들은 계속 망설이다가 강세장세의 제2국면, 제3국면에서 확신을 가지고 적극 매입에 나서기 때문에 장세는 과열되지만, 이때의 매수자는 쉽게 손해를 보기 때문에 조심해야 한다.

4) 분산 국면(약세1국면)

강세시장의 제3국면에서 시장이 지나치게 과열된 것을 감지한 전문투자자들이 투자수익을 취한 후 빠져나가는 단계다. 이 단계에서는 주가가 조금만 하락해도 거래량이 증가하는 거래양상을 보이므로 이를 분산 국면(Distribution Phase)이라고도 한다.

5) 공황 국면(약세2국면)

경제 및 기업수익에 관한 통계 숫자가 실제로 나쁘게 기록됨에 따라 주식을

다우이론 그림						
	강세장			약세장		
	제1국면	제2국면	제3국면	제1국면	제2국면	제3국면
일반투자가	공포심	공포심	확신	확신	확신	공포심
전문투자가	확신	확신	공포심	공포심	공포심	확신
투자전략		점진적매도	매도		점진적매수	매수
거래량 :	점차증가	크게증가	증가지속 신주발행급증	점차감소	크게감소	투매

매도하려는 일반투자자들의 마음이 조급해지는 국면이다. 결국 주식의 매입세력이 상대적으로 크게 위축되어 주가는 거의 수직적으로 하락하며 거래량도 급격히 감소하는 양상을 보이게 된다. 이러한 상태를 공황 국면(Panic Phase)이라고도 한다. 이후에는 상당히 긴 회복국면이나 보합상태가 나타나게 되며 제3국면이 시작된다.

6) 침체 국면(약세3국면)

공황 국면에서 미처 처분하지 못한 일반투자자들의 실망매물이 출회됨으로써 투매양상이 나타나는 것이 특징이며, 투매현상이 나타남에 따라 주가는 계속 하락하지만, 시간이 경과할수록 주가의 낙폭은 작아진다. 주가는 계속 하락하고 기업의 수익성이 악화되고 있다는 등의 좋지 못한 정보가 주식시장에 퍼져 있기 때문에 이를 침체 국면이라고도 한다.

아버지가 주식을 사면 팔아야 하는 이유

2007년, 주가가 상승을 계속해 1000포인트에 도달하자 장밋빛 전망이 쏟아져 나왔다. 얼마 전까지 비관적인 전망으로 일관하던 모 증권사의 애널리스트가 자신의 견해가 잘못된 것임을 시인하는 항복 선언을 했다. 그러자 한국증시는 큰 폭의 하락을 했다.

사실 주식 매수 타이밍을 알기란 쉬운 일이 아니다. 미국의 유명한 펀드매니저 피터 린치는 칵테일파티를 예로 들어 장세를 읽는 법에 대해 이야기한 적이 있는데 이를 '칵테일 이론'이라고 한다. 그의 '칵테일 이론'은 크게 4단계로 나뉜다.

첫 번째 단계는 주가가 한동안 약세를 보이며 아무도 주가가 다시 오를 것이라고 보지 않는 단계다. 이때는 칵테일파티에 온 사람들에게 자신의 직업을 '펀드매니저'라고 밝히면 다들 조용히 고개를 끄덕이곤 물러나 다른 사람들(예를 들어 치과의사나 영화배우)에게로 가버린다. 이처럼 사람들이 펀드매니저와 주식에 대해 이야기하기보다 영화배우 등과 이야기하기를 좋아한다면 이는 장세가 조만간 반전될 것이라는 징조다. 주식을 서서히 사들일 시점인 것이다.

두 번째 단계에서는 사람들이 피터 린치의 직업을 알고 잠시 머뭇거리다가 다른 곳으로 간다. 그는 이 시점이 주가가 바닥에서 15% 정도 상승해 있을 때라고 분석한다. 대부분 주식에 대해 거의 관심이 없다.

세 번째 단계에서는 일단의 사람들(영화배우나 치과의사마저)이 그를 둘러싼다. 어떤 주식이 좋은지를 묻고 주가가 얼마나 더 오를지 관심을 갖는다. 주가가 바닥에서 30% 이상 올라가 있을 때다. 파티에 참석한 대부분의 사람들이 주식투자를 하고 있는 상황이다.

네 번째는 파티 참석자 전부가 자기가 보유한 종목에 대해 크게 떠들고, 누구는 얼마를 투자해 얼마를 벌었다더라, 식의 신화가 부풀려지는 단계다. 모두가 주식에 투자하고 있으며 자기 주식을 자랑함으로써 다른 사람들이 자기의 주식을 사줄 것을 희망하고 있다. 상투의 징후이며 곧 증시는 하락할 것이라고 피터 린치는 설명한다.

이 이야기는 투자에 있어 지나친 낙관과 비관을 경계해야 한다는 의미를 담고 있다. 경기가 호황을 보이며 증시가 오르기 시작하면 주식시장은 낙관으로 들뜬다. 반면 하락기에는 쉽사리 비관으로 몰입한다. 왜 사람들이 주식을 고점에서 매도하지 못하고 오히려 사게 되는지를 설명해 주는 이론이다.

이를 우리나라의 현실에 적용해 필자는 '아버지가 주식을 사면 매도하라'고 투자자들에게 항상 조언한다. 나이 들고 보수적인 아버지마저 주식에 관심을 보이고 그런 아버지조차도 수익을 낼 정도의 장세라면 주변에서 주식투자를 하지 않는 사람을 보기 힘들고, 주가 또한 적정 수준 이상으로 올랐다는 의미다.

직장에 비교한다면 동료들의 70~80%가 주식시장에 관심을 보이고 투자를 한다면 주가는 이미 8부 능선을 넘었다고 봐도 무방하다. 만약 20% 미만의 동료들만 투자를 하고 있다면 아직 매수해도 되는 주가상승의 초기 단계 혹은 저평가 단계로 볼 수 있다.

군중과 역행하는 것은 쉬운 일이 아니다. 사람들은 다수 안에 있고, 많은 사람들이 자신의 생각과 비슷하다는 것을 확인할 수 있을 때 비로소 안도감을 느끼게 된다. 하지만 주식시장에서 성공하려면 대중의 생각과는 반대로 움직일 수 있는 용기와 지혜가 무엇보다 절실하다.

3

올바른 분석을 위한 노력

투자는 학문이 아니며 피나는 훈련이다.

또한 실패한 투자가 곧 투기이다.

제럴드 로브(Gerald Loeb)

한마디로 **정의**하지 못한다면
잘못 이해하고 있는 것이다

　부자들은 우리가 생각하는 것보다 훨씬 단순한 방법, 단순한 투자로 돈을 번다. 세계 최대의 부자로 꼽히는 '살아 있는 월가의 전설' 워렌 버핏은 잘 아는 종목에만 투자하는 것으로 유명하다. 분산 투자를 위한 포트폴리오도 잘 아는 종목만 골라서 단순하게 구성한다.

　그래서 그는 20세기 대미를 장식했던 IT열풍이 불었을 때도 IT트렌드를 읽어내지 못했다는 조롱을 받으면서도 여전히 잘 알지 못하는 분야에는 절대로 투자하지 않는다는 단순한 투자원칙을 분명히 지켜냈다. 그는 결국 장기적으로는 좋은 수익률을 냈다.

　부자들이 자신이 모르는 분야에 얼씬도 하지 않는 이유는 우선 어렵고 복잡하기 때문이다. 세상에는 어느 분야에나 고수가 있기 마련이고, 이들에게 멋모르고 뛰어드는 초보자들은 좋은 먹잇감이나 마찬가지다.

　그런데도 사람들은 일반적으로 마치 모든 분야의 투자를 다 알아야 한다고 생각하고 뭔가 특별한 기법이 있지 않을까 헤매고 있다. 분명하게 말하지만 잔재주가 부자를 만들어 주지는 않는다.

2003년 여름, 필자는 한 증권회사의 임직원 교육을 맡게 되었다. 초여름으로 접어든 날씨는 그날따라 무척 더웠고 강연장이었던 대강당에 가보니 생각보다 많은 사람들로 꽉 차 있어서 강당은 더욱더 열기를 뿜고 있었다. 교육시간이 업무를 마치고 피곤이 몰려드는 오후 6시부터인 데다가 후텁지근한 날씨와 장소 관계로 몇몇은 꾸벅꾸벅 졸고 있었다.

이후 교육생들의 상황을 고려해 예정보다 조금 일찍 강연회를 마치려는 찰라한 직원이 손을 들고 이런 질문을 던졌다.

"투자기법이 너무 간단하고 단순한 것 아닙니까?"

그 질문을 받고 잠시 후 이렇게 대답을 했다.

"날씨도 더운데 복잡한 투자기법을 강의했다면 조는 분들이 더 많았을 것 아닌가요?"

그렇게 그날의 강연을 마쳤고 이후에도 다른 많은 강연을 했지만 필자의 강연내용은 별반 달라진 것이 없다. 항상 강연회를 할 때는 가장 간단하고 단순하게 설명하고자 노력한다. 그렇게 해야만 명료하게 전달이 되기 때문이다.

또한 '한마디로 설명되지 않으면 확실하게 모르고 있는 것이다' 라는 신념을 가지고 있다. 이런 필자의 습관은 평소의 투자습관과 철학에서 비롯된 것이라 할 수 있다. 순간순간 변화무쌍하게 움직이는 시세에 현혹되지 않고 매매를 하기 위해서는 단순하지만 강력한 투자원칙으로 무장해야 한다.

주식투자를 하기 위해서는 일단 많이 알아야 한다. 아는 만큼 보이고 보인 만큼 실천할 수 있는 것이다. 그리고 그것보다 더 중요한 것이 실전에서 수익을 거둘 수 있도록 실전 무기를 만드는 일, 즉 투자원칙을 정립하는 것이다.

많이 공부하는 것은 누구나 할 수 있는 일이다. 그러나 많이 안다고 모두 성공하는 것은 아니다. 파동론을 집대성한 엘리어트는 우주의 원리를 논하면서 복잡하고 방대한 분량의 '파동이론'을 집필했지만 그가 죽어가면서 했던 말은 "파동이론이 왜 실전에서는 들어맞지 않는가"였다.

성공한 투자자들의 공통점은 그들만의 투자원칙을 가지고 있다는 것이다. 그리고 그 원칙들은 명료하고 단순한 것들이었다. 그래야만 변함없이 실전에 항상 적용할 수 있는 것이다.

투자자들은 학자가 되기 위해서 또는 학문적 만족 내지 성취감을 얻기 위해 주식투자를 하는 것이 절대 아니다. 주식투자는 그런 정서들로 치부하기에는 너무나 비싼 수업료를 치러야 하는 전쟁터다. 항상 목표는 실전에서 수익을 거두는 것이라는 사실을 잊어서는 안된다. 그러기 위해서는 수많은 이론과 기법들 중에서 자신만의 가장 강력한 실전 무기를 만들고 그것을 투자원칙으로 삼아야만 한다.

필자 역시 많은 학습을 통해 스스로의 원칙을 정립하면서부터 수익을 얻기 시작했다. 그리고 그것이 확고하게 자리를 잡으면서부터 안정적인 투자수익을 거두고 있다. 스스로 정립한 투자원칙에 확신을 갖게 되고, 실전 성공률이 높아진 것은 점차로 단순화되면서부터다.

처음 주식에 입문해서는 투자 이론과 기법을 정리한 두꺼운 노트를 신주단지 모시듯이 간직하고 있었다. 그렇지만 그것만으로는 실전투자에 큰 도움이 되지 못한다는 것을 깨닫고 나중에는 단 한 장으로 정리하게 되었다.

오랜 기간 주식투자를 했지만 수익을 내지 못했다는 투자자들에게 필자는 이와 같이 단순한 투자원칙을 정립할 것을 조언했고, 이후 많은 기쁜 소식을 전해 들었다. 전쟁터에서 복잡한 운영체계를 가진 무기를 사용한다면 그 무기가 아무리 성능이 좋다고 해도 이기기는 힘들 것이다. 주식시장 역시 전쟁터와 같은 곳이다. 투자자 스스로가 정립한 단순한 투자원칙만이 성공투자라는 열매를 가져다 줄 것이다.

머릿속에 있는 잡다한 재테크 지식은 판단을 흐리게 하기 쉽다. 또한 최근 들어 재테크 환경은 특히 펀드 덕분에 간접투자상품이 많아지는 등 투자자를 편안하게 해주는 쪽으로 나아가고 있다. 즉, 단순한 투자가 트렌드가 되는 시대가 본격적으로 열릴 것이다.

복잡한 것은 합당한 비용을 지불하고 모두 전문가에게 맡겨라. 상승장에서는 인덱스 펀드가 대표적인 대안이 될 수 있다. 투자자들은 인생을 즐기면서 단순한 투자원칙과 습관에 따라 그야말로 단순하게 투자하는 법만 알면 된다. 그러면 시간이 당신을 부자로 만들어 줄 것이다.

시황이던 종목이던 그러한 상황을 한마디로 정의할 수 있어야만 정확하게 이해하고 있는 것이다. 그것이 아름답고 단순한 투자를 위한 조건이다.

정보투자는 곧 파산이다

주식시장만큼 많은 정보와 소문이 난무하는 곳도 없을 것이다. 일단 시장에서 생산된 소문은 사실 여부를 떠나 사람들의 입과 정보통신 매체를 통해 순식간에 확산되고 주가에 바로 영향을 미친다. 사실확인이 되지 않은 하나의 루머를 접하는 순간 투자자들은 짧은 시간 만에 주식을 보유할 것인지, 매도할 것인지 아니면 신규매수를 할 것인지 매매판단을 내린다.

만약 가격의 등락에 영향을 주었던 루머가 사실이 아니라면 가격은 그 이전으로 회복하게 된다. 그것이 사실이라면 주가에 추가적인 영향을 가져다 줄 것이다. 중요한 것은 이러한 일련의 과정 속에서 반드시 누군가는 크게 손해를 보게 되고 일부는 수익을 내게 된다는 것이다.

특히나 주식시장에서는 일부세력에 의해 주가부양의 목적으로 호재성 재료를 인위적으로 퍼뜨리는 불순한 행위들을 어렵지 않게 찾아볼 수 있다. 소위 말해 '작전주'로 불리는 종목들이 대부분 이러한 범주에 속하는 것들이다.

처음부터 존재하지 않는 사실을 그럴 듯하게 포장해 주가를 부양시키고 많은 투자자들을 유인해 결국 도탄에 빠뜨리게 되는 결과를 초래한다. 심심찮게 이러한 작전주로 인해 전 재산을 날리고 자살했다는 소식이 들려오는 것도 이 때문이다.

우리 증시 역사상 최대의 블랙 코미디로 기억되는 사건이 있었는데, 바로 2000년 12월에 발생한 '보물선 파동'이다. 파문의 주인공은 당시 경영 상태가 매우 나빴던 동아건설이었다.

2000년 12월 초 이 회사에 대한 꿈같은 이야기가 증시에 떠돌기 시작했다. 동아건설이 바다 속에서 러시아의 군자금을 실은 돈스코이호를 발견했다는 것이었다. "그 배에 50~150조 원 상당의 금괴가 들어 있다더라", "동아건설이 이 중 5조 원만 갖게 돼도 주당 순자산 가치가 8만 4,000원을 넘어선다더라" 등 근거 없는 소문이 끝없이 나돌았다.

300원이던 동아건설 주가가 1,000원을 넘어섰다. 해양수산부가 12월 18일 "발견 물체가 선박인지조차 확인되지 않았다"고 발표했지만 투기의 광기는 멈추지 않았다. 장장 17일 연속 상한가가 이어졌고 회사 주가는 3,000원을 훌쩍 넘어섰다.

그러나 광적인 투기의 종말은 늘 그렇듯 참담했다. 동아건설은 끝내 보물선을 발견하지 못했다. 결국 보물선 재료로 3,265원까지 올랐던 가격의 100분의 1 수준인 종가 30원을 끝으로 2001년 6월 처참하게 증시에서 사라졌다.

이후에도 이용호 게이트를 만들었던 삼애인더스를 비롯해 때가 되면 보물선 파동이 한 차례씩 증시에 몰아쳤고, 광풍이 휩쓸고 지나간 고통은 고스란히 개인투자자들의 몫으로 남았다.

김동희 소장의 증시 칼럼 "작년에 왔던 각설이..."

때되면 찾아오는 보물선 관련주들의 한바탕 소동을 보고 있노라면 막연한 기대감을 쫓아 대박을 바라는 주식시장의 굴절된 심리를 잘 볼 수가 있습니다.

동아건설, 삼애인더스 등 결국 일반주주들에게 막대한 피해를 입히고 도탄에 빠지게 했던 장본인들이 다시 재기를 모색하고 있다는 기사를 보며 씁쓸한 마음을 감출 수가 없습니다.

모든 투자자들은 돈을 벌기 위해 주식시장에 들어온다. 아마도 빠른 시간 안에 큰돈을 벌고자 하는 것은 모든 투자자들의 소망일지도 모른다. 그렇지만 주식시장은 결코 경마나 카지노처럼 일확천금을 꿈꾸는 사람들이 성공할 수 있는 곳이 아니다. 일확천금의 허상을 쫓는 순간부터 '투자'가 아닌 '투기'의 길로 접어들게 되고, 즐거운 투자가 아닌 생명을 단축하는 죽음의 게임을 하게 되는 것이다.

긍정적이건 부정적이건 주식시장이 존재하는 한 필연적으로 정보를 선취하는 선도세력이 존재하게 마련이다. 정보화 사회로 진입할수록 정보가 있는 곳에 돈이 집중되고 정보의 집중에 의한 빈익빈 부익부 현상이 벌어진다.

따라서 점점 더 교묘해지고 변화무쌍하게 움직이는 주식시장에서 개인투자자가 넘쳐나는 정보를 필터링하고 가공하는 것은 거의 불가능하다. 때로는 역정보나, 시세에 전혀 영향을 미치지 못하는 루머에 의해 합리적인 투자를 못하게 되는 경우가 허다하게 존재한다.

개인투자자들이 성공하기 위해서는 어떤 특정한 정보를 얻기 위해 주변의 투자자나 증권회사 직원, 브로커 그리고 이런저런 투자 사이트들을 찾아 헤매는 시간 낭비를 해서는 안 된다. 넘쳐나는 정보와 혼돈에 대해 스스로를 차단해야만 한다.

필자는 타인으로부터 얻은 정보나 주식시장에 흘러 다니는 실체 없는 소문을 통해 궁극적으로 성공한 사람을 한 명도 보지 못했다. 한 번, 두 번은 그렇게 돈을 벌 수도 있겠지만 정보투자로 돈을 번 투자자는 정보투자로 망하게 된다.

우리는 그날그날 공정 공시를 통하거나 신문 등의 뉴스 매체를 통해 기업과 산업 동향, 실적 등 누구나 접할 수 있는 보편적인 소식들을 접하게 된다. 이러한 보편적인 정보 자체가 바로 큰돈을 벌어주는 주식시장의 재료가 되는 것은 아니다. 그러나 '생각하는 투자자'에게 보편적 정보는 투자의 큰 나침반이 된다. 생활 속에서 벌어지는 일들도 모두 주식시장과 연관지어 바라볼 수 있다. 주식투자가 바로 생활이기 때문이다.

주식투자는 생활이다

어느 유명한 배우는 "연기는 배우는 것이 아니라 생활이다. 지금 이 순간도 생활이다. 생활하듯이 연기를 하면 그것이 가장 자연스럽고 훌륭한 연기가 된다"라는 말을 남겼다. 이러한 말은 비단 연기에만 해당되는 것은 아닐 것이다.

피터 린치는 1970년대 초 아내가 "팬티스타킹 '레그스'의 품질이 좋더라"라고 얘기하는 것을 듣고 제조사인 헤인즈 주식을 사들여 6배의 수익을 남겼다. 평범한 일상생활에서 얻는 제품과 기업 정보가 성공적인 투자로 연결될 수 있음을 보여주는, 상식의 중요성을 알려주는 일화다.

피터 린치는 "급등주라면 앞뒤 재보지도 않고 일단 투자하는 남편보다는, 값싸고 질 좋은 스타킹이 무엇인지, 아이들이 좋아하는 우수한 장난감이 무엇인지를 유심히 관찰하고 그 회사 주식에 관심을 기울이는 아내가 더 현명하다"라는 유명한 코멘트를 남기기도 했다.

이런 생활 속의 주식투자는 주변에서 얼마든지 찾아볼 수 있다.

일례로 서울에 거주하며 무역업에 종사하는 K씨의 경우를 보자. 그는 해운운임지수가 지속적으로 상승하는 것을 보고 신문과 관련 사이트 등을 통해 자료를 수집했다.

당시에는 중국의 초호황으로 물동량이 증가하면서 컨테이너선 등이 턱없이 부족한 현상을 보이고 있었다. 그는 이러한 정보를 바탕으로 운임지수가 일상적 주기 이상의 장기상승랠리를 보일 것으로 판단, 관련주에 투자해서 장기 보유, 수백 퍼센트의 수익률을 기록했다.

경기도 광명에 사는 전업주부 C씨 역시 신문과 전자공시만을 이용해 성공한 케이스다. C씨는 실적이 좋아졌음에도 주가가 크게 오르지 못한 기업, 적장에서 흑자가 예상되는 턴어라운드 기업에만 전문적으로 투자했다. 결국 연간 40~50% 정도의 수익을 기록, 최초 3,000만 원이었던 투자원금이 4년 만에 1억 2,000만 원을 훌쩍 넘어섰다. C씨의 경우 주부들이 흔히 이용하는 ARS 유료증권정보나 증권회사 직원의 종목추천 등을 전혀 이용하지 않았다. 다만 두 개의 경제신문과 금융감독원의 전자공시시스템(http://dart.fss.or.kr)만을 주로 이용하였다고 한다.

필자의 경우에도 길거리에서 킥보드를 타는 아이들이 점점 늘어나는 것을 보고 예전의 '스카이 콩콩' 붐을 떠올리며 조만간 유행이 확산될 것으로 판단했다. 곧바로 킥보드의 주력업체를 찾아보니 '삼천리'였고 그 회사에 투자하여 단기간에 50% 이상의 수익을 올린 경험이 있다.

이상에서와 같이 우리는 이미 많은 정보들을 접하고 있다. 중요한 것은 주변을 대할 때 '얼마나 주식시장과 연관해 생각하고, 또 얼마나 깊이 있게 생각하는가' 하는 것이다. '생각하는 투자자' 가 곧 '성공하는 투자자' 인 것이다.

주식시장의 혼돈과 투기의 광풍 속에서 살아남기 위해서는 불필요한 정보로부터 스스로를 차단하고 자신만의 투자원칙을 지켜나가야만 한다. 투자는 생활이고 곧 상식인 것이다.

한국증시 과학적 분석의 시작 – PER 이야기

주식투자에 있어 언제나 회자되고 있는 용어 중 하나가 바로 'PER(Price Earning Ratio)'다. 도대체 PER가 무엇이고 어떠한 의미를 지닌 것이기에 이토록 주목받고 있는 것일까?

이 질문에 대한 해답은 PER를 비롯한 갖가지 분석도구와 개념이 어떻게 주가에 영향을 미치고 어떤 경로를 통해 투자자들에게 파급되는지 실마리를 찾는 중요한 단서가 될 것이다.

PER는 우리말로 '주가수익비율'이라고 한다. 현재의 주가와 한 주당 이익을 비교하는 개념이다. PER를 투자지표로 개념화한 사람은 가치투자의 창시자인 벤저민 그레이엄(Benjamin Graham)이다.

기업의 주당이익이 높음에도 불구하고 현재의 주가가 낮다면 그 주식은 상승할 확률이 높다. 이것은 그레이엄과 도드의 연구에 의해 보다 널리 일반화되었다. 이들은 시장에서 형성되고 있는 가격과 평균이익 사이의 적정비율은 12배 정도이며, 현명한 투자자라면 20배 이상의 수치를 보이는 주식을 사서는 안 된다는 논문을 쓰기도 했다.

A라는 기업의 한 주당 이익이 500원이고, 현재 시장에서 거래되고 있는 주가가 1,000원이라고 가정하자. 그러면 1,000 / 500 = 2 즉, 주가수익비율(PER)은 2배가 된다. 위의 논리로 적정가격을 평가한다면 6,000원(12배)이 될 것이다.

그렇다면 이러한 'PER'라는 개념이 한국증시에서 일반화된 것은 언제부터일까? 1992년에 한국증시에는 하나의 사건이 발생한다. 코리아 펀드로 대표되는 외국계 자금이 한국증시에 유입되기 시작한 것이다. 이들 외국계가 한국증시에 들어와서 처음 한 작업은 상장기업들을 PER라는 도구로 계량화한 것이었다.

그리고 PER가 낮은 기업, 소위 '저PER주'를 발굴해 냈고 해당 종목을 싹쓸이해 버렸다. 당연히 이들 종목들은 폭등하기 시작했다. 이 당시 이렇게 연출된 저PER주들의 폭등 장세를 '저PER 혁명장세'라 한다. 저PER 혁명장세는 이후 침체된 증시를 견인하여 종합주가지수를 상승추세로 이끌었다. 이 당시 저PER 혁명장세 급등의 대장정을 리드했던 종목이 바로 태광산업(003240)이었다.

이 사건이 발생하기 전까지 PER라는 개념은 우리 투자자들에게 대단히 생소한 것이었다. 과학적 투자와 분석이라는 개념 자체가 부각되지도 않았다. 저PER 혁명장세는 이러한 한국증시에 과학적 투자와 분석의 필요성을 일깨워 준 일대 사건이었다. 이후 분석가와 투자자들은 '저PER주 = 기업가치에 비해 싼 저평가 주식'이라는 등식을 머릿속에 깊이 각인하게 되었다.

가치투자의 창시자 벤저민 그레이엄은 20세기 최고의 분석가다. 그는 중개회사 심부름꾼으로 시작해 주식투자와 연을 맺고, 1919년 25세의 나이로 연봉 60

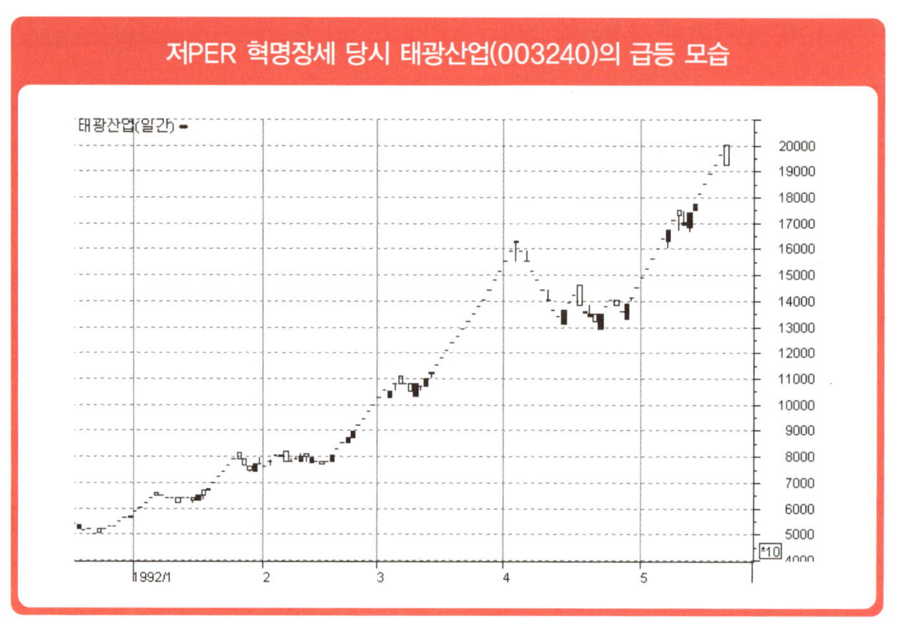

저PER 혁명장세 당시 태광산업(003240)의 급등 모습

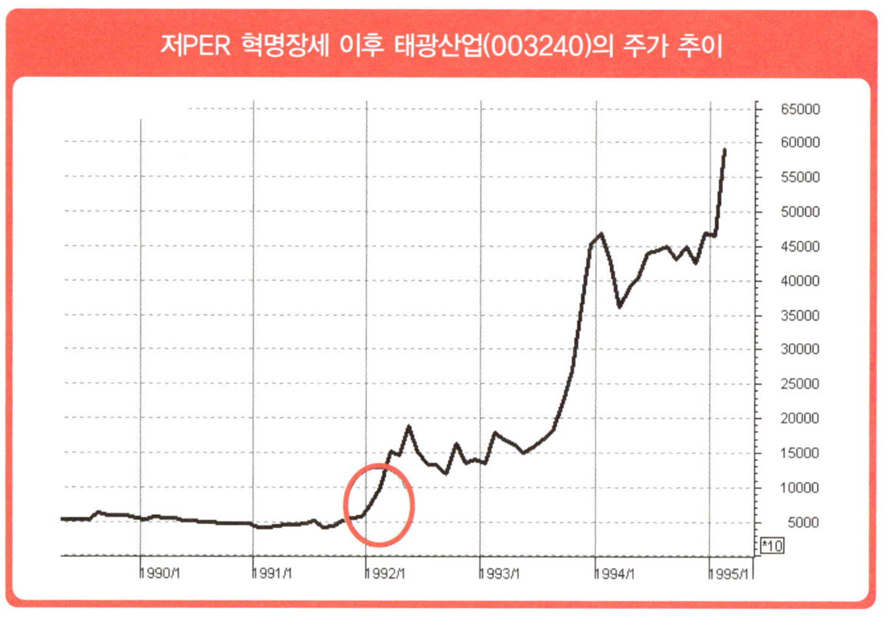

저PER 혁명장세 이후 태광산업(003240)의 주가 추이

2007년 주요국 PER 현황			
국 가	지 수	PER(배)	배당수익률(%)
미 국	DOW 30	18.2	1.7
캐나다	S&P/TSX	16.5	2.3
영 국	FTSE 100	14	2.9
프랑스	CAC 40	15.9	2.7
독 일	DAX	14.2	2.3
호 주	ASX	16.8	3.5
일 본	Nikkei 225	26.3	1.1
홍 콩	Hangseng	15.4	2.6
대 만	TAIEX	14.9	3.5
중 국	Shanghai A	20.5	1.5
한 국	**KRX 100**	**11.9**	**1.9**
	KOSPI 200	**12.8**	**1.8**
	KOSTAR	**18**	**0.6**

만 달러를 받는 천재적 펀드매니저로 활동하며 월스트리트에서 맹위를 떨쳤다.

그는 '사업하듯 투자하라', '시장의 등락에 연연하지 마라', '저가매수하라' 등의 3가지 투자원칙을 강조하며, 과거와 현재의 기업가치를 통해 저평가된 주식발굴에 뛰어난 역량을 보여준 바 있다. 그리고 현재 가장 기본적으로 활용되고 있는 PER라는 투자지표를 일반화하며 주식시장에 새로운 지평을 열었다.

오늘날 주요국 증시와 한국증시의 저평가 여부를 분석할 때 역시 가장 많이 사용되는 지표가 PER다. 주가가 여전히 역사적 신고가를 경신했지만 한국증시는 주요국과 비교했을 때 여전히 낮은 수준이다.

워렌 버핏은 "우리는 그레이엄이 심은 나무 밑에서 휴식을 취한다"라는 말로 깊은 존경심을 드러낸 바 있다. 그만큼 벤저민 그레이엄의 가치투자전략은 수많은 투자자들에게 큰 결실을 가져다주고 있다.

그는 시대를 초월한 위대한 투자자로 '시세가 바닥을 쳤을 때 저가매수하고, 시세가 고가에 도달했을 때 매도한다'라는 어찌 보면 가장 기본적이면서도 단순한 투자논리를 펼치고 있다. 그러나 이러한 투자논리는 현재까지도 전 세계 주식투자자들에게 큰 가르침이 되고 있다.

PER는 절대적인 투자지표도 아니고 또 그렇게 될 수도 없는 일반적이고 보편화된 개념이다. 그러나 기본에 충실한 단순한 투자원칙의 중요성은 시대를 막론하고 변함이 없다. 그런 의미에서 PER는 여전히 중요한 분석도구임에 틀림없다.

한국 PER, 더 높아질 것

〈머니투데이〉 2007년 4월 24일 기사

'상대적 저평가 해소 논리상 주가 더 오를 수 있어'

한국투자증권은 한국의 주가수익배율(PER)이 더 높아지는 재평가 흐름이 더 전개될 것이라고 24일 밝혔다.

김학균 한국투자증권 연구원은 "PER가 높아지는 것은 한국에서만 보이는 현상이 아니라 PER레벨이 세계증시의 평균 수준보다 낮은 저평가 증시 전반에서 나타고 있는 현상"이라며 "한국증시의 PER는 더 높아질 것"이라고 말했다.

이달 MSCI 한국지수의 PER는 11.3배로 지난해 4월의 PER 10.6배보다 6.6% 높아졌다. 전 세계 45개국 중에서 1년 전에 비해 PER가 높아진 나라는 29개국에 달한다.

고평가 국가군에서 1년 후 PER가 높아진 국가는 8개국에 불과한 반면 저평가 국가군에서 PER가 높아진 국가는 21개국이다.

김 연구원은 "상대적으로 비싼 국가는 가라앉고 상대적으로 싼 국가는 떠오르는 밸류에이션 수렴 현상이 나타나고 있다"며 "자본이동을 가로막는 각종 장벽의 철폐 등 개방화의 진전에 따른 자연스런 결과"라고 해석했다.

한국증시는 2000년 이후 가장 높은 PER 수준을 보이고 있으나 여전히 한국시장은 대표적인 저평가 시장이다.

김 연구원은 "전 세계 46개국 중에서 한국보다 PER가 낮은 국가는 7개국에 불과하다"며 "상대적 저평가 해소의 논리로 주가가 오를 수 있는 여지는 남아있다"고 주장했다.

1년전 고평가 국가군과 저평가 국가군의 Re-rating 확률 비교

2006년 4월		Re-rating 또는 De-rating	2007년 4월	비고
고평가 국가 (16개국)	칠레(17.1), 덴마크(15.7), 포르투갈(15.7), 오스트리아(15.2), 미국(15.2), 뉴질랜드(15.2), 스웨덴(15.1), 싱가폴(15.0)	➡ Re-rating (PER 상승)	칠레(19.5), 덴마크(16.7), 포르투갈(16.6), 오스트리아(15.5), 미국(15.6), 뉴질랜드(15.4), 스웨덴(15.4), 싱가폴(17.6)	1년 전 고평가 국가 18개국 중 PER가 높아진 국가는 8개국(1년 전 고평가 국가군의 Re-rating확률 = 44%)
	일본(19.8), 모로코(18.7), 인도(18.6), 홍콩(16.9), 핀란드(16.8), 체코(16.6), 그리스(15.6), 캐나다(15.6), 이스라엘(15.5), 스위스(15.1)	➡ De-rating (PER 하락)	일본(17.5), 모로코(16.1), 인도(17.0), 홍콩(15.4), 핀란드(13.1), 체코(15.8), 그리스(14.4), 캐나다(15.5), 이스라엘(14.6), 스위스(14.9)	
세계증시 평균 (MSCI 세계지수)PER : 14.7배			세계증시 평균 (MSCI 세계지수)PER : 14.7배	—
	멕시코(14.2), 말레이시아(14.0), 폴란드(13.8), 독일(13.5), 중국(13.2), 필리핀(13.1), 이탈리아(13.1), 영국(12.9), 프랑스(12.8), 네덜란드(12.8), 스페인(12.7), 노르웨이(12.7), 남아공(12.7), 대만(12.4), 벨기에(12.3), 이집트(12.2), 인도네시아(12.1), 한국(10.6), 터키(10.4), 페루(9.9), 브라질(8.1)		멕시코(15.0), 말레이시아(16.8), 폴란드(14.4), 독일(13.8), 중국(16.2), 필리핀(16.5), 이탈리아(13.3), 영국(13.1), 프랑스(13.2), 네덜란드(13.9), 스페인(13.5), 노르웨이(12.8), 남아공(12.9), 대만(13.0), 벨기에(12.5), 이집트(13.5), 인도네시아(13.1), 한국(11.3), 터키(10.7), 페루(12.4), 브라질(9.2)	1년 전 저평가 국가 27개국 중 PER가 높아진 국가는 21개국(1년 전 저평가 국가군의 Re-rating확률 = 77%)
	오스트리아(13.6), 헝가리(11.3), 태국(10.5), 아일랜드(14.0), 파키스탄(12.5), 러시아(13.1)		오스트리아(13.5), 헝가리(11.2), 태국(10.1), 아일랜드(13.2), 파키스탄(10.8), 러시아(11.0)	

자료 : IBES, 한국투자증권 / 주 : 12개월 FwdPER, MSCI국가별 지수 기준, 괄호 안의 숫자는 PER

잿더미 속에서 피어난 불씨

턴어라운드(Turnaround)라는 단어 자체는 넓은 의미의 기업회생을 의미한다. 여기에는 구조조정(Structural Regulation)과 리스트럭처링(Restructuring), 리엔지니어링(Reengineering) 등이 포함된다.

구조조정은 한 국가의 산업구조가 고부가가치 산업을 중심으로 고도화되는 과정을 말한다.

정책적인 의미에서는 산업구조의 조정과정에서 나타나는 기업의 무더기 도산, 대량실업 등의 부작용을 줄이면서 경제 여건에 맞는 고부가가치 산업으로 이행할 수 있도록 돕는 적극적인 구조조정을 의미한다. 근래에는 기업구조조정 또는 사업구조조정이란 이름으로, 주로 개별 기업 내에서 사업구조를 고도화하는 뜻으로 사용되고 있다.

주식시장에서 턴어라운드라는 말은 이러한 구조조정이나 사업구조의 고도화를 통해 적자에서 흑자로 전환하는 기업에 흔히 사용된다. 하이닉스의 사례를 통해 턴어라운드를 왜 잿더미 속에서 살아난 불씨라고 하는지, 종목 발굴 시 왜 큰 비중을 두고 살펴야 하는지 알아보자.

2000~2001년을 거치며 주가 대폭락을 맞았던 하이닉스는 투자자들에게 엄청난 손해를 입혔던 종목이다. 이 당시 하이닉스의 주주 수는 무려 30만 명이나 되었기 때문에 주식시장에 활발하게 참여하고 있던 투자자들이라면 하이닉스에 투자했다가 대부분 한 번씩은 손실을 봤다고 해도 과언이 아니다. 6만 원대였던 하이닉스 주가는 감자 직전 100원대까지 끊임없는 하락에 하락을 거듭하였다.

그러던 중 상황이 점차적으로 변하기 시작하였다. 한국은 반도체 중에서도 특히 메모리 반도체의 비중이 90%에 달해 그 비중이 매우 높다. 그런데 디지털·모바일 시대의 도래로 메모리 반도체 수요가 폭발적으로 증가하기 시작했다. 덕분에 한국의 반도체업체들은 전 세계 반도체업체들 중에서도 가장 빠른 성장할 수 있었다.

과거 아날로그 시대와는 달리 이제는 음악을 듣는 MP3에도 D램이 들어가고 디지털TV에도 최고 512MB의 D램이 사용되고 있다. 바야흐로 디지털이라는 이름이 붙는 모든 기기, 아니 거의 모든 전자기기에서 D램은 필수요소가 되어버린 것이다. 또한 모바일기기 시대가 다가옴에 따라 카메라폰, 디지털카메라 등 모바일기기의 저장장치로 사용되는 플래시메모리의 수요는 가히 폭발적으로 증가하였다.

따라서 메모리 반도체의 경기는 결국 경기 호황, 설비투자 증가, 공급과잉, 경기 불황, 설비투자 감소, 경기 호황의 사이클 경로를 거칠 것으로 예상된다. 그러나 공급업체 간 경쟁력 차이가 크게 벌어져 있어 과거에 비해 경기의 진폭

하이닉스(000660) 매출액 증가 추이

	매출액 (10억 원)	영업이익 (10억 원)	경상이익 (10억 원)	순이익 (10억 원)	EPS (10억 원)	증감률 (%)	EBITDA (10억 원)	PER (배)	EV/ EBITDA (배)	PBR (배)	ROE (%)
2002A	3,000.1	-940.4	-1,952.6	-1,947.9	-371	94.4	-142.1	NM	NM	1.4	-37.6
2003A	3,620.4	-224.1	-2,313.1	-2,313.1	-5,213	-1,305.1	-982.9	NM	NM	1.1	-58.8
2004F	5,898.4	1,936.8	2,023.6	2,023.6	4,525	186.8	3,093.4	2.9	2.4	1.7	53.9
2005F	5,431.8	1,491.8	1,343.6	1,343.6	3,004	-33.6	2,503.9	4.3	2.9	1.2	24.7
2006F	6,247.8	1,780.0	1,678.3	1,426.6	3,190	6.2	2,985.6	4.0	2.5	1.0	20.9

이 크게 줄어들 것으로 보인다. 또한 차별화된 원가 경쟁력을 가지고 있는 상위 업체들은 안정적인 고수익을 지속적으로 거둘 수 있게 되었다.

하이닉스도 한때 대규모 적자로 해외에 매각될 위기에 처했으나, 2003년 들어 경쟁력을 빠르게 회복하고 4위로 밀린 시장점유율을 다시 2위까지 끌어올리

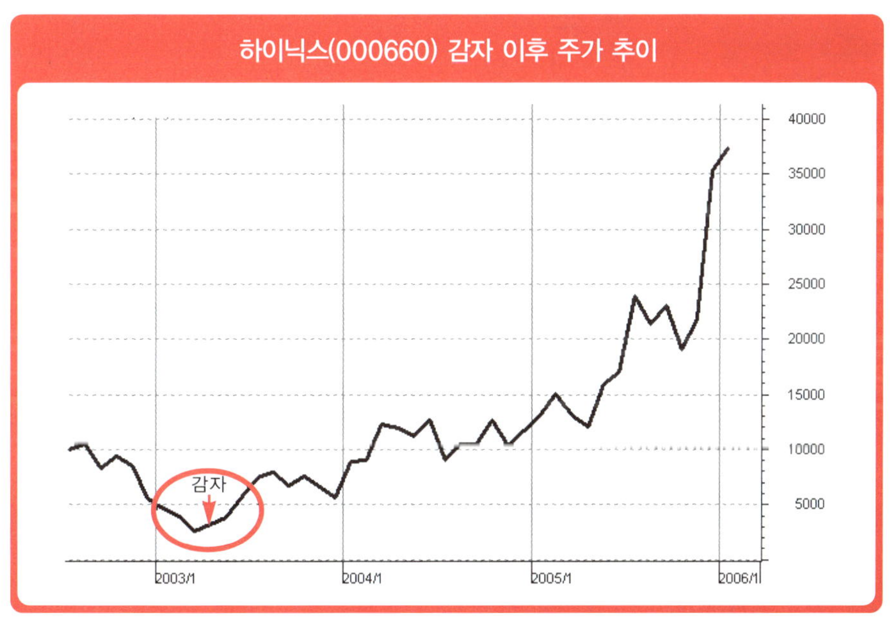

하이닉스(000660) 감자 이후 주가 추이

는 등 빠르게 턴어라운드하였다. 하이닉스의 원가 경쟁력은 세계 최고 수준으로 높아졌으며 고부가 제품구성 비율도 빠르게 개선되었다. 하이닉스도 이제 삼성전자와 같이 불황에도 흑자가 나는 명실상부한 우량업체의 반열에 들어서게 된 것이다.

그림에서 보는 바와 같이 하이닉스는 시장의 변화에 힘입어 적자에서 흑자로 전환하였고 이익의 규모를 점차적으로 확대시켜 나갔다. 이와 더불어 주가 역시 가파르게 상승하는 모습을 보여주었다.

나는 **보이는** 것에만 **투자**한다

주식시장에서 영원한 재료는 바로 실적이다. 투자의 명인 워렌 버핏은 "나는 보이는 것에만 투자한다"라는 말을 했는데, 여기서 '보이는 것'의 핵심이 바로 실적이다. 실적이야말로 주식투자의 가장 확실한 지표이자 강력한 분석 도구이다.

2007년 대표적인 급등 종목 가운데 하나인 삼성엔지니어링(028050)의 경우 실적의 호조세와 주가 상승이 정확하게 같은 궤적을 그리며 움직이는 모습을 보였다. 물론 삼성엔지니어링은 지난 2003년까지 매출이 1조 원에서 정체됐으나, 삼성그룹의 공사물량 확대, 중동지역 화공플랜트 수주 증가 등의 영향으로 2005년에 1조 6,000억 원, 2006년에 1조 7,000억 원의 매출을 기록했다.

뿐만 아니라 2003년에는 영업이익, 경상이익, 당기순이익 모두 1,000억 원대의 적자를 기록 2004년 흑자전환 이래 매년 큰 폭의 증가세를 나타내고 있다. 또한 재무클린화, 매출규모 확대, 수익성 향상 등의 영향으로 자금 창출력이 향

삼성엔지니어링(028050) 폭발적 실적 증가세					
항 목	2003.12.31	2004.12.31	2005.12.31	2006.12.31	2007.3.31
매출액	11,298.7	16,413.9	10,224.4	17,169.6	4,669.4
영업이익	-791.7	769.1	480.1	1,136.1	318.3
경상이익	-1,235.9	541.1	815.6	1,520.0	574.9
당기순이익	-895.3	380.9	602.9	1,105.5	427.0

상되면서 지난 2004년 이후 1,800억 원가량 차입급을 상환해 무차입 경영을 실현했다. 여기에 5,000억 원에 달하는 현금성 자산을 보유하게 되었다.

이에 화답하듯 2003년 3,000원대에 머물렀던 주가는 2007년 10만 원대를 돌파했다. 무려 30배 이상 급등한 것이다.

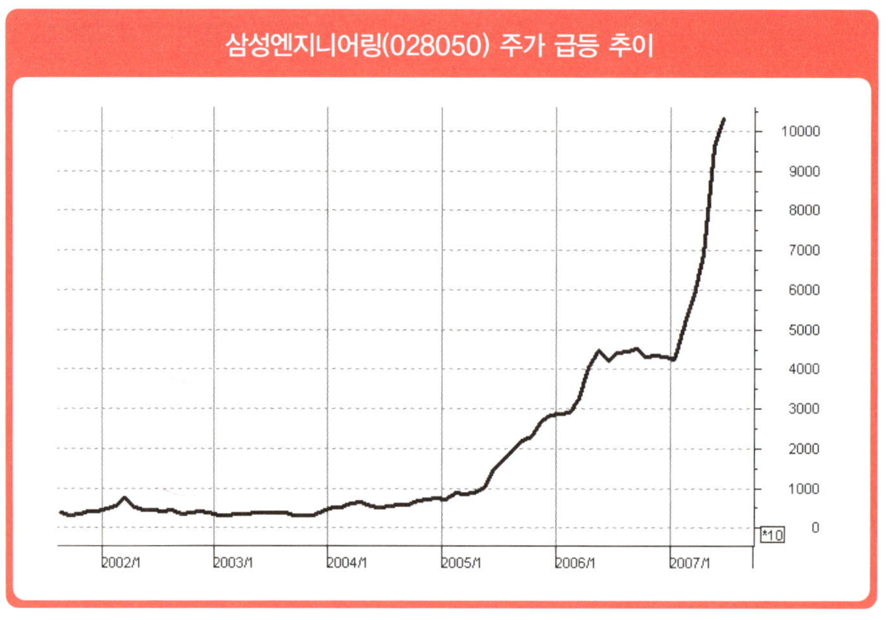

삼성엔지니어링(028050) 주가 급등 추이

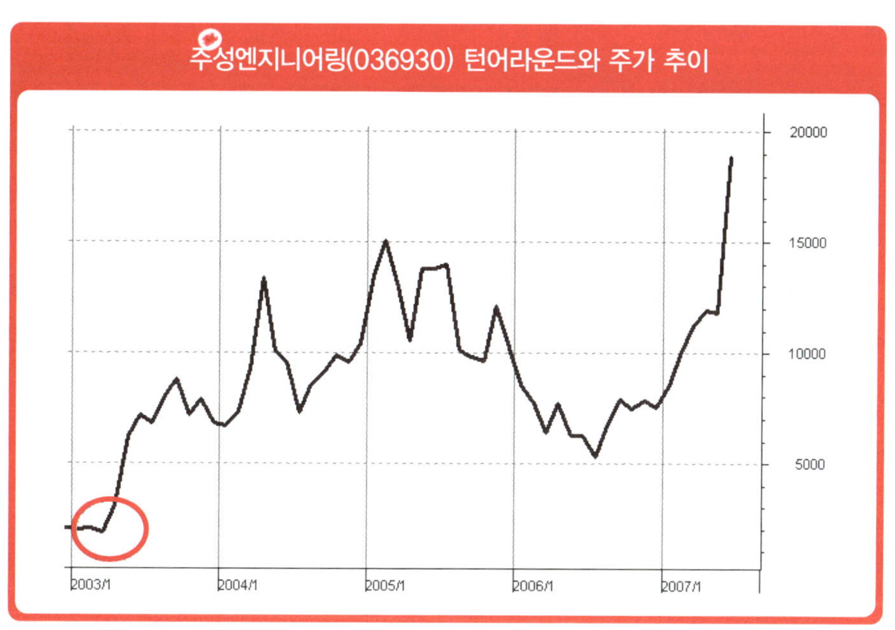

코스닥 등록기업인 주성엔지니어링(036930)은 반도체시장 불황과 삼성전자와의 거래중단에 따른 극심한 영업위축으로 2003년까지 3년간 영업적자를 지속했다. 2003년에 매출액 271억 원, 당기순손실 288억 원을 기록해 손실액이 매출액을 상회하는 부진을 지속했다. 또한 반도체 업황 부진으로 주성엔지니어링의 주력인 장비매출이 줄어든데다가 삼성전자와의 거래중단이라는 시련까지 닥치기도 했다.

그러나 주성엔지니어링은 2007년 들어 2004년부터 시작된 지난 3년간의 긴 터널을 완전히 벗어나 턴어라운드하기 시작했다. 이는 기존의 사업에 국한되지 않고 새롭게 진출한 LCD용 화학증착장치로 제품다변화에 성공해 LG필립스, CMO, BOE 등으로부터 대규모 수주를 받는 성과를 거두었다. 보수적인 회계처리 방식을 변경함으로써 부실자산에 대한 대규모 상각을 통해 부실요인이 크

게 축소되면서 제2의 도약에 성공한 것이다. 이와 함께 주가 역시 턴어라운드
가 예상됐던 2003년부터 가파른 상승세를 보여주었다.

앞에서 보았던 삼성엔지니어링(028050)은 정체됐던 매출이 급증하면서 주
가가 동반 상승한 경우였다. 또한 하이닉스(000660)가 업황의 호전에 의한 턴
어라운드 사례였다면 지금 살펴본 주성엔지니어링(036930)은 사업의 다각화
와 과감한 부실 축소 등 고도화에의 노력으로 턴어라운드한 사례였다고 볼
수 있다.

세 종목 모두 적자에 허덕이며 큰 폭의 주가폭락을 기록해 투자자들로부터
한때 외면을 당했던 종목이었으나, 이와 같은 과정을 통해 다시 주식시장의 핵
심주로 급부상을 했다. 주식시장에서 영원한 테마 중의 하나는 바로 턴어라운
드 종목이다. 턴어라운드는 종목을 발굴함에 있어 절대로 놓쳐서는 안 될 핵심
요소인 것이다.

증시 **패러다임**의 변화

　한국증시가 1980년 종합주가지수 100으로 출발한 이래, 2005년 3월 네 번째로 1000포인트를 돌파하고 2007년 7월 현재 1800포인트를 오르내리는 역사적 신고가를 기록하고 있다. 한국증시는 20여 년 동안 대체적으로 1000포인트를 상단으로, 500포인트를 하단으로 형성된 박스권 안에서 움직여왔다. 그동안 한국증시는 수차례 네 자릿수에 안착을 시도했지만 투자자들의 염원을 뒤로하고 번번이 이에 실패했었다.

　그러나 지금은 한국증시가 레벨업되고 있는 상황이다. 과거 1000포인트 돌파시기가 경기정점에서 이루어진 데 반해 경기회복기에 네 자릿수의 지수에 진입한 점이 이를 뒷받침해 준다. 또한 시중의 풍부한 부동자금이 존재하고 이것이 적립식 펀드 등 간접투자 열풍으로 이어져 증시로 계속 유입되고 있다는 점 등이 배경으로 자리 잡고 있다.

미국 증시가 1964년 이래 5차례 1000포인트 돌파 시도 이후 1982년 하반기에 20년간의 박스권을 돌파하고 1만 포인트까지 지수가 레벨업된 당시와 비교해 보면 지금의 한국증시와 거의 동일한 상황이었다는 것을 알 수 있다.(자세한 비교는 별책 부록을 참조하기 바란다).

이러한 유사성과 더불어 한국증시 레벨업의 가능성은 새로운 증시 패러다임의 전환이 이루어지고 있다는 점에서 찾을 수 있다. 과거 20여 년 동안 한국증시가 1000포인트 안에서 움직이는 동안에는 전통적인 산업사회의 아날로그 패러다임이 주도해왔다. 후발 산업주자인 우리나라가 이러한 패러다임 속에서 글로벌 경쟁력을 가진 선두주자로 부각되기는 어려운 것이 사실이다.

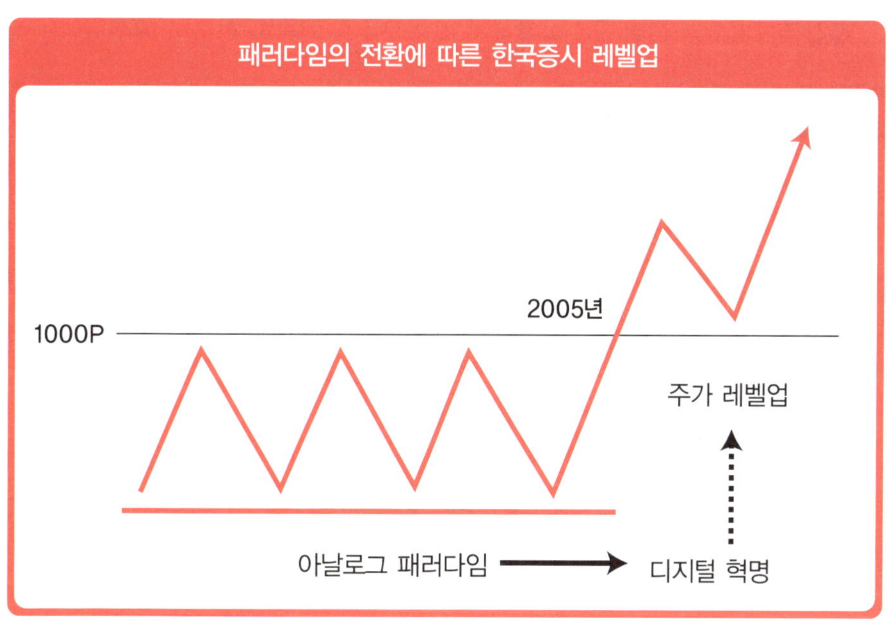

　그러나 1990년대 이후 인터넷 기반의 급속한 정보통신 사회로 진입하면서 디지털이라는 개념이 새로운 패러다임으로 자리를 잡게 되었다. 1999~2000년에 걸쳐 일어났던 인터넷주 중심의 IT 버블이 새로운 디지털 패러다임의 도입 과정에서 발생한 것이었다면 이후의 조정은 버블해소와 그에 따른 구조조정의 과정때문이었다.

　이러한 구조조정의 과정을 거치면서 수익구조를 가진 경쟁력 있는 기업들만이 살아남았게 되었고, 결국 현재 한국 기업이 글로벌 경쟁력을 갖추고 디지털 산업의 최강자로 군림할 수 있었던 것이다. 따라서 현재 진행되고 있는 상승파동은 새로운 증시의 화두인 디지털 패러다임이 그 핵심이다. 한국증시는 힘차게 비상할 수 있는 여건을 모두 구비하고 있는 것이다.

종합주가지수는 이번 상승파동에서 장기상승을 기록할 확률이 매우 높다. 여기서 우리는 글로벌 경쟁력을 가진 디지털 관련주들이 투자자에게 가장 큰 수익을 안겨줄 이번 상승파동의 핵심 주도주라는 사실을 도출할 수 있다. 바로 이 시대가 만들어 내고 있는 가장 큰 작품이 '디지털'이라는 것이다.

물론 업황이 좋은 조선, 철강 등의 관련종목이 대단히 좋은 성과를 올리고 있다. 하지만 현재 진행되고 있는 파동의 패러다임으로 보았을 때 그 후반부는 관련 IT 종목이 주도주로 부상할 가능성이 매우 크다.

이렇듯 투자분석을 함에 있어서 현재 증시의 패러다임을 이해하는 것은 주도주를 도출하는 데 매우 중요한 요소가 된다.

아픈 곳을 진단하는
기업의 종합병원

상장기업은 신고 요건이 발생하는 중요한 일들이 벌어질 때마다 거래소에 내용을 신고하고 거래소는 이를 공표하는데 이것을 공시라고 한다. 기업이 좋아지고 있는지 아니면 나빠지고 있는지 역시 이런 공시를 통해 알 수가 있다. 즉 기업의 건강상태를 알 수 있는 종합병원이 바로 공시인 것이다. 하지만 일반 투자자들은 투자의 보물창고인 공시를 그냥 지나쳐버리곤 한다.

공시를 통해 알 수 있는 부분은 크게 기업의 재무적인 부분과 인사적인 부분, 그리고 주가에 대한 부분으로 나눠 볼 수 있다.

첫 번째, 재무적인 부분을 통해 기업의 기본적인 상태, 즉 빚은 얼마이며 현금은 어느 정도 가지고 있고 전국에 땅은 얼마나 있나 등의 사항을 알 수 있다. 그리고 실적 추이를 통해 기업이 잘 경영되고 있는지도 알 수 있다. 배당을 중요시하는 투자자라면 과거 공시 자료를 통해 배당이력을 살펴보면 해당년도의 배당 정도를 유추할 수 있게 된다.

목적이 불분명한 차입이 외부로부터 증가하는 경우는 기업의 상황이 좋지 못하거나 경영진의 횡령, 배임 등 나쁜 의도를 예상해 볼 수 있다. 횡령·배임이 발생했을 때 투자자들이 입는 손해는 그 어떤 때보다 크다. 그렇기 때문에 횡령·배임사고가 발생한 기업 중 일부 회사에 대해서는 상장폐지 결정이 내려지기도 한다.

유상증자 혹은 사채 발행 시 자금 사용 목적을 밝히도록 돼 있는데, 그 내용이 구체적이지 않다면 의심해 볼 필요가 있다. 조달 자금이 새로운 성장 동력을 찾기 위한 건설적인 투자로 연결된다면 좋겠지만 운영비용 등 소모적 지출과 횡령·배임 등에 쓰이는 경우도 많기 때문이다. 최근 들어 코스닥시장 상장사 경영진과 최대주주에 의한 횡령·배임이 부쩍 늘고 있으므로 공시를 통해 이러한 사항을 면밀히 점검하는 것이 필요하겠다.

또한 기업의 주요주주가 지분을 매각하거나 추가로 취득하는 것 역시 공시사항이다. 일반적으로 최대주주나 임원의 지분 매각은 기업에는 좋지 않은 일로 인식되며, 5% 이상 지분 취득 주주의 등장은 적대적 인수·합병(M&A), 기업 지배구조 개선, 향후 기업가치 증가 기대 등으로 주가가 상승하는 요인이 되곤 한다.

상장법인의 주식(의결권 있는 주식, 신주인수권 증서, 전환사채권 등 포함) 등을 5% 이상 보유하거나 그후 1% 비율 이상 변동된 경우 보고의무가 발생하고 그 기준일로부터 5거래일(증권사 영업일 기준) 이내에 보고해야 한다.

상장법인의 임원 또는 주요주주(10% 이상 보유 주주)는 주식변동사항을 의무적으로 보고해야 한다. 임원 또는 주요주주가 된 날부터 10일 이내에, 단 1주라도 변동이 있는 경우에는 그 변동이 있는 날이 속하는 다음달 10일까지 그 내용을 증권선물위원회 등에 보고해야 한다.

두 번째, 인사적인 측면에서 임원으로 어떠한 사람이 새롭게 유입되었는지 경영권은 어떻게 변화되고 있는지 등을 공시를 통해 알 수 있다. 워렌 버핏은 투자 여부를 결정할 때 경영자에 대한 평가를 중요하게 생각한다고 한다. 그처럼 경영진 등 인사적인 변화를 통해 기업의 향후 방향성을 가늠해보는 것은 매우 중요하다.

실제로 2006년 초 '욘사마' 열풍의 주역인 배용준의 이름값을 타고 우회상장 후 주가가 급등했던 오토윈테크(현 키이스트)의 M&A는 공시를 통해 예측이 가능했던 좋은 사례다. 오토윈테크에 인수 · 합병(M&A)을 전문으로 하는 벤처캐피털의 임원을 지낸 어떤 사람이 한 코스닥 제조업체의 대표이사로 선임되어 M&A의 사전 징후를 보였기 때문이다.

2006년 1월 9일 오토윈테크의 대표이사가 M&A 전문가로 변경되었다는 공시가 나왔다. 이어 얼마 후인 2006년 2월 6일 오토윈테크의 M&A 공시가 나온 것이다.

세 번째, 주가에 대한 부분이다. 상장기업의 주가가 이상 급등이나 급락을 하게 되면 증권선물거래소는 해당기업에 이에 영향을 미칠 만한 재료가 있는지 조회공시를 요구하게 된다. 여기에 요구받은 기업은 최소한 다음날까지 답변을 해야만 한다.

특별한 것이 없으면 해당 기업은 '구체적인 이유가 없다'라는 답변을 할 수 있다. 만약 회사의 기업가치에 영향을 미칠 만한 사항이 추진되고 있고, 그 때문에 주가가 급등했다면 반드시 그 사유를 밝혀야 한다.

만약 사유가 없다는 공시를 한 뒤 15일 이내에 다른 중요한 내용을 공시하면 불성실공시법인으로 지정되므로 기업 입장에서는 조회공시 답변에 신중할 수밖에 없다. 그래서 기업은 주가에 영향을 줄 만한 원인을 가능하면 두루 찾아 공시한다.

따라서 주가상승에 대한 '구체적인 사유가 없다' 라는 조회공시 답변을 하는 기업의 경우 뭔가 주가를 끌어올리는 '작전'의 가능성을 배제할 수 없다. 주가 급등에 구체적인 사유가 없다는 조회공시 답변 이후에도 주가가 계속 가파르게 오른다면 그 기업은 '이상급등종목(감리종목)'으로 지정되고 관련 공시가 나온다.

이 경우 미수거래와 신용거래가 전면 중지되며 거래소의 시장 감리를 받게 된다. 보통 미수거래와 신용거래는 개인들의 단기매매에 사용되는데, 이것이 중지되면 주가조작 세력들이 개인들의 공격적인 참여를 끌어내기 어렵다.

더군다나 '이상급등종목'에 지정되면 거래소의 감시도 받기 때문에 주가조작 세력의 운신 폭이 좁아진다. 따라서 이 경우 주가를 갑자기 하락시켜 이상급등종목 지정에서 벗어나려 하는 경향이 있다. 이때 개인들은 영문도 모르고 손실을 보게 되는 것이다.

개인투자자들의 참여 비중이 높은 코스닥시장에서는 단기 급등락하는 사례가 빈번히 일어난다. 특정 세력들에 의한 주가조작을 사전에 완벽하게 파악할 수는 없지만 조회공시와 그 답변, '이상급등종목' 지정 및 해제 등을 통해 간접적으로나마 위험을 미리 파악할 수 있다.

새는 **좌우의 날개**로 난다

미국의 제시 잭슨 목사가 대통령 입후보 경선 연설을 할 때다. 반대하는 보수파 사람이 '너무 진보적이지 않느냐' 라고 반박하자 잭슨 목사는 다음과 같이 대답했다.

"저 하늘을 나는 새를 보시오. 한쪽 날개만 있었다면 어떻게 저렇게 날 수가 있겠소. 오른쪽 날개가 있고 또한 그만큼의 왼쪽 날개가 있기 때문에 가능한 것이라오."

나는 이 말이 자연의 이치를 잘 설명한다고 생각한다. 주식투자도 마찬가지다. 주식투자에 절대적인 방법은 없다. 투자는 어차피 사람이 하는 것이고 투자자의 마음은 시세판 위에서 시시각각 변한다. 논쟁할 필요도 없이 시장 그 자체가 항상 옳은 것이다. 시장을 보는 균형 잡힌 시각을 가지고 있고 그 위에 자신만의 투자원칙만 있다면 느긋하게 성공할 수 있는 게임이다. 한쪽에는 균형, 한쪽에는 원칙이라는 날개가 있어야 비로소 조화롭게 날 수가 있는 것이다.

투자분석 방법론에 있어 '기술적 분석'과 '가치투자' 이 두 가지처럼 끊임없이 또한 치열하게 논쟁의 대상이 되는 것도 없을 것이다. 나름대로 논리와 근거를 가지고 서로를 반박하고 공격하고 있지만 나는 두 가지 방법이 모두 장단점을 가지고 있기 때문에 어느 것이 옳고 그르다 하는 것은 무의미한 논쟁이라고 생각한다.

주식시장은 근본적으로 사람이 하는 것이다. 때문에 때로는 합리적으로 때로는 너무나도 비합리적으로 움직인다. 어떤 주식은 가치 이상의 버블을 형성하는 큰 시세를 주는 반면, 어떤 종목은 오랜 시간 동안 장기소외를 겪으며 침체기를 맞기도 한다. 그리고 어떤 종목은 현재의 '실적'이라는 잣대로 평가하는데 반해, 어떤 종목에선 '성장성'이라는 미래의 가치가 중요하게 인식되기도 한다.

즉, 기업을 평가하는 '가치'라는 것 역시 대단히 주관적이라는 것이다. '가치'는 그것을 바라보는 사람에 따라 현재의 가치일 수도 있고, 성장성과 같은 미래의 가치일 수도 있다. 이러한 상황에서는 여러 개의 가치 중에서 어느 것을 더 중요시할 것이냐의 문제가 발생한다.

또한 현재의 가치를 판단할 수 있는 자료가 객관적인 것인가 하는 물음을 던져 볼 수 있다. 기관투자가들은 기업설명회나 방문을 통해 원하는 정보에 쉽게 접근할 수 있으나, 개인투자자들은 그 접근성이 대단히 제한적이다.

이 외에도 개인투자자로서 '가치투자'를 하는 데 있어서는 몇 가지 애로사항이 존재한다. 장기투자라 함은 적어도 5년, 길게는 10년 이상을 바라본 투자를 말하는데, '펀드'가 아닌 개인투자자들이 과연 그러한 시간을 인내할 수 있을 것인가 하는 문제가 발생한다. 말이 쉽지 필자가 만나본 투자자들은 대부분 여러 가지 사유로 자신과의 약속을 지키지 못했다.

그리고 '가치투자' 라는 미명 하에 주가하락기에 기술적으로 상당한 고점에서 주식을 매수한 경우 폭락하는 주식을 바라보며 그것을 인내하는 것 역시 감당하기 어려운 고통스러운 작업이라 할 수 있다.

이상의 단점에도 불구하고 여유자금을 가지고 있고 충분히 인내할 수 있는 정신적인 준비운동이 끝났다면 '가치투자' 는 대단한 유용성을 가진 투자방법이 될 수 있다. 단기적으로는 변동성이 심하지만 장기적으로 기업의 가치는 주가에 적절하게 반영된다는 것을 주식시장의 역사를 통해 알 수 있기 때문이다.

기술적 분석에 의한 매매 역시 여러 가지 단점들이 존재한다. 물론 단기적으로 주가의 움직임을 비교적 정확하게 판단할 수 있는 데이터를 제공해 준다는 긍정적인 측면이 있다. 하지만 반드시 주가가 일정한 패턴대로만 움직이는 것은 아니기 때문에 이를 맹신했다가는 큰 낭패를 볼 수도 있다. 또한 후행적인 성격이 강한 보조지표들을 가지고 단기적인 주가를 예측하는 데는 많은 무리가 따른다.

그리고 최근에는 많은 투자자들이 차트를 투자의 기준으로 삼는 관계로 거래량과 이동평균선을 이용한 지지선과 저항선 등에서 보편적인 기준에서 벗어나 반대로 움직이는 트랩(Trap, 투자자들에게 투매나 매수를 유발하게 하는 함정)이 빈번하게 발생하기도 한다.

필자에게 기술적 분석과 가치투자 중에 어떠한 투자방법이 더 훌륭한 것인가를 묻는다면 '세 가지' 모두가 옳다고 대답할 것이다. 즉, 기술적 분석도 좋은 투자방법이고 가치투자도 좋은 투자방법이며 이 두 가지 방법을 조화롭게 병행해서 사용하는 것도 대단히 좋은 투자방법이라는 것이다.

기술적 분석에 입각한 투자를 할 때도 종목을 선정함에 있어 기업의 내재가치를 외면하기는 어려울 것이다. 또한 가치투자를 할 때 지금 내가 투자하고자 하는 기업의 주가가 적정한가를 따지고자 한다면 기술적 측면을 고려하지 않을 수 없다. 기술적 분석을 혐오했던 실전투자의 대가 앙드레 코스톨라니 역시 종목을 선정할 때는 주가차트를 참고한다고 그의 책에서 고백하기로 했다.

문제는 어떠한 방법을 이용할 것인가가 아니라 제대로 하고 있느냐 하는 것이다. 필자가 만나본 많은 투자자들은 그 어떤 방법도 제대로 사용하고 있지 못했다. 기술적 분석 방법을 이용하든 가치투자를 하든 자신만의 투자원칙이 존재해야만 하는데, 투자원칙이 없는 가운데 그때그때 투자심리에 따라 원칙이 변하다 보니 그야말로 '죽도 밥도 안 되는' 투자를 하면서 소중한 인생을 허비하고 있는 것이다.

어떤 방법을 이용한다 해도 자신만의 원칙에 입각해 투자한다면 성공적인 투자자가 될 수 있다. 그리고 이 두 가지 방법을 적절히 조화롭게 운영한다면 더더욱 좋은 성과를 낼 수 있다. 적어도 개인투자자의 입장에서는 그렇다.

필자가 오랜 기간 실전투자를 통해 주식시장에서 알게 된 진리는 단 두 가지다. 첫 번째는 원칙을 가진 투자를 하라는 것이고 두 번째는 바로 균형 잡힌 사고를 가진 투자자만이 성공할 수 있다는 것이다.

4

시장 최고의 종목 찾기

환자에게 가장 훌륭한 약은 병을 한 번에 낫게 하는 약이지만,
투자자에게 가장 좋은 약은 환자가 계속 사먹어야 하는 약이다.

피터 린치(Peter Lynch)

한국증시 주도주의
탄생과 변천

1980년 지수 100포인트로 시작된 종합주가는 네 번의 대세상승기를 맞이하게 된다. 필자가 편의상 기수를 나누어 분류해 본다면 1985~1989년 제1기, 1992~1994년 제2기, 1998~2000년 제3기, 2003~2007년 현재를 제4기로 나눌 수가 있다. 각 시기의 대세상승 시마다 언제나 우리 시장을 이끌며 가장 큰 수익률을 안겨준 주도주들이 존재했다. 이들의 변천 과정을 통해 주도주의 탄생 배경과 조건 그리고 전망에 대해 살펴보도록 하겠다.

1985~1989년 제1기는 증권주를 필두로 은행주와 건설주, 즉 트로이카주들이 주도주로 부상하며 엄청난 수익을 가져다 준 시기였다. 당시 주도주 탄생의 배경에는 '증권시장 활성화 대책'을 통한 증권시장의 대중화라는 시대적 상황이 존재했다.

정부의 강력한 의지가 표명된 증권시장 활성화 정책은 증권주와 은행주 등

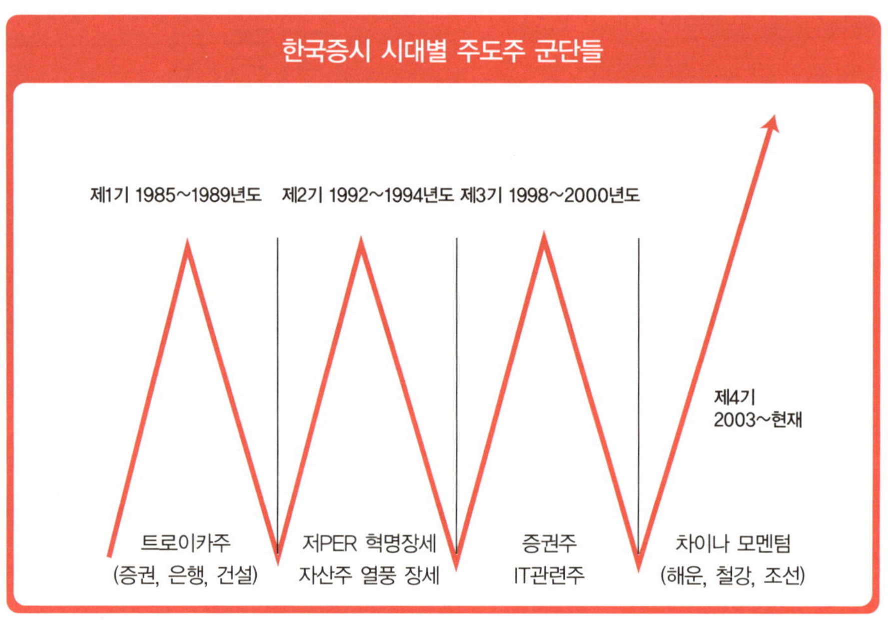

금융주가 주도주로 부상하는 데 결정적인 영향을 미쳤다. 또한 이때는 일반 대중들이 증권시장에 본격적으로 참여하며 한국증시의 대중화가 시작된 시점이다. 더불어 1970년대 후반부터 계속 성장을 거듭하던 건설주들이 실적을 바탕으로 합류하기 시작했다. 이는 트로이카주의 전성시대를 열며 대중들에게 강한 인식을 심어주게 된다. 이후부터 트로이카주는 흔히 대중주라는 명칭으로 불리게 된다.

이후 계속해서 하락국면으로 접어들었던 증시가 1992년 일련의 사건을 통해서 다시 대상승의 불을 지피게 되었다. 1992~1994년 제2기 상승의 시발점은 'PER'라는 개념에서 출발한다.

1992년 처음으로 코리아 펀드로 대표되는 외국계 자금이 유입된다. 이들은 당시에 국내에는 생소했던 PER라는 개념의 잣대를 가지고 모든 기업을 평가했다. 그리고 PER가 낮은 기업들을 집중적으로 대거 매입하게 되는데, 이후 이에 해당하는 기업은 엄청난 대상승의 장정을 거듭하게 된다.

그래서 이 당시 태광산업을 필두로 한 저PER주들의 폭등장세를 '저PER 혁명장세'라고 한다. 저PER 혁명장세는 그동안 침체된 증시를 견인하며 상승추세로 이끌었고, 1993년에는 자산주들이 이 랠리의 바통을 이어 받게 되었다. 1993년 하반기에는 성창기업을 필두로 만호제강, BYC 등의 일군의 자산주 군단이 대거 상한가랠리를 연출하는데, 이를 두고 '자산주 열풍' 장세라 한다. 1992년 PER라는 개념과 더불어 '자산주'라는 개념이 대중들의 뇌리에 본격적으로 각인된 때가 바로 이 시기다.

자산주 역시 시대적 상황과 이를 이용해 시세를 리드한 선도세력에 의해 탄생되었다. 1993년 하반기에는 국회에서 주식의 대량소유를 금지하고 있던 '증권거래법 200조'의 폐지가 추진되었다. 주식의 대량소유를 허용하면 적대적 M&A가 가능하게 되고, 적대적 M&A의 평가기준은 바로 '자산가치'라는 등식이 성립된 것이다.

이러한 개념과 함께 당시 김영삼 정부의 지역적 배경으로 경남지역 대표 자산주들이 연고를 가지고 있었던 상황 속에서 '자산주 열풍' 장세가 펼쳐지게 된 것이다.

1992년 '저PER 혁명장세'에 이어 1993년 '자산주 열풍'으로 시장의 투자심리는 한껏 달아올랐다. 그러나 이미 시장은 돼지의 방광처럼 거대하게 부풀어 올라 있었다.

1994년이 저물어가던 11월 30일, 한국증시는 역사상 고점인 1145포인트를 기록했고 모든 투자자들을 흥분과 열광 속으로 몰아넣었다. 그러나 곧 고통과 나락의 길로 접어들고 만다. 주식인생 70년 동안 폭락으로 이어지지 않은 호황은 본 적이 없다는 앙드레 코스톨라니의 말처럼 역사적 신고가를 기록했던 한국증시의 뒤편에 외환위기가 기다리고 있었던 것이다.

침체일로를 걷던 증시가 1997년으로 접어들자, 우리경제의 이상 징후를 감지한 경고성 메시지들이 하나둘씩 날아들기 시작했다. 그러나 고위 경제 관료들과 언론들은 당시 상황에 대한 쓴 소리에 과민반응이라며 모두 배척하고 입에 발린 소리만 부각시켰다. 국민의 눈을 가리는 데만 급급했던 그들의 행동은 이후 고스란히 국민의 몫으로 돌아가게 된다.

이후 종합주가지수 300포인트 근처를 등락하며 약 3개월간에 걸친 싸구려 바겐세일이 진행되었다. 그리고 언제 그랬냐는 듯이 한국증시는 다시 외국인들의 주도 하에 새로운 대상승의 사이클을 맞이하게 된다. 1998년 하반기부터 2000년 초까지 이어진 제3기 상승 초반의 핵심 키워드는 '절대저가' 였다. 대다수 종목군들이 역사상 신저가를 기록한 가운데, 대하락기에 집중 포화를 맞았던 증권주가 그 첫 번째 타깃이 된 것이다.

증권주는 외환위기 증시 하에서 34개 증권사 중 네 번째와 여섯 번째로 큰 규모를 자랑하던 동서증권과 고려증권의 연이은 부도로 폭락에 폭락을 거듭했다. 이 당시 증권주는 누구도 거들떠보기 싫어할 만큼 철저한 외면의 대상이었다.

그러나 남들이 가지 않는 뒤안길에 꽃밭이 있듯이 장기간의 소외와 절대저가라는 두 가지 요소는 주도주로 부상하기 위한 자양분이 되었다. 어느 순간 수만 원대에서 몇백 원대로 떨어져 넝마처럼 취급되던 증권주가 백배가 넘는 전무후무한 상승랠리를 펼친 것이다. 159페이지 그림은 이 당시 증권주랠리의 대표

한화증권우(003535)

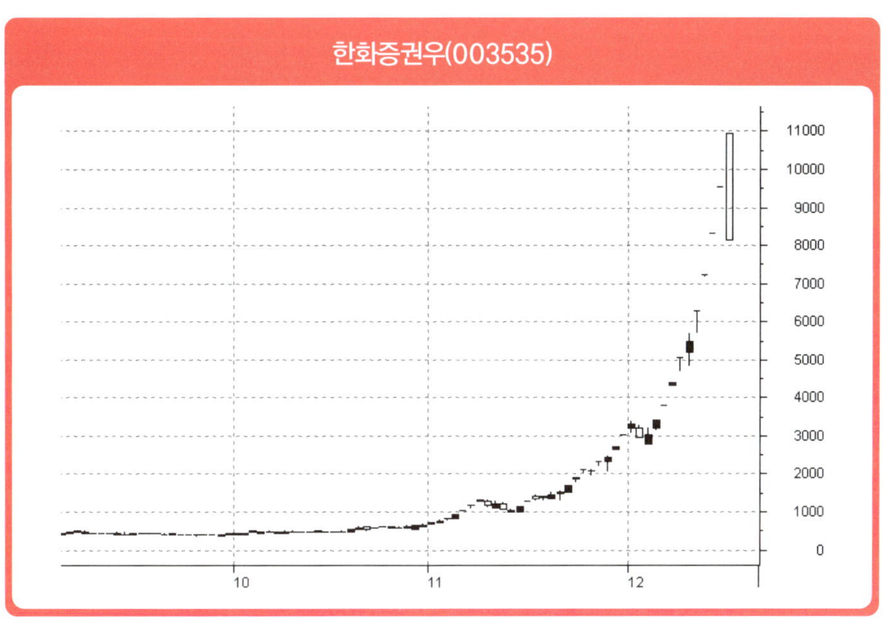

대신증권우(003545)

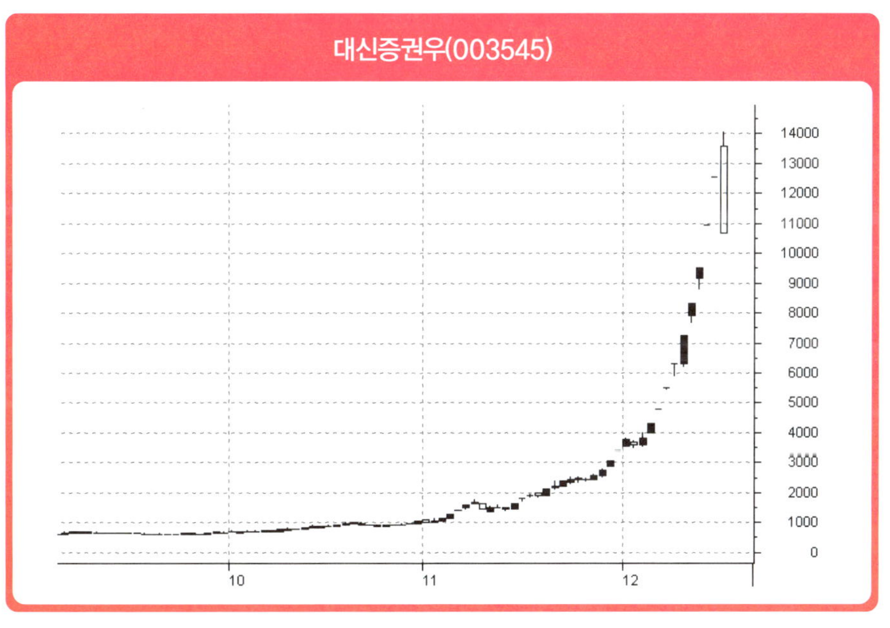

주자였던 한화증권 우선주와 대신증권 우선주의 모습이다.

증권주의 뒤를 이은 것은 거래소의 대표 기술주 삼성전자와 코스닥 IT종목들이었다. 삼성전자는 2기 상승 시 주도주들에 비해 상승 폭이 상대적으로 적었던 종목이다. 그러던 삼성전자가 외국인들의 강력한 드라이브 속에 연일 승승장구 상승을 거듭했다.

그리고 이때 역사적인 신고가를 돌파한 삼성전자는 이후 지금까지 추세적 상승세를 이어오고 있다. 역사적 신고가를 돌파한 1999년에 삼성전자 주식을 매입한 사람이라도 고점 대비 600% 정도의 수익률을 얻게 된 것이다.

증권주랠리가 절대저가와 장기소외라는 세력의 필수적 매집 조건 속에서 탄생된 것이라면, 거래소의 기술주와 코스닥의 IT관련주가 이후 주도주로 부상한 것은 '정보화'라는 시대적 요구에 의한 것이라 할 수 있다. 그 한가운데 자리 잡고 있었던 개념이 바로 '인터넷'과 '벤처'였다.

미국에서 IT기업들이 급부상하고 정부의 벤처육성정책을 배경으로 태어난 골드뱅크, 새롬기술 등과 같은 기업은 당시 투자자들에게는 매혹적이다 못해 혁명적인 존재로 받아들여졌다. 당시 투자자들은 무한한 잠재력을 가진 '성장성'이라는 개념에 도취되었다. 그러나 이후에 삼성전자가 추세적 장기상승세를 이어간 데 반해 실적의 뒷받침 없이 '성장성'만 가지고 엄청난 랠리를 펼쳤던 코스닥은 거대한 버블이 붕괴되면서 참담한 몰락의 길을 걷게 된다.

제4기에 접어들면서부터는 새로운 시대적 배경이 부각되는데, 바로 '차이나 모멘텀'이 그것이다. 중국의 경제는 소비와 수출이 늘어나면서 급속도로 팽창하자 산업기계와 생산에 필요한 기초소재, 에너지 등을 블랙홀처럼 빨아들이기 시작했다. 지리적으로 가장 가까웠던 한국은 이러한 상황의 최대 수혜국으로 부상했다. 이에 따라 중국 관련 종목들은 '대중국 수혜주'라는 이름으로 1000 포인트 돌파의 선봉에 서게 된다.

이러한 상승세는 최초 산업기계와 화학주에서 시작해 정유주, 해운주, 조선 주로 차례차례 옮겨가며 좀처럼 식을 줄 모르는 대시세를 분출하였다. 이후 역 사적 신고가 경신은 이들 주도주에 의해 견인된 것이다.

지금까지 한국증시에서 1000포인트를 돌파한 시기별로 구분해 주도주 군단 의 탄생과 변천에 대하여 살펴보았다. 한국증시의 대세상승기를 이끈 주도주는 공히 두 가지 조건을 배경으로 해서 탄생하였다.

첫 번째는 바로 '시대적 상황의 산물'이라는 것이다. 그 시대가 요구했던 상황에 부합한 종목들이었기에 엄청난 수익을 얻을 수 있었다. 두 번째는 오랜 기간 투자자들에게 철저히 외면을 당하는 '장기소외'를 겪은 나머지 가격이 절대 저가를 형성하고 있었던 종목들이었다. 즉, 가격적인 메리트가 충분했던 것이다.

이러한 두 가지 배경 하에서 주도주가 탄생되는 것은 비단 우리시장의 경우에만 해당되는 것은 아니다. 흙 속에 파묻혀 있던 진주가 세상 밖에 나와 태양빛에 영롱하게 빛나듯이 어느 나라 어느 때를 불문하고 그 시대가 만들어낸 새로운 개념에 투자자들은 열광한다. 이러한 과정에서 소외돼 있던 종목이 주도주로 탄생되는 것이다.

처참하게 끝난 투기종목들의 말로

투자자들이 주식투자를 할 때 가장 빠지기 쉬운 오류는 막연한 '정보' 투자와 '개념'에의 도취다.

주식시장에서는 끊임없는 정보와 개념들이 양산된다. '신약개발', '보물선', 'A&D', '줄기세포'에서 최근의 '자원개발'에 이르기까지 투자자들을 유혹하는 실체 없는 것들에 무방비로 노출돼 있다.

막연한 정보를 믿고 주가 급등을 기대하는 투자자들에게 큰 시련을 안겨준 최근의 사례가 바로 루보(051170)라 할 수 있다. 1,000원대에 머물러 있던 루보 주가가 다단계 매수라는 신종 적전수법으로 인해 수개월 만에 50배가 넘는 5만 원대까지 급등세를 보였다. 이후 실체가 밝혀진 뒤 거래 없는 하한가를 거듭한 끝에 2,000원대까지 몰락하는 비참한 최후를 맞았다.

당시 루보의 주가상승에 상당한 규모의 미수거래까지 동반되는 바람에 투자

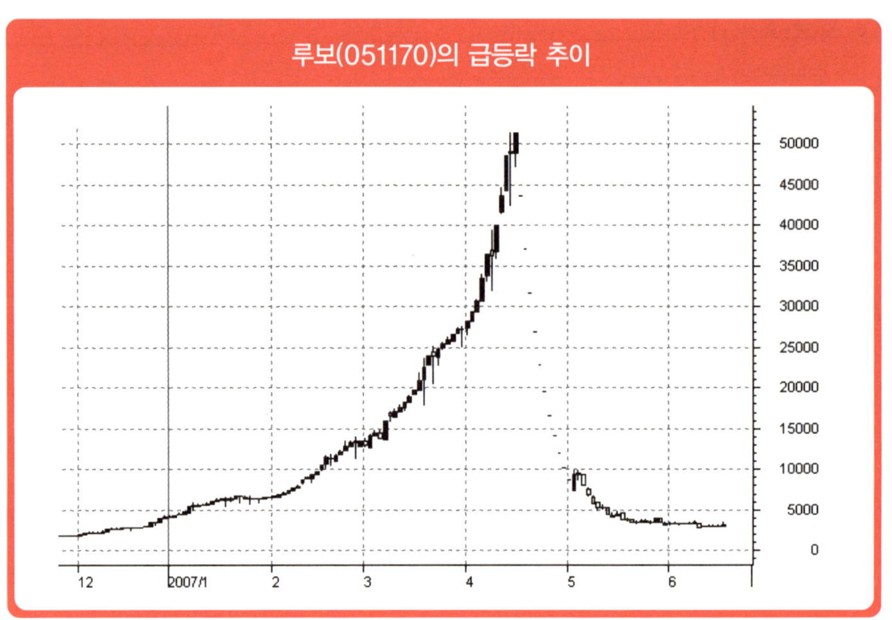

자들은 물론 증권사까지 막대한 손실을 입는 사태가 벌어졌다. 루보는 한 때 시가총액이 5,000억 원을 돌파했지만, 낡고 허름하기 짝이 없는 공장 모습이 공개되면서 실체 없는 투자가 어떠한 결말을 가져 오는지 극명하게 보여주었다.

주식시장은 어찌 보면 개념의 역사 그 자체다. 증기기관차가 처음 모습을 드러냈을 때 이에 전율한 사람들에 의해 1차 철도주에 대한 투기가 있었고, 철도혁명 시기에 2차 투기가 일어났다. 영국에 처음으로 운하가 건설됐을 때도 이 회사의 주가는 폭등했다. 자동차가 출현한 1890년대에는 영국에서, 1920년대에는 미국에서 자동차 관련주의 열풍이 있었다. 근래 1990년대에는 인터넷 관련주에 대한 광기에 가까운 투기 열풍이 있었다.

문제는 주식시장에서 신기술과 새로운 개념의 탄생은 언제나 거대한 투기와 그에 따른 버블을 불러온다는 사실이다. 그리고 그 버블의 붕괴는 참담한 결과를 가져 왔다.

투자자들이 새롭게 탄생한 개념에 도취되는 과정을 살펴보면 버블이 왜 양산되고 급격히 붕괴되는가를 이해할 수 있다. 신기술에 의해 탄생된 '개념' 자체가 투자자들에게 확신을 주는 것이 아니라 관련 종목들의 가격이 상승하면 할수록 투자자들은 그 개념에 점차적으로 확신을 갖게 된다. 애초 기대를 걸지 않았거나 관심이 없던 투자자들도 시세의 상승과 함께 점차 긍정적인 관점으로 바뀌고, 매수한 뒤에는 거의 종교적 신념에 가까운 확신을 갖게 된다.

'개념'의 실질적인 내용이 발전하는 것이 아니라 투자자들의 신념의 강도가 시세에 따라 변하는 것이다. 때문에 반대로 가격이 하락하면 버블은 급속도로 붕괴된다.

1999~2000년대에 들어서면서 발생한 두 가지 사례는 재료나 개념에 몰두하는 투자가 얼마나 위험한 것인가를 잘 보여주고 있다. 하나는 무료 인터넷전화 서비스인 '다이얼패드'의 주역으로 후에 '솔본(035610)'으로 사명을 바꾼 '새롬기술'이다. 다른 하나는 A&D의 열풍을 몰고 왔던 '리타워텍'의 사례다.

무료 인터넷전화 서비스라는 새로운 '개념'을 최초로 만들어 냈던 새롬기술은 결국 이것이 실적으로 이어지지 못하면서 유무상 증자를 포함 30만 원대를 넘었던 주가가 2007년 현재는 5,000원대에 머물고 있다.

국내에 처음으로 'A&D(인수 후 개발)'라는 기법이 적용되며 5개월 동안 2,000원대에서 36만 원대까지 150배가 넘는 상승률을 보였던 '리타워텍'은 후에 수많은 의혹을 남긴 채 '인수 후 개발'이 아니라 '인수를 재료로 한 주가조

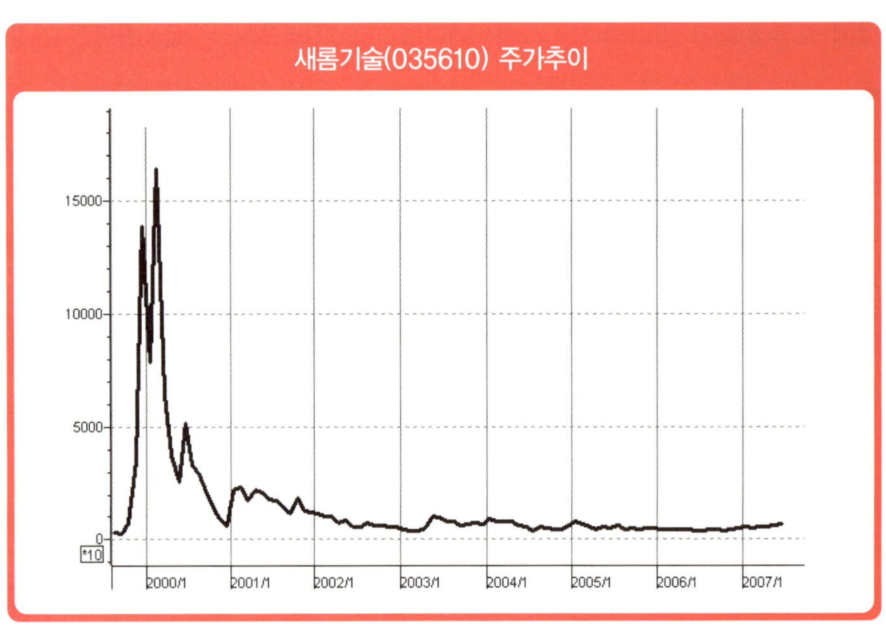

작'이라는 오명 속에서 퇴출되었다.

실재로 내가 알고 있는 어느 투자자는 이 종목을 20만 원대에 매입 후 30만 원을 돌파하자 대단히 기뻐했었다. 그리고 곧 100만 원이 넘어갈 것이라며 'A&D'에 대한 신념을 피력했다. 그러나 결국 한 푼도 건지지 못한 채 주식시장에서 사라져 갔다. 이때 '리타워텍'으로 깡통을 찬 주주만 1만 6,000명이었는데, 그 누구도 구제받지 못했다.

얼마 전 복제돼지 사건으로 주가가 급등했던 '조아제약(034940)'의 경우에는 돼지의 건강상태에 따라 주가가 천당과 지옥을 오가는 웃지 못할 광경이 연출되기도 했다.

1990년대부터 우리나라에서 유일하게 10년 동안 장기상승세를 보인 한 종목이 있는데, 바로 SK텔레콤(구 한국이동통신)'이다. 1990년대 초·중반만 해도 국내투자자들은 이 종목을 거들떠보지도 않았다. 그러나 SK텔레콤은 이동통신 사업의 태동과 성장 그리고 성숙기를 거치며 엄청난 실적 속에 10년 동안 100배가 넘는 장기상승추세를 그려나갔다.

위에 언급했던 새롬기술이나 리타워텍 같은 종목들은 실질적인 성장을 수반하지 않은 하나의 개념이나 재료에 의존해 단기간에 화려한 불꽃을 피우고 사라져 갔다. 이에 반해 SK텔레콤은 서서히 오랫동안 타오르며 많은 투자자들에게 수익을 안겨주었던 것이다.

주식 격언에 '돌멩이는 뜨고 나뭇잎은 가라앉는다' 라는 말이 있다. 재료나 개념에 의해서 대중들의 뜨거운 호응을 받은 종목은 금방 시세를 다하지만, 아무리 무겁게 느껴지던 종목도 실적이라는 영원한 재료의 힘만 받으면 가볍게 떠오른다는 이치다.

한 가지 개념이 탄생하고 주목받으면 관련된 많은 종목들이 상승한다. 하지만 나중에는 실적이 수반되는 몇몇 종목만이 꾸준한 상승세를 이어간다. 결국 썰물이 되고 나서야 누가 벌고, 누가 맨몸으로 수영을 했는지 알게 되는 것이다.

시대가 **만들어**내는 **작품 찾기**

'뛰는 말' 아닌 '나는 말' 위에 올라타라

업황의 호전은 투자대상 종목을 선정함에 있어 대단히 중요한 요소다. 보통 업황의 호전은 수년간의 사이클을 가지고 움직이기 때문에 바닥에서 턴을 한 해당업종의 종목군은 장기상승추세를 형성하게 된다. 따라서 업황의 호전을 뒤에 업은 종목에 투자하면 매우 큰 수익을 얻을 수 있다. 일시적인 호재를 통해 상승하는 종목이 '뛰는 말' 이라면 업황의 호전을 배경으로 상승하는 종목은 '나는 말' 이라고 할 수 있다.

다음 페이지의 그림은 '현대미포조선(010620)' 의 월봉이다. 7,000%라는 놀라운 상승률을 기록한 배경에는 업황의 폭발 전 호전이라는 요소가 숨어있었다.

2003년 초만 해도 현대미포조선은 액면가를 한참 밑도는 3,000원 선에서 거

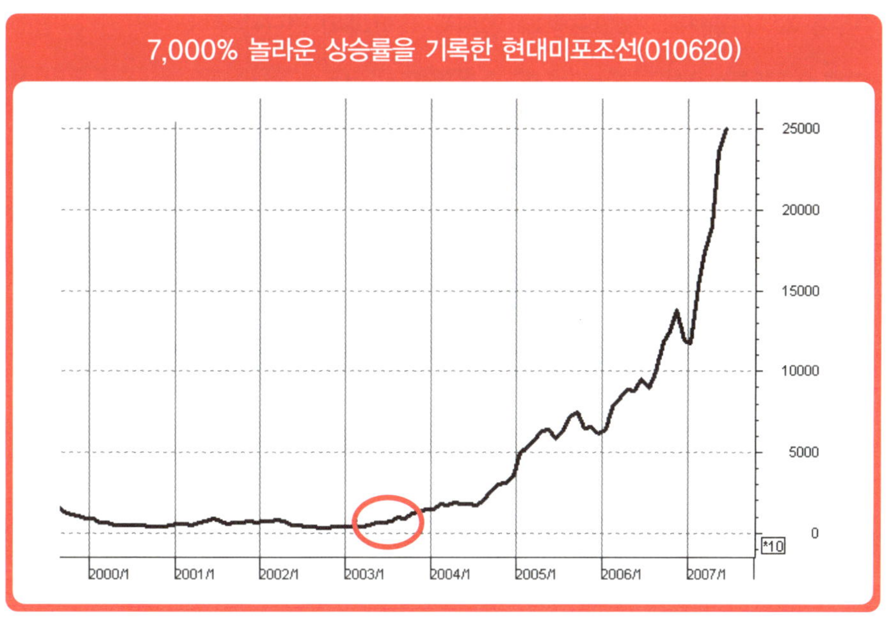

래되던 소외종목이었다. 또한 시가총액 규모가 560억 원 수준에 불과했고, 거래량도 미미했기 때문에 공격적인 소형 기관만 이 종목에 관심을 보였을 뿐 대형 기관투자가들은 머뭇거렸다. 개인과 외국인 역시 관심을 갖지 않았다.

그러나 차이나 모멘텀으로 선박의 수요가 대폭 늘어나고 조선업황이 폭발적으로 좋아지면서 현대미포조선의 주가가 서서히 오르기 시작했다. 그리고 주가가 2~3만 원대로 올라왔을 때부터 대형 기관투자가와 외국인이 이 종목을 강하게 매수하기 시작했고, 주가는 더욱더 거침없이 올라갔다.

현대미포조선은 1990년대 후반 배 수리업체에서 신조업체로 변신, 대규모 수주에 열을 올렸다. 그러나 경험도 없이 과도하게 물량을 수주한데다 선종도 다양하다 보니 납기일을 맞추지 못하는 경우가 허다했다. 이 때문에 현대미포조선은 지난 2001~2002년엔 대규모 적자를 내고 말았다. 현대미포조선이 신규

수주를 하지 못하던 2002년에 타 업체들은 앞다퉈 신규수주에 주력했다. 그런데 당시 선가가 바닥이었던 탓에 타 업체들의 실적은 오히려 악화되고 말았다.

경험 없이 신조업에 뛰어들었다가 엄청난 수험료를 지불한 현대미포조선은 선종을 PC선으로 단순화해 능률을 높였다. 그리고 수주선가가 회복되기 시작한 2003년부터는 신규수주를 받을 수 있었다.

지난 2002년 저가에 수주물량을 받아놓은 타 조선사들에 비해 보다 빠르게 실적을 회복해 가고 있다는 분석이 뒤를 따랐다. 업황이 폭발적으로 호전되는 조선업종 가운데에서도 최고 매력적인 종목으로 부상했던 것이다. 이후 주가는 추세적 상승세를 거듭했다.

현대미포조선의 사례에서 보듯이 업황의 폭발 전 호전은 그 어떤 재료에 앞서는 종목선정에 중요한 요소다. 이러한 가운데 현대미포조선과 같이 턴어라운드적인 요소가 복합적으로 결합된다면 같은 업종 내에서도 주가상승률은 보다 더 뛰어날 수 있다. 턴어라운드(Turnaround)에 대해서는 뒤에서 보다 더 자세히 살펴볼 것이다.

차이나 모멘텀과 주가의 연쇄적 폭발

산업의 구조는 서로 동떨어져 있는 것이 아니라 상호 영향을 미치며 연결된다. 이와 같이 한 업종의 업황 호전은 다른 업종에 영향을 준다. 컴퓨터의 판매 증가는 반도체 D램 업황의 호조로 이어지고, 자동차나 조선업 판매증가는 철강 업종의 매출증대로 이어지는 것과 같은 맥락이다.

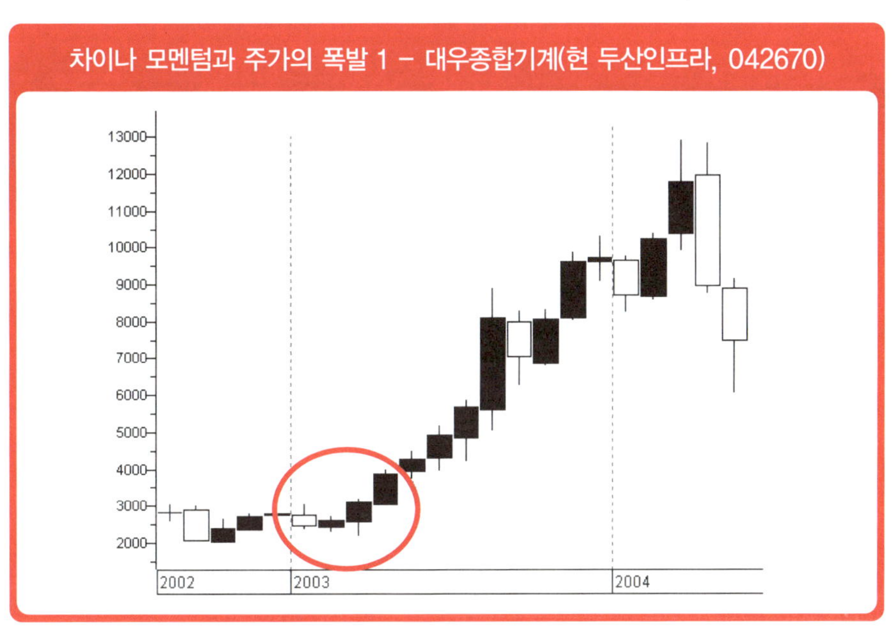

2003년 3월부터 이어진 대세상승의 주도주는 차이나 모멘텀 관련주들이다. 이들 종목군의 상승과정을 살펴보면 위에서 언급한 것처럼 한 업황의 호조가 다른 업황의 호조로 이어지며 주가가 연쇄적으로 폭발하는 것을 볼 수가 있다.

이러한 연결과정은 주식시장에서 대단히 중요한 주가상승의 '순환매'를 파악하는 열쇠가 될 수 있다. 그러면 2003년부터 제4기 대세상승 파동에서 발생한 차이나 모멘텀 관련주와 관련종목의 주가 급등과정을 살펴보도록 하겠다.

중국경제의 급성장은 설비제작에 필요한 기계장비 수요를 급증시켰다. 이 과정에서 가장 먼저 가파른 상승을 보이기 시작한 종목이 대우종합기계(042670)다. 대우종합기계는 2003년 3월부터 1년간 저점대비 약 600% 정도의 상승률을 보여준 뒤 차이나 모멘텀 관련주들 가운데 가장 먼저 주가 조정기에 들어가

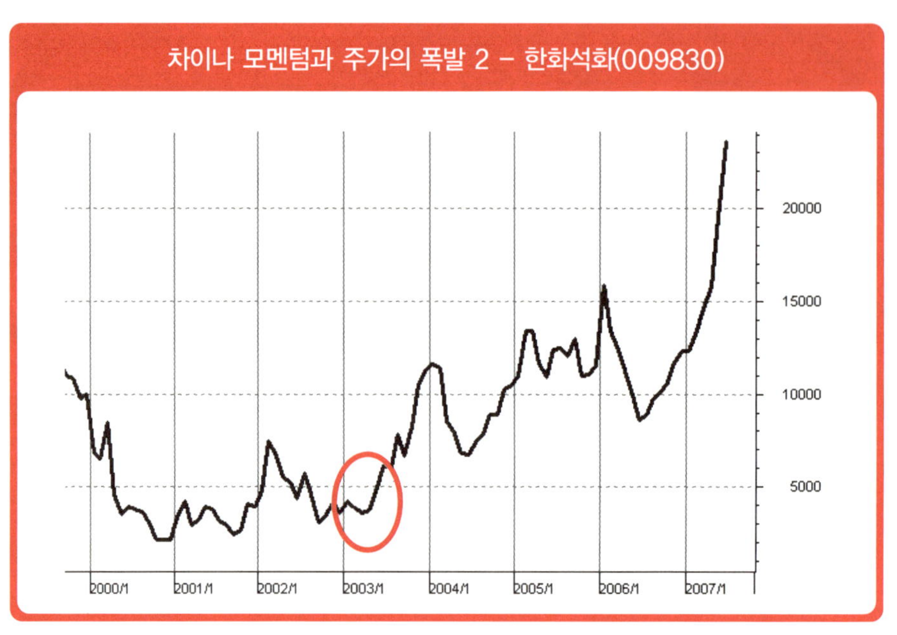

차이나 모멘텀과 주가의 폭발 2 - 한화석화(009830)
20000
15000
10000
5000
2000/1
2001/1
2002/1
2003/1
2004/1
2005/1
2006/1
2007/1

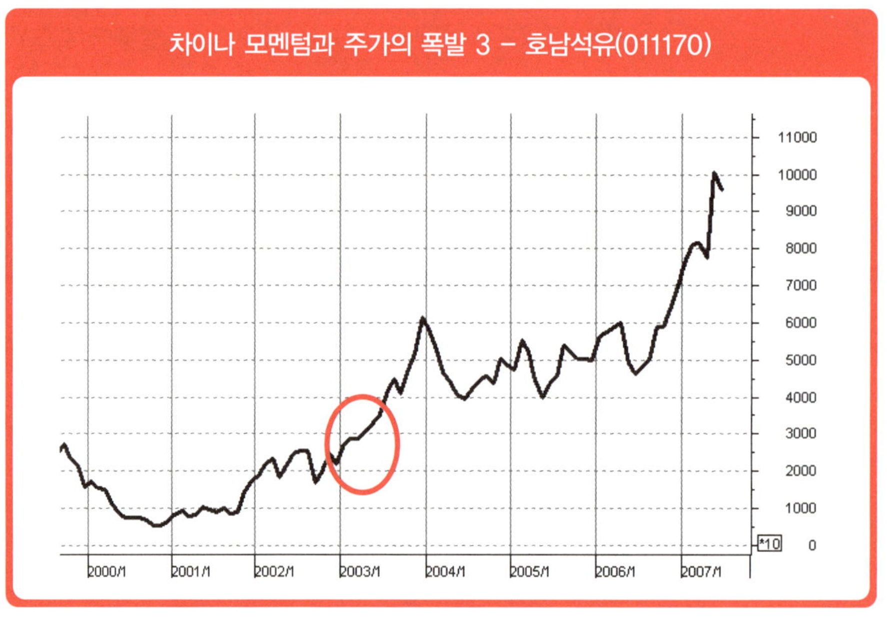

차이나 모멘텀과 주가의 폭발 3 - 호남석유(011170)
11000
10000
9000
8000
7000
6000
5000
4000
3000
2000
1000
*10
0
2000/1
2001/1
2002/1
2003/1
2004/1
2005/1
2006/1
2007/1

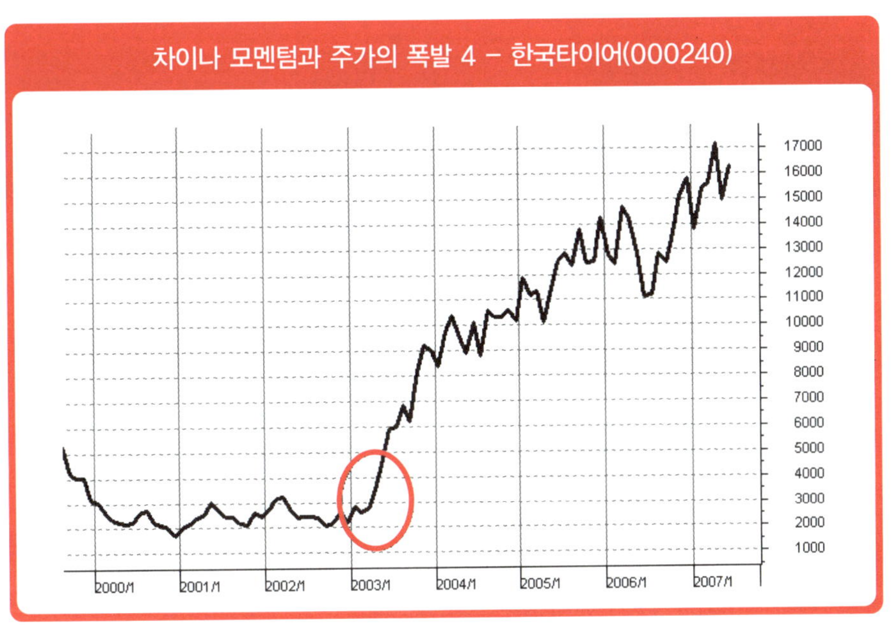

는 모습을 볼 수 있다.

이어서 각종 제품을 생산하는 데 필요한 기초소재업종과 부품주들의 상승이
이어졌다. 기초소재 중 화학업종에서 한화석화(009830)와 호남석유(011170)
그리고 자동차 부품주인 한국타이어(000240) 등의 상승세가 매우 돋보였다.

호남석유의 경우 2003년 들어서며 이미 역사적 신고가를 돌파하는 모습을 보
여주었다. 또한 한국타이어의 경우는 상당히 오랜 기간 만성적인 저평가를 받
았던 종목이었지만 중국발 훈풍과 함께 '돌멩이는 뜨고 나뭇잎은 가라앉는다'
는 주식격언에 딱 들어맞는 대상승을 보여주었다.

이렇듯 기계장비, 기초소재 종목들의 상승에 이어 시장의 주도주로 부각된

차이나 모멘텀과 주가의 폭발 5 - SK(003600)
13000
12000
11000
10000
9000
8000
7000
6000
5000
4000
3000
2000
1000
*10
0
2000/1
2001/1
2002/1
2003/1
2004/1
2005/1
2006/1
2007/1

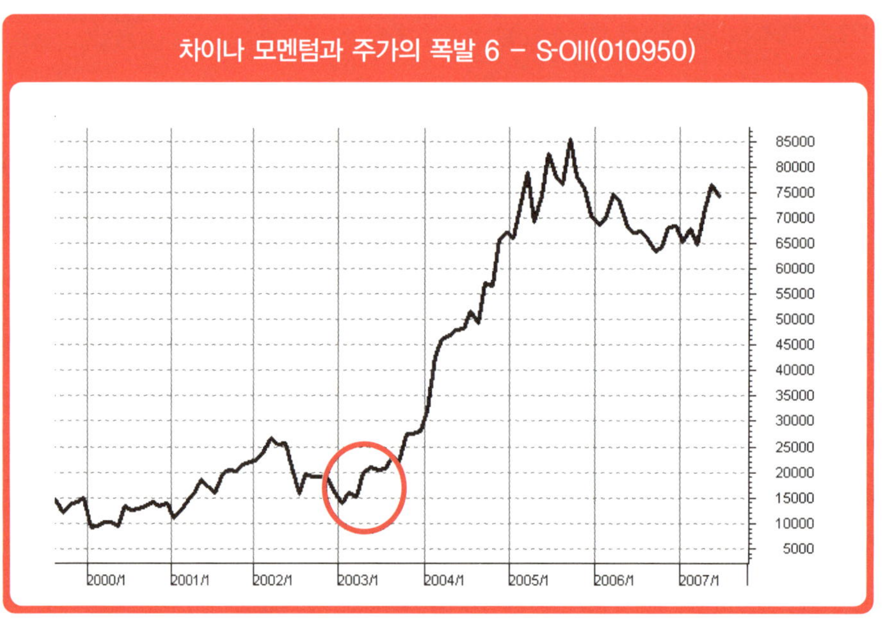
차이나 모멘텀과 주가의 폭발 6 - S-Oil(010950)
85000
80000
75000
70000
65000
60000
55000
50000
45000
40000
35000
30000
25000
20000
15000
10000
5000
2000/1
2001/1
2002/1
2003/1
2004/1
2005/1
2006/1
2007/1

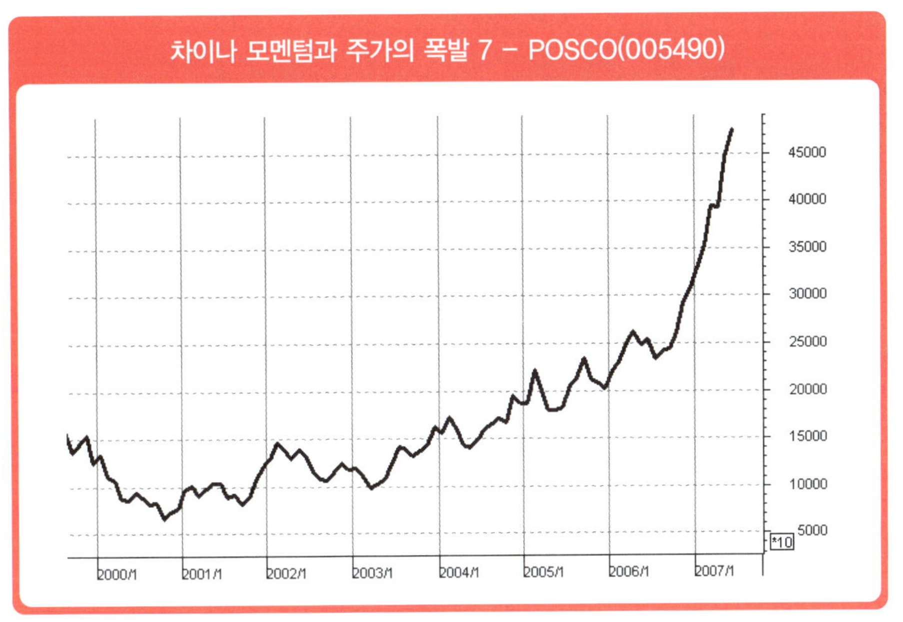

차이나 모멘텀과 주가의 폭발 7 - POSCO(005490)
45000
40000
35000
30000
25000
20000
15000
10000
5000
*10
2000/1
2001/1
2002/1
2003/1
2004/1
2005/1
2006/1
2007/1

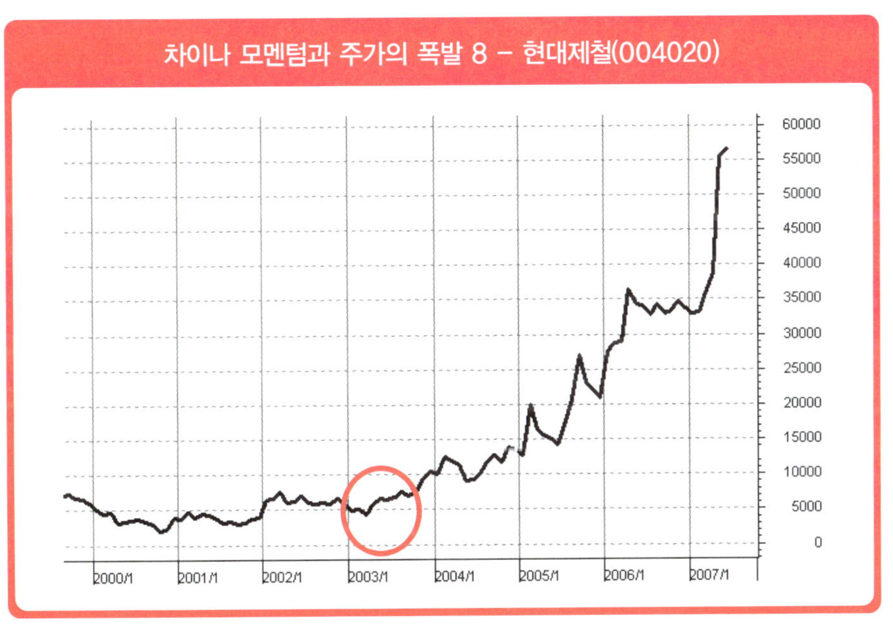

차이나 모멘텀과 주가의 폭발 8 - 현대제철(004020)
60000
55000
50000
45000
40000
35000
30000
25000
20000
15000
10000
5000
0
2000/1
2001/1
2002/1
2003/1
2004/1
2005/1
2006/1
2007/1

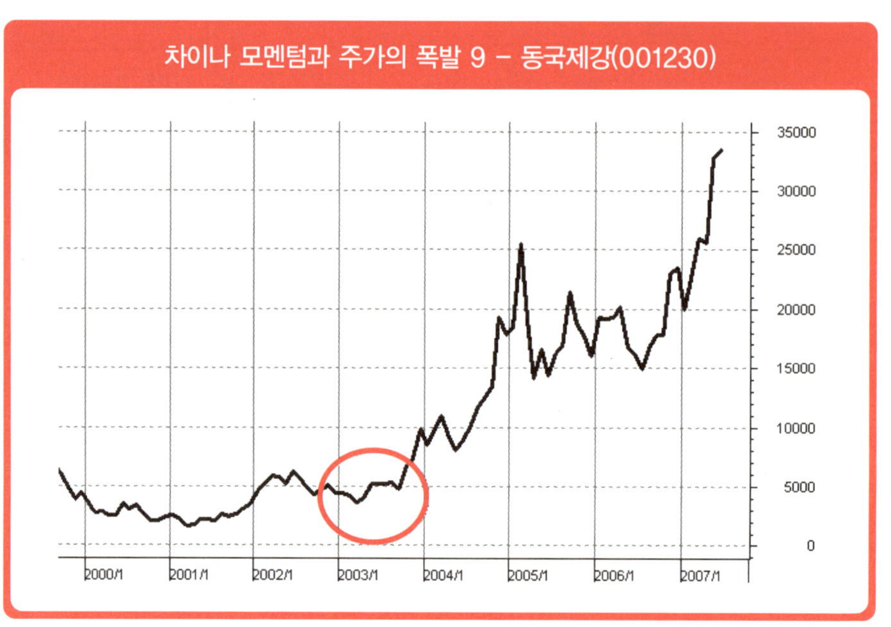

종목이 에너지 관련주였다. 중국경기의 폭발세로 각종 산업이 호황이다 보니 에너지의 소비가 급증하였고, 특히 유가의 초급등세를 불러와 고유가시대를 열게 되었다. 이러한 가운데 세계적인 정제시설과 노하우를 보유하고 있는 한국 증시 정유업종의 주가상승은 당연한 귀결이라고 할 수 있다. 대표 주도종목은 SK(003600)과 S-Oil(010950)이다.

원자재의 대란은 비단 에너지 업종에만 국한된 것이 아니었다. 거대한 중국은 마치 블랙홀처럼 전 세계의 각종 원자재를 모두 빨아들이기 시작했다. 또한 에너지에 이어 자동차와 건축 등 각종 생산에 없어서는 안 될 철강재의 품귀마저 불러왔다.

정유업종과 더불어 역시 세계적인 경쟁력을 가지고 있는 한국증시의 철강업

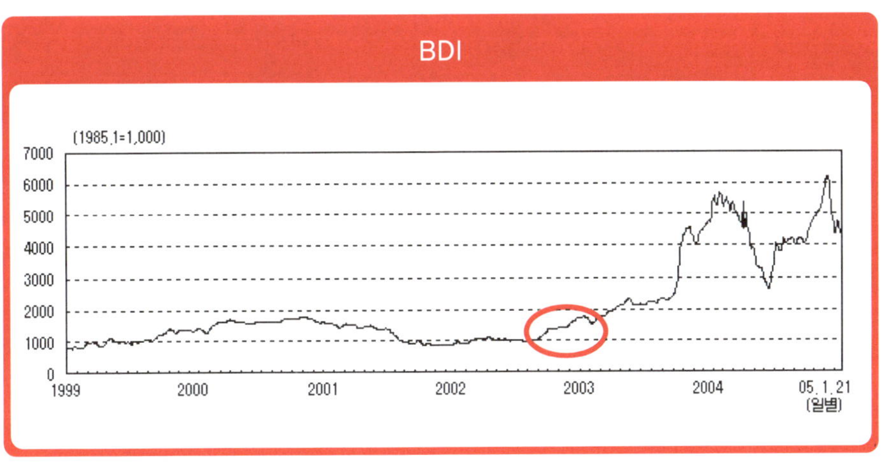

체들에게는 이 또한 더없이 좋은 기회로 작용되었다. 철강재 가격의 급등은 매출의 급등으로 이어졌다. 그리고 그것은 바로 주가의 급등으로 귀결됐다. 대표 주도종목은 POSCO(005490), INI스틸(004020), 동국제강(001230) 등이다.

차이나 모멘텀 관련주들의 대장정은 여기서 그친 것이 아니다. 각종 원자재와 부품, 기계장비를 등을 운송하기 위한 물동량이 폭주하면서 해운선박 부족 현상이 나타나기 시작한 것이다. 이는 해운운임의 급등을 초래했다.

아래 그림을 보면 건화물을 운송하는 벌크선종합운임지수인 BDI(Baltic Dry Index)가 가파른 상승곡선을 그리며 마침내 사상 최고치에 진입하는 것을 볼 수 있다. 이 외의 관련 해운업종들도 사상 최대의 신고가를 경신하며 추세적인 상승세를 이어나간다. 대표 주도종목은 한진해운(000700)과 현대상선(011200)이었다.

해운운임이 장기간에 급등할 수 있었던 배경에는 선박의 탄력적인 공급이 쉽

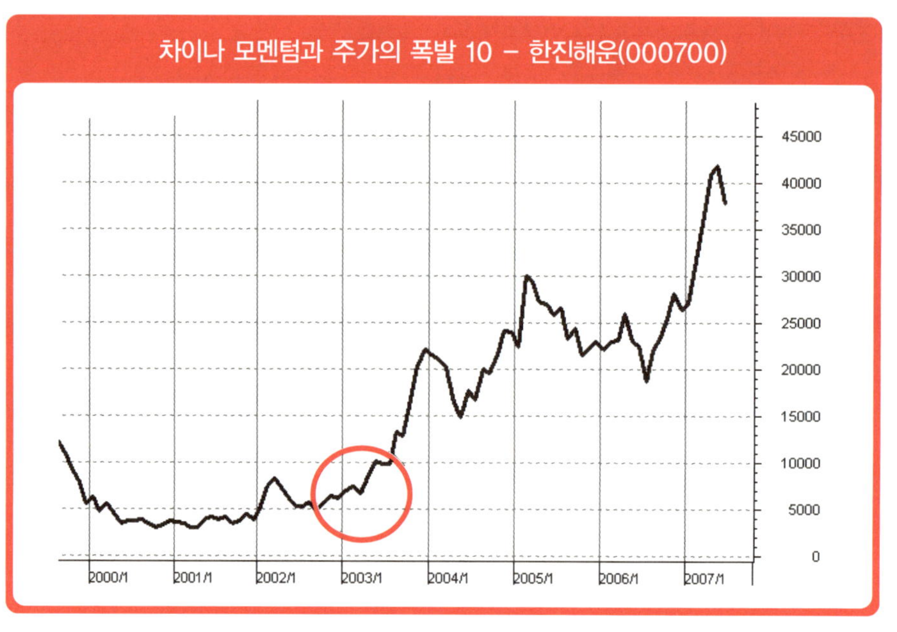

차이나 모멘텀과 주가의 폭발 10 – 한진해운(000700)
45000
40000
35000
30000
25000
20000
15000
10000
5000
0
2000/1
2001/1
2002/1
2003/1
2004/1
2005/1
2006/1
2007/1

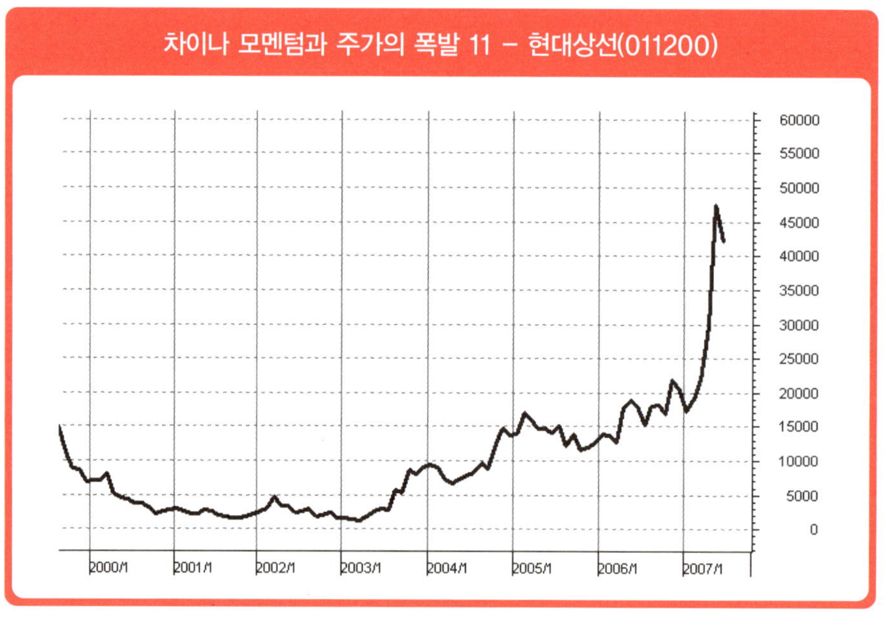

차이나 모멘텀과 주가의 폭발 11 – 현대상선(011200)
60000
55000
50000
45000
40000
35000
30000
25000
20000
15000
10000
5000
0
2000/1
2001/1
2002/1
2003/1
2004/1
2005/1
2006/1
2007/1

차이나 모멘텀과 주가의 폭발 12 - 삼성중공업(010140)
50000
45000
40000
35000
30000
25000
20000
15000
10000
5000
2000/1
2001/1
2002/1
2003/1
2004/1
2005/1
2006/1
2007/1

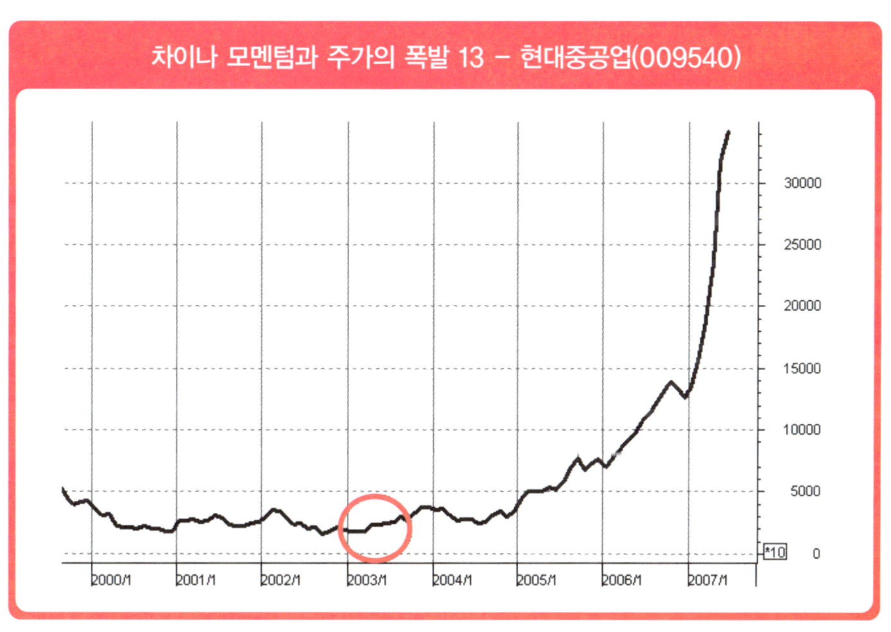

차이나 모멘텀과 주가의 폭발 13 - 현대중공업(009540)
30000
25000
20000
15000
10000
5000
*10
0
2000/1
2001/1
2002/1
2003/1
2004/1
2005/1
2006/1
2007/1

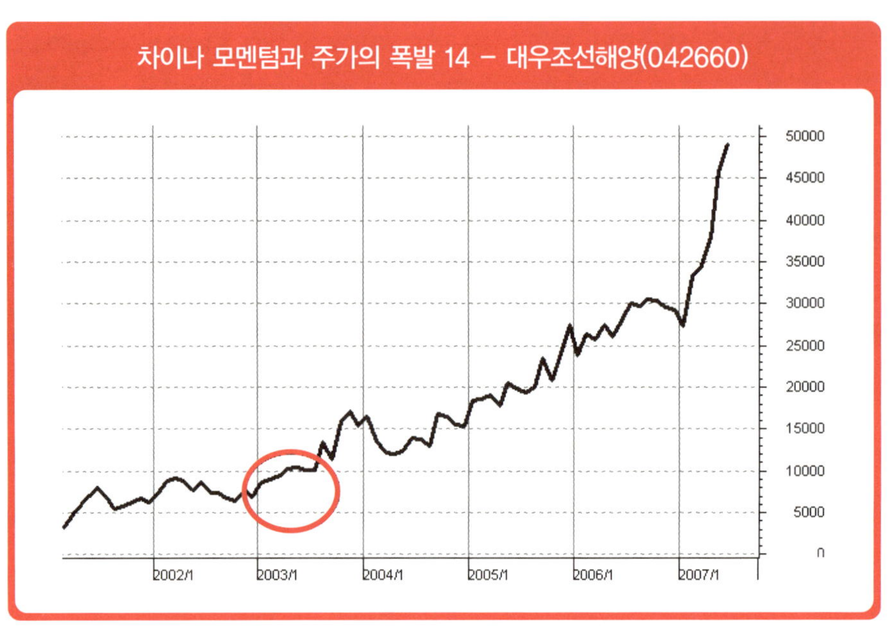

지 않다는 문제가 있었다. 즉, 대형 선박을 건조하는 데 수년의 시간이 소요된다는 것이다.

전 세계적으로 각종 선박의 부족현상이 장기화되자 컨테이너선에서부터 원유와 LNG 등 에너지 수송선에 이르기까지 다양한 종류의 선박주문이 가격과 기술경쟁력을 보유한 국내 업체들에게 쏟아지기 시작했다. 그리고 우리기업들이 전 세계 대부분의 생산물량을 독식하다시피하면서 수년에서 십여 년에 이르는 수주물량을 미리 계약하게 되었다. 이러한 상황에서 관련 조선주들의 주가가 역사적인 신고가를 돌파하며 엄청난 상승세를 이어갔다.

대표주도종목은 앞서 살펴보았던 2,000% 상승의 주역 현대미포조선에서부터 삼성중공업(010140), 현대중공업(009540), 대우조선해양(042660) 등이다.

지금까지 차이나 모멘텀으로 인한 관련업종들의 연쇄적인 주가급등과정을 살펴보았다. 이를 통해 업황 호전 여부의 점검을 통한 종목발굴이 얼마나 중요한 것인지 알 수 있었을 것이다. 특히 차이나 모멘텀 관련주들은 우리나라를 대표했던 전기 · 전자 업종의 여세에 밀려 '굴뚝주'라는 오명을 쓰고 주가가 항상 크게 움직이지 못했던 종목들이었다.

주식시장에는 영원한 스타종목도, 영원한 저평가 종목도 없다. 언제나 오르는 혹은 뜨는 종목이 있으면 지는 종목도 있는 것이 주식시장의 속성이다. 때문에 큰 수익을 안겨주는 종목은 열린 자세로 항상 공부하는 투자자의 몫이 될 것이다.

두 사람의 운명을
갈라놓은 두 종목

1990년대 초 주식을 시작하면서 만났던 두 사람이 있다. 필자가 주식투자를 하면서 크게 전환기를 맞이한 것이 이 사람들을 만나게 되면서부터다. 잠시 이 두 사람 이야기를 해볼까 한다.

A는 40대 중반으로 돈 벌이와는 관련이 먼 그저 선량하고 평범한 직장인이었다. 그는 모아놓은 재산도 없었고, 집도 없었으며, 투자금은 2,000만 원 정도를 가지고 있었다. 이에 비해 B는 40대 후반의 자영업자로 20억 원 정도를 투자금으로 운영하고 있었다. 당시로서는 대단히 큰 손에 속했다.

먼저 A의 이야기다. 그 당시 A는 아무도 거들떠보지 않는 그저 그런 사람이었다. 그가 주식시장에 발을 들여놓은 것은 불혹에 접어들어서였다. 어느덧 40줄, 직장과 가정에 대한 중압감과 미래에 대한 불안감 그리고 점점 지쳐만 가는 육신, 어디에서도 찾을 수 없는 내 정체성과 안식, 그러던 어느 날 그는 미래와 안식을 찾기 위해 진정한 자유인이 되기로 마음을 굳혔다. 그리고 그에겐 거의 전 재산이나 다름없었던 2,000만 원이라는 돈을 투자하기로 결정한다.

자유·자본주의 사회에서의 자유로운 삶을 위해 돈을 벌고자 A는 한 증권사를 찾아가 ○○종목에 주문을 내달라고 한다. 그의 주문에 증권사 직원은 거듭 만류하면서 이런 주식을 사지 말고 당장 오를 △△특수강을 사라고 권한다. 그러나 그는 직원의 만류를 뿌리치고 애초 결심대로 ○○ 종목을 매수하게 된다.

그때 그는 미친 사람 보듯 쳐다보는 증권사 직원의 시선을 뒤로하고 성급히 객장을 빠져나왔다고 한다. 그런데 얼마 후 그 직원은 미친 사람이 아니라 미친 주식을 보게 된다. 그가 산 주식은 후에 SK텔레콤으로 사명이 바뀐 한국이동통신이었고, 증권사 직원이 권했던 종목은 후에 부도가 난 삼미특수강이었다.

야후 재팬이 1억 엔에 도달하고 라이코스 1주가 수천만 원에 유상증자되던 것이 신문지상에 오르내릴 즈음 이미 그 증권사의 신화가 되어버린 그는, 주당 500만 원을 훌쩍 넘어버린 그 주식을 처분하러 수년 만에 객장에 나갔다.

이번에는 반대로 여기서 두 배는 더 간다는 증권사 직원의 만류를 뿌리치고 그 미친 주식을 매도했다. 그리고 그는 오랜 인내 끝에 차마 입에 올리기도 어려운 대수익을 거두었고 뒤이은 부동산 투자의 성공으로 엄청난 재산을 소유한 큰 부자가 되었다.

여기까지가 A의 이야기다. 필자가 A를 존경하는 이유는 그 사람이 큰 돈을 벌었기 때문에 혹은 어떤 투자기법을 사용했기 때문이 아니다. A가 투자를 결정할 당시 2,000만 원이라는 돈은 거의 전 재산이나 마찬가지였다. 물론 쉽지 않은 결정이었을 것이다. 이후에 아래로 위로 시세가 움직일 때마다 A의 심정이 어땠을지는 충분히 상상이 가능한 일이다.

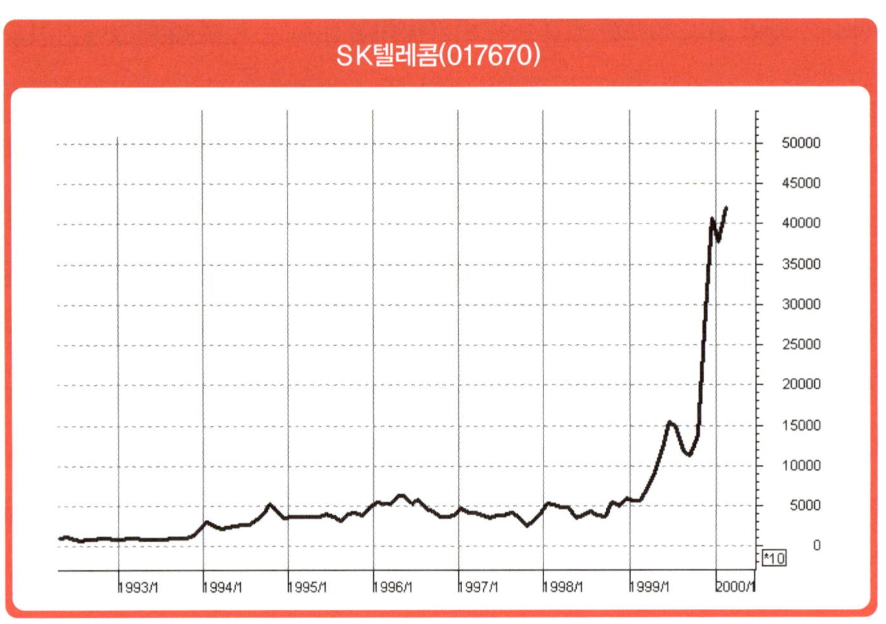

그럼에도 A는 자신의 결정을 확신을 가지고 흔들림 없이 인내하며 10년에 가까운 시간을 기다렸다. 필자는 이러한 A의 원칙을 가지고 인내한 투자를 존경하는 것이다. 투자에 있어서도 시세에 얽매이지 않는 자유인이었고, 그 결과 경제적으로 진정한 자유인이 된 것이다.

이어서 B의 이야기를 해보겠다. 증권사 객장에서 모두가 우러러 보았던 그의 이야기는 아주 간단하다. 그는 증권사 직원에게 작전에 들어간다는 정보를 듣고 삼미특수강을 매수했다. 그리고 시간이 흘러 삼미특수강은 부도가 났고 B의 그 많던 재산도 모두 사라져 버렸다.

주식시장에서 잃어도 좋을 만큼의 충분한 재산을 가진 사람은 아무도 없다.

두 사람의 출발과 선택은 극명하게 달랐다. 그러나 운명을 갈라놓은 차이는 단 하나였다. 스스로 확신할 만큼 충분히 분석을 했느냐, 그리고 자신의 선택을 믿고 인내했는가가 중요하다.

한 사람은 쉽고 편한 방법을 택했고, 한 사람은 고통스러운 길을 개척했다. 그것이 두 사람의 운명을 갈라놓았다. 가장 중요한 것은 바로 투자 원칙과 인내이기 때문이다.

투자자에게 가장 좋은 약은 환자가 계속 사야만 하는 약이다

'환자에게 가장 훌륭한 약은 병을 한 번에 낫게 하는 약이지만, 투자자에게 가장 훌륭한 약은 환자가 계속 사 먹어야 하는 약이다.'

미국 역사상 최고의 펀드매니저로 평가받는 피터 린치의 말이다. 그는 비싼 값에 물건을 파는 기업보다 가격이 싸더라도 그 물건을 끊임없이 팔 수 있는 기업을 좋아했다. 실적이 안정적이어서 장기 투자하는 데 부담이 없기 때문이다.

세계적인 가치투자자 워렌 버핏이 코카콜라 주식을 영구 보유하겠다고 선언한 것도 이런 맥락이다. 사람들은 콜라를 한 번 마시는 데 만족하지 않고 평생 사 마시기 때문이다.

이러한 기업들이 생산해 내는 물건에는 어떠한 것이 있을까?

먼저 피터 린치는 1970년대 초 아내가 "팬티스타킹 '레그스'의 품질이 좋더라"라고 얘기하는 것을 듣고 제조사인 헤인즈 주식을 사들여 6배의 수익을 남겼다. 스타킹의 '강점'은 제품이 잘 망가진다는 데 있다. 스타킹은 올 하나만 나가도 다시 쓸 수 없는 제품이다. 여성 소비자들이 끊임없이 스타킹을 사 신어야 하는 탓에 가격은 싸지만 절대 만만히 볼 수 없는 게 스타킹 매출이다

그리고 복사기 업체를 들 수가 있다. 복사기 업체의 매출이 꾸준한 이유는 품질 좋은 복사기 때문만은 아니다. 복사기를 파는 것은 냉장고 같은 가전제품을 파는 것과는 의미가 완전히 다르다. 복사기를 한 대 사면 각종 주변기기도 사야 하고 종이나 토너도 계속 사야 한다. 워낙 정교한 기계여서 잔 고장에 대한 수리비용도 만만찮게 든다.

실제로 한국증시에 상장된 신도리코(029530)의 경우 전체 매출에서 복사기가 차지하는 비중은 약 25%에 이르며, 소모품 매출 판매 비중은 18%를 넘는다. 복사기 한 대를 팔면 그 복사기를 유지하는 데 필요한 후속 매출이 끊임없이 만들어지는 구조를 갖춘 셈이다.

이러한 장기보유종목을 '원-디시전 스톡(One-decision Stock)'이라고 한다. 즉, 일단 매입하면 매도를 고려할 필요가 없어 계속 보유할 것으로 기대되는 주식을 말한다.

이러한 소수의 종목만을 매입해 큰 수익을 올린 워렌 버핏의 투자원칙은 대단히 단순하다.

(1) 우리가 이해할 수 있는 산업분야에 속하는 것이어야 한다
(2) 장기적으로 성장 가능성이 있어야 한다
(3) 정직하고 유능한 경영진에 의해 운영되고 있어야 한다

그는 이러한 간단한 투자원칙에 부합하는 약 20개의 종목에만 투자한 뒤 평

생 팔지 않고 보유해 세계 최고의 부자가 되었다.

여기에 그 회사의 제품만을 구매해야 하는 독과점적 성격이 강하다면 더욱더 좋다. 경제성장률이 낮아질수록 초고속으로 성장하는 기업들은 찾아보기 힘들어진다. 이는 선진국일수록 더욱 그렇다. 그래서 독점 혹은 과점적 지위를 유지하고 있는 기업들의 주가 상승 확률이 더욱 높아진다.

1990년대 우리나라 기업들의 성장스토리를 봐도 이런 현상은 확연하다. 1990년과 2007년 현재 주가를 비교해봤을 때, 10배 이상 오른 이른바 '10루타' 종목들은 대부분 독과점의 형태를 띠고 있다.

통신업종의 1위 업체인 SK텔레콤(017670)은 최고 250배가 올랐고, 유통의 신세계(004170)는 30배, 전자업종의 삼성전자(005930)와 POSCO(005490)는 20배 정도 올랐다. 농심(004370) 역시 독과점적 제품구조를 가지고 30배 이상 상승하였다.

모두 우리가 쉽게 이해할 수 있는 생활주변의 기업들이다. 독과점적 구조를 가지고 있어 누구나 써야 하고 평생 구매해야만 하는 제품을 만들어 내는 기업이야말로 가장 확실한 수익을 가져오는 원천이다.

10루타 종목과 10루타 장세

야구에서는 4루타, 즉 홈런이 최고지만 주식투자에서는 홈런 2개와 2루타 1개를 합한 10루타가 가능하다. 이러한 10루타 종목을 월가에서는 '텐배거(Ten Bagger)'라 한다. '배거(Bagger)'는 야구의 '루타'를 의미하는 영어 구어로, '텐배거'는 10루타, 즉 10배의 수익률을 안겨주는 꿈의 종목을 일컫는 것이다.

이러한 10루타 종목을 발굴할 때 가장 큰 단서가 되는 기술적인 특징이 바로 '역사적 신고가' 돌파 종목이다.

대다수 투자자들의 가장 큰 오류 중의 하나가 최저가에 매수하려 한다는 것이다. 주식투자를 하는 투자자라면 누구나 최저가에 사서 최고가에 팔고 싶은 욕심이 생길 것이다. 그러나 이것은 신의 영역이지 투자자의 영역이 아니다. 주식 격언에 '무릎에 사서 어깨에 팔아라'라는 격언은 이러한 의미를 잘 말해주고 있다.

그래서 주가의 흐름을 파악하고자 할 때 가장 좋은 방법 중의 하나가 추세를 파악하는 것이다. 주가는 한번 상승 추세를 타면 좀처럼 바뀌지 않는 속성을 가진다. 특히 우량종의 경우는 더욱더 큰 신뢰도를 제공한다.

SK텔레콤(017670)은 1990년대 10년 동안 장기상승 추세를 기록하며 100배 이상의 수익률을 기록했다. 단기적으로야 등락을 거듭하겠지만 중장기적 안목에서 볼 때는 충분한 상승과 하락의 신호를 주고 추세가 전환이 되기 때문에 이러한 흐름을 이용한 매매는 대단히 유용한 측면이 있다.

추세가 본격적인 장기 상승국면으로 진입하기 전에 나타나는 아주 중요한 단서 중의 하나가 바로 '역사적 신고가'를 돌파하는 것이다. 장기적으로 일정한 박스권 안에서 움직이던 종목이 큰 저항대로 작용하는 박스권의 상단부를 돌파하며 신고가를 경신한다는 것은 새로운 기술의 개발, 업황의 장기 상승 국면 진입, 독과점적 지위의 확보, 미반영되었던 기업가치의 부각 등의 요인이 작용한 결과물이라고 할 수 있다.

특히 이러한 요인들은 기업의 상황을 잘 파악하고 있는 외국인들이나 정보 선취가 용이한 내부자와 주변 투자자들에 의해 지속적으로 매집이 일어나 유통 물량이 감소하게 되는 경우에 주로 발생한다.

역사적 신고가 돌파 이후 주가의 엄청난 레벨업이 이루어진 대표적인 종목으로 '태평양(002790)'을 꼽을 수 있다. 태평양은 1980년 이후 대체적으로 2만 원대 안에서 20년 동안 지루하게 움직였던 종목이다. 그러나 2001년 역사적 신고가를 강하게 돌파한 이후 장기 상승 추세를 이어가며 1,000%라는 엄청난 상승률을 보여주고 있다. 바로 '10루타' 종목이 된 것이다.

태평양이 역사적 신고가를 경신했던 2001년은 종합주가 지수가 400~500포인트의 바닥권에 머무르던 국면이었다. 그렇기 때문에 지속적인 상승을 믿는 투자자들은 그리 많지 않았다. 그러나 역사적 신고가 돌파와 함께 상승으로 방향을 정한 추세는 '참을 수 없는 무거움' 그 자체였다.

태평양이 역사적 신고가를 돌파할 당시 강력한 매수의 원천은 바로 외국인 투자자들이었다. 2001년을 기점으로 외국인 지분율이 큰 폭으로 증가했다.

'돌멩이는 뜨고 나뭇잎은 가라앉는다' 라는 주식 격언처럼 알맹이가 꽉 찬 주식은 비록 오랜 소외를 겪으며 그 무거움 때문에 투자자들의 외면을 받을지도 모르지만, 일단 한 번 상승을 시작하면 큰 폭의 추세적 상승을 기록한다. 반대로 별 볼일 없는 재료나 세력에 의해 가볍게 움직이는 주식은 시세의 변동은 클지 모르지만, 결국 시간이 흐르고 보면 주가 역시 늘 별 볼일 없는 위치에 있음을 잘 설명한 말이다.

역사적 신고가를 돌파하는 종목이 바로 여기서 말하는 '떠오르는 돌멩이' 다. 2007년 현재 종합주가지수도 역시 마찬가지 관점으로 볼 수 있다. 20년간의 박스권을 돌파한 후 역사적 신고가를 기록하며 증시 역사를 새로 쓰고 있는 종합주가지수의 상승이 쉽게 멈출 수 없는 이유는 여기에 있다. 바로 '10루타' 장세인 것이다.

역사적 신고가 돌파 후 '10루타' 종목이 된 태평양(002790)
25000
20000
15000
10000
5000
0
*10
1990/1 1991/1 1992/1 1993/1 1994/1 1995/1 1996/1 1997/1 1998/1 1999/1 2000/1 2001/1 2002/1 2003/1 2004/1 2005/1 2006/1

종합주가와 태평양(002790)의 주가비교
1000
900
800
700
600
500
1999   2000   2001   2002
15000
10000
5000
*10
1999   2000   2001   2002

태평양(002790) 외국인 보유율과 주가추이
① 주가   ② 보유율
240,000
220,000
200,000
180,000
160,000
140,000
120,000
100,000
80,000
60,000
40,000
20,000
46.00
44.00
42.00
40.00
38.00
36.00
34.00
32.00
30.00
28.00
26.00
24.00
22.00
20.00
18.00
16.00
14.00
2000/01   09   2001/01   09   2002/01   09   2003/01   09   2004/01   09   2005/01
①
②

할인요소의 해소와 주가 레벨업

한국증시를 논할 때 빠지지 않고 나오는 말이 '코리아 디스카운트(Korea Discount, 한국만의 주가 할인 요인)'라는 단어다. 코리아 디스카운트는 한국 기업들이 펀더멘탈에 비해 주가측면에서 제대로 평가를 받지 못하고 있는 현상을 의미한다. 실제로 최근 3년만 놓고 보더라도 우리시장은 선진시장 대비 51%, 아시아시장 대비 22% 정도 할인돼 거래되고 있었다.

모건스탠리가 국내 대표 우량종목 63개를 갖고 산출한 MSCI지수로 따지면 이들 종목의 지난 3년간 주가수익비율(PER)은 평균 8.1배에 머물고 있다. PER는 현재 주가를 해당 기업의 주당 순이익으로 나눈 값으로, 그 수치가 낮을수록 주가가 저평가돼 있음을 의미한다.

한국의 PER은 미국, 일본, 유럽연합 등 선진국 증시의 평균 PER(15.8배)와 비교해 절반 수준이며 신흥시장의 평균 PER(10.8배)와 견주어도 80% 수준에 불과하다. 삼성전자의 주가는 2007년 7월 현재 60만 원대를 맴돌고 있지만 만약 미국 뉴욕증시에 상장했다면 100만원을 충분히 웃돌 수 있을 것이라는 말은 주식시장의 호사가들 입에서는 이미 식상한 표현이 돼버렸을 정도다.

실제로 한국 기업에 대한 디스카운트(할인거래) 정도는 심각한 수준이다. 대표기업인 삼성전자의 매출액은 미국 인텔의 1.74배, 순이익은 1.48배에 달하지만 시가총액은 인텔의 51%에 불과하다. 삼성전자의 주가수익비율(PER)은 8배로 인텔의 20배, 소니의 26배에 비해 턱없이 낮은 수준이다. 인텔의 PER를 삼성전자에 적용할 경우 주가가 120만 원이 넘는다는 계산이 나올 정도다.

POSCO는 2006년 철강 생산 규모로 세계 5위를 기록하고, 순부채 비율이 마이너스로 재무구조가 세계 최고 수준이다. 하지만 PER는 순부채 비율이 100%를 넘는 경쟁업체인 신일본제철(新日本製鐵)의 절반도 안 되는 4.4배에 불과하다. 현대차의 세전이익률은 9.4%로 세계 최대 자동차업체인 미국 제너럴모터스(GM)의 1.6%, 포드의 0.8%를 크게 앞지르고 있으나 PER는 오히려 GM보다 낮다.

유럽계 소버린자산운용은 2003년 SK가 세계 2위의 정유사임에도 불구하고 주식시장에서의 평가는 최하위라며 적절한 평가를 위한 경영 참여의사를 밝혀 파문을 일으키기도 했다. 이 외에도 한국전력, SK텔레콤, LG전자 등 대표기업들 모두 제대로 평가받지 못하고 있다.

한국증시가 그동안 저평가를 받아 온 이유는 지정학적 리스크와 후진적인 지배구조, 기업이익의 불안정성 등이 원인으로 꼽힌다. 사후적으로 이로 인한 국내 투자자들의 주식 회피 현상도 큰 요인으로 작용하고 있다. 총 1,000조 원으로 추정되는 국내 개인의 금융자산 중 가계자산의 80%가 부동산 등 실물자산이며 나머지 금융자산 가운데서도 주식비중은 불과 6% 안팎에 불과하다. 이러한 사실은 국내투자자들이 코리아 디스카운트 때문에 주식을 위험자산으로 인식한 결과라고 볼 수 있다.

실제로 기업 지배구조의 경우 그동안 재벌위주의 후진적 경영으로 인해 대단히 불투명한 구조를 가지고 있다. 그래서 일반투자자들은 올바른 정보를 접하기가 대단히 힘들었다. 그 결과 외환위기 이후 재벌 대기업들이 벌인 각종 회계부정으로 인한 엄청난 손실을 고스란히 개인투자자들이 떠안는 부도덕한 일들이 수없이 벌이지기도 했다.

기업들의 이익이 꾸준하지 못하고 들쭉날쭉 변화가 심한 것도 역시 투자의 예측가능성을 힘들게 했다. 물론 코리아 디스카운트의 한 원인이기도 하다. 상황이 이러다 보니 시장의 규모가 대단히 작고, 변동성이 커서 한국 주식시장에서 꾸준한 수익을 내기가 대단히 힘들었던 것이다.

그동안 미국 가치투자의 ‘전설’로 불리는 버크셔 해서웨이의 워렌 버핏 회장의 한국 주식투자에 대한 의견은 이러한 상황을 잘 말해주었다. 워렌 버핏은 미국 네브래스카주 오마하에서 열린 버크셔 해서웨이의 주주총회에서 “일부 한국 주식이 미국의 비슷한 기업에 비해 상당히 싸 보이지만 사지는 않을 것”이라고 말했다. 워렌 버핏은 그 이유로 “버크셔 해서웨이가 투자하기에는 한국주식의 시가 총액이 너무 작다”라고 설명했다. 그의 회사가 운용하는 자금 규모는 2,000억 달러에 이른다. 또한 그는 “지금까지 한국주식을 사 본 적이 없고 앞으로도 사지 않을 것 같다”고 덧붙였다.

그러던 그가 최근에 한국주식을 사 모으고 있다. 비상장 주식 대구텍을 시작으로 대한제분(001230), POSCO(005490) 등을 대거 매집했다. 특히 그가 매집한 POSCO의 평균단가가 40만 원대에 이른다는 사실은 향후 한국증시에 대

한 전망을 밝게 하고 있다. 기업의 지배구조개선과 고배당정책 확산 등 그동안
의 디스카운트 요인들이 해소되면서 종합주가지수의 레벨업과 대규모 외국계
자금의 유입이 이루어진 것이다.

기업의 체질개선과 배당은 주가에 가장 좋은 보약

앞에서 언급했듯이 그동안 국내 기업들의 주가가 푸대접을 받아온 이유는 크게 세 가지가 있다. 남북대치로 인한 지정학적 리스크와 후진적인 기업 지배구조, 들쭉날쭉한 기업 실적 등이 그것이다. 그러나 최근 몇 년 사이 이런 문제들은 해소되는 조짐을 보이고 있다.

첫 번째 지정학적 리스크의 경우 사실상 남북이 대치하고 있는 상황 하에서는 원천적으로 쉽게 해소되기는 어려운 면이 있다. 때문에 이 문제는 내국인보다는 오히려 외국인 투자자들이 어느 정도 위험요소로 파악하고 있느냐는 투자심리적인 문제로 귀결될 수 있는 요인이다.

최근에 외국인들의 투자행태를 보면 이러한 투자심리가 점차적으로 완화되고 있는 모습이다. 실제로 2005년 2월 초 돌출한 북한 핵 보유 파장과 2006년 10월 북한 핵실험에도 불구하고, 외국인 투자가들은 한국주식을 적극적으로 사들이는 모습을 보였다.

　　두 번째 요소인 기업의 지배구조 역시 과거에 비해 회계와 의사결정 과정도 상당히 투명해져 미래의 불확실성이 많이 줄었다.

　　대표적인 사례로 SK(003600)를 들 수가 있다. SK의 경우 SK글로벌의 분식회계 스캔들로 인해 2만 원대의 주가가 5,000원대까지 폭락한 직후 소버린자산운용의 대거 매집이 이루어졌다. 소버린자산운용은 SK 지분을 14.9% 취득하고 2대주주로 등극한다. 이후 외국인 2대주주의 견제 속에 기업의 지배구조는 대단히 투명해졌으며, SK의 주가는 다른 외국계 펀드의 추가매수 속에 승승장구 상승을 거듭하였다.

　　세 번째 글로벌 우량기업들이 늘면서 기업 순익도 과거처럼 널뛰는 일이 많이 개선되었다. 한국증시에선 2006년 1조 원 이상 순익을 거둔 기업이 15개나

24년 이상 흑자배당 38개社					
기 업 명	업 종	연속 흑자 배당기간(원년)	기 업 명	업 종	연속 흑자 배당기간(원년)
한독약품	제약	47년(58년)	삼성에스디아이	전자	25년(80년)
한일시멘트	시멘트	44년(61년)	대림산업	건설	24년(81년)
유항양행	제약	43년(62년)	건설화학공업	페인트	24년(81년)
롯데제과	식품	38년(67년)	동아제약	제약	24년(81년)
하나은행	은행	34년(71년)	엘지건설	건설	24년(81년)
태평양	화장품	32년(73년)	동일고무벨트	화학	24년(81년)
오리온	식품	30년(75년)	경농	농약	24년(81년)
삼성전자	전자	30년(75년)	금강고려화학	도료	24년(81년)
삼성정밀화학	화학	30년(75년)	한국주철관공업	철강	24년(81년)
삼성화재	보험	30년(75년)	대성산업	에너지	24년(81년)
중외제약	제약	29년(76년)	대한제분	식품	24년(81년)
삼부토건	건설	29년(76년)	한국석유공업	에너지판매	24년(81년)
성보화학	농약	29년(76년)	조선내화	요업	24년(81년)
농심	식품	29년(76년)	비와이씨	의류	24년(81년)
샘표식품	식품	29년(76년)	삼영전자공업	전자	24년(81년)
삼천리	에너지	29년(76년)	대웅	제약	24년(81년)
롯데칠성음료	식품	28년(77년)	현대약품공업	제약	24년(81년)
신영와코루	의류	28년(77년)	고려제강	철강	24년(81년)
남양유업	식품	27년(78년)	LG	지주회사	24년(81년)

나와, 미국, 영국에 이어 세 번째로 많았다. 또한 꾸준히 흑자배당을 하는 기업들도 점차 늘어나고 있다. 기업실적을 전산으로 집계하기 시작한 1981년부터 한 해도 거르지 않고 흑자 배당을 한 기업은 모두 38개사에 달했다.

이는 같은 기간에 상장됐던 총 기업 수(1,000여 개)의 약 4%에 해당한다. 또한 이들 기업이 24년간 주주들에게 분배한 배당금 총액은 모두 7조 원에 이른다. 이러한 현상은 해를 더해갈수록 점차 가속되고 있다.

지금까지 살펴본 대표적인 디스카운트 요인 중 지정학적 리스크를 제외하고는 모두 개별종목의 주가에 영향을 미치는 중요한 디스카운트 요인들이다. SK(003600)의 사례에서처럼 기업의 지배구조가 개선되면 회계의 투명성으로 이어져 부실요인이 제거되고 건전화되어 주가가 크게 상승하는 효과가 있다.

또한 꾸준하게 수익을 창출하는 기업들의 주가는 추세적인 상승세를 이어가며 계속해서 신고가를 경신한다. 그리고 저금리 시대의 도래로 인해 흑자 배당을 지속적으로 실시하고 있는 기업에 대한 장기투자 역시 지속적으로 증가하고 있다.

과거 재벌기업들의 후진적인 지배구조가 지주회사(Holding Company) 체제로 서서히 정비되면서부터 관련회사의 주가가 크게 올랐다. 그리고 무배당에서 배당을 실시하거나 배당성향이 높아진 흑자 기업들의 주가 역시 한 단계 레벨업되었다는 것은 기업이 가지고 있는 할인요소의 제거가 곧바로 주가와 연계된다는 사실을 잘 보여주는 대목이다.

가치는 재평가되고 새롭게 발굴되는 것이다

바닥권에서 크게 오르는 종목들의 공통점은 '절대저평가' 다. 절대저평가란 펀더멘탈 외적인 심리적 요인에 의해서 주가가 폭락한 경우와 장기소외를 겪어 저평가된 우량주, 유무형 기업가치가 미반영된 종목들을 의미한다. 이러한 것을 통해 해당 종목들의 가치는 재평가되거나 새롭게 발굴된다.

심리적 요인에 의해 주가가 과도하게 폭락한 경우는 2003년도 5,000원대까지 추락했던 SK(003600)가 대표적 사례다. 이후 외국인들의 집중적인 타깃이 됐던 지주회사격 종목들은 유무형 가치가 미반영되었던 종목들이라고 할 수 있다. 증시의 상승과 함께 큰 폭으로 상승한 우량주들을 다량 보유하고 있는 신자산주 성격의 종목들은 아직도 저평가 국면으로 앞으로 급부상할 가능성이 큰 영역이라 할 수 있다.

저평가된 우량주의 경우는 투자자의 인식 전환과 시장에서 가치 재평가가 일어나며 주가가 급등하게 된다. 그동안 리서치가 없어 회사의 가치와 발전상이 잘 알려지지 않았던 종목의 부각을 예로 들 수가 있다. 즉, 가치가 새롭게 발굴되는 것이다.

주가가 급등하는 두 가지 요인에 대해 좀 더 자세히 알아보자.

첫 번째 가치 재평가다. 투자자의 인식 전환과 시장의 재평가를 통해 주가가 급등하게 된 대표적인 사례는 음식료 업종을 중심으로 한 소비주의 경우다. 1999~2000년까지 '성장성'이라는 개념에 중심을 둔 IT종목의 버블이 붕괴되면서 이에 식상했던 투자자들은 기업의 가치에 다시 주목을 하게 된다. 투자자들은 괄목할 만한 성장성은 없으나 그동안 꾸준하게 좋은 실적을 거두어 왔던 종목들에 관심을 집중했다.

가장 먼저 상승을 시작한 종목은 '태평양(002790)'이다. 태평양은 20년 동안 2~3만 원대의 박스권 안에서 매우 지루하고 무거운 움직임을 보여 왔던 종목이다. 그러나 2001년 역사적 신고가를 돌파한 뒤 주가는 10배 가까이 뛰어올랐다. 뒤를 이어 '농심(004370)', '롯데칠성(005300)', '롯데제과', '신세계(004170)' 등으로 계속해서 상승추세가 확대된다.

이 종목들은 IMF 이후보다 강력해진 독점적 지위와 브랜드를 바탕으로 좋은 실적을 거두어 왔지만, 인터넷 열풍 등 IT종목에 가려 제대로 된 평가를 받지 못했다는 공통점을 가지고 있다.

두 번째 그동안 리서치가 없어서 회사의 가치와 발전상이 잘 알려지지 않았던 종목의 부각은 주로 중소형주(스몰캡, Small Cap)의 경우에서 나타난다. 바로 가치가 발굴되는 것이다.

이러한 경우 대형주에 비해 애널리스트의 리서치가 거의 없고 정보의 접근이 제한적이다 보니 투자자들의 관심권에서 멀어져 있는 것이 그 원인이다. 그런

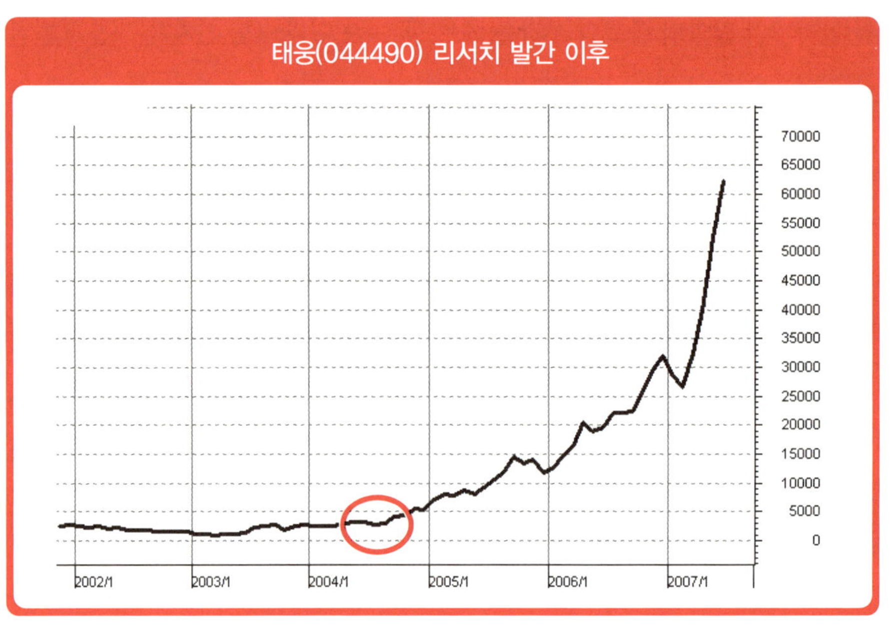

태웅(044490) 리서치 발간 이후
70000
65000
60000
55000
50000
45000
40000
35000
30000
25000
20000
15000
10000
5000
0
2002/1
2003/1
2004/1
2005/1
2006/1
2007/1

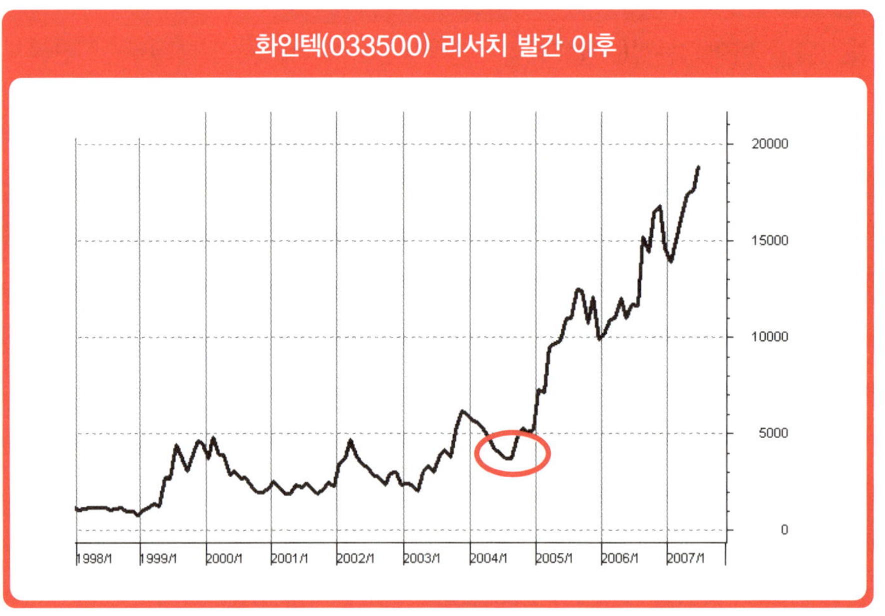

화인텍(033500) 리서치 발간 이후
20000
15000
10000
5000
0
1998/1
1999/1
2000/1
2001/1
2002/1
2003/1
2004/1
2005/1
2006/1
2007/1

데 이들 가운데 '숨은 진주' 가 상당수 존재하다 보니 최근에는 각 증권사에 스몰캡 전담팀이 생길 정도로 관심이 높아지고 있다.

최근 이런 종목들 중에 대표적인 급등사례가 '태웅(044490)' 과 '화인텍(033500)' 이다. 이 두 종목은 조선업종의 호황이라는 시대적인 배경 속에서 각각 사상 최대의 실적을 구가하고 있었다.

태웅은 선박에 들어가는 자유형 단조 제품을 다품종 소량 생산하는 뛰어난 기술력을 보유한 업체였고, 화인텍은 LNG선 보냉재를 생산하는 업체로서 독점적인 지위를 가진 업체였기 때문에 조선업종의 호황에 따른 최대 수혜주였음에도 시장의 주목을 받지 못했다.

그러나 D증권사 스몰캡팀의 리서치를 계기로 세간에 알려지며 주가가 크게 상승하기 시작했다. 이러한 알짜 중소형주의 경우 관심종목으로 꼼꼼히 체크를 해두었다가 관련 업황의 호전이나 거래량 증가를 수반할 경우를 매수 포인트로 삼으면 많은 수익을 얻을 수 있을 것이다.

남들이 **가지 않던 곳**에 있었던 **꽃밭**

1992년 저PER주와 1993년 자산주, 2000년 소비재 관련주(음식료, 유통), 2003년 이후 지주회사 관련 종목들은 모두 장기소외를 겪으며 대중들의 관심을 받지 못했던 저평가 종목들이었으나 결국 큰 수익을 가져다주었다.

시장에는 항상 견실한 내용에 비해 소외를 받는 종목이 존재한다. 케인즈가 '주식투자는 미인대회다' 라는 말을 했듯이 그 당시의 사람들이 좋아하는 미인이 아니라는 이유로 주식의 종목들을 관심의 대상에서 제외되곤 한다. 그러나 주식시장의 미인은 끊임없이 순환하는 속성을 가지고 있다. 인기와 소외가 역사적으로 반복되는 것이다. 그것이 주식시장의 본질이다.

존 템플턴(Jhon Templton)은 "대다수 사람보다 나은 실적을 내고 싶다면 대다수가 하지 않는 무언가를 해야 한다"라고 했다. 시장에서 투자자들이 열광하는 종목, 당장 수익을 낼 수 있을 것으로 보이는 종목에 대한 충동적 매매는 대다수 투자자들이 하는 매매 유형이다. 그렇기 때문에 대다수 투자자들이 손실을 얻거나 그저 그런 수익률을 기록하고 있는 것이다.

거래량이 많지 않음에도 내용이 좋다고 무작정 매수해 기다리자는 것이 아니다. 이런 종목들에 대한 준비가 되어 있는 투자자라면 단지 다른 투자자들보다 반 보 앞서 매수해서 훨씬 좋은 성과를 거둘 수 있는 기회를 충분히 얻게 된다는 의미다.

"내가 피하고자 하는 주식이 하나 있다면 그것은 최고 인기 업종의 최고 인기 종목으로서 가장 좋은 선전효과를 얻고 있기에, 모든 투자자들이 주차장이나 통근차 같은 데에서도 그에 대해 듣게 되고, 또한 그 사회적 분위기에 휩쓸려 흔히 사버리게 되는 그런 주식이라 하겠다"라고 말한 피터 린치의 말은 이를 너무나 잘 대변해 주고 있다.

5

절호의 매매 타이밍

실수는 투자에 이미 내재된 비용이다.

중요한 것은 투자자가 가능한 한 빨리 실수를 깨닫고 그 원인을 철저하게 분석하여,

똑같은 실수를 반복하지 않는 것이다. 그리고 좋은 주식으로 높은 수익을 올리고 있다면,

그저 그런 몇 개의 주식에서 발생하는 작은 손실에 대해서는 연연하지 않는 것이 좋다.

필립 피셔(Philip Fisher)

주식을 움직이는 사람과 대화하자

주식시장에서 우리는 흔히 '세력'이라는 말을 많이 듣게 된다. 세력이란 정보를 선취하고 풍부한 자금력으로 시장을 선도해서 움직이는 시장의 주체를 총체적으로 일컫는 말이다. 그렇기에 세력은 외국인이 될 수도 있고, 기관투자자가 될 수도 있으며, 큰손이 될 수도 있다.

주식시장은 일반 개인 투자자자들의 시야에는 존재하지 않지만 이런 세력들의 보이지 않는 손들에 의해 움직이고 있는 것이다. 따라서 세력들의 심리를 파악하는 것이 성공의 핵심이다. 그렇다면 어떻게 해야 세력의 심리를 따라잡고 투자에 성공할 수 있을까?

긍정적이건 부정적이건 간에 주식시장이 존재하는 한 필연적으로 정보를 선취하는 선도세력이 존재한다. 정보화 사회로 진입할수록 정보가 있는 곳에 돈이 집중되고 역으로 정보의 집중에 의한 빈익빈 부익부가 악순환된다.

앞에서 다른 사람에 의존한 정보투자는 곧 파산이라고 강조를 했다. 점점 더 교묘해지고 변화무쌍하게 움직이고 있는 주식시장에서 개인투자자가 그때그때 보편화되어 넘쳐나는 정보를 필터링하고 가공하는 것은 불가능하다. 따라서 역(逆) 정보나 전혀 시세에 영향을 미치지 못하는 보편적인 정보에 의해 합리적인 투자를 못하게 되는 경우가 허다하게 존재한다. 투자자들은 넘쳐나는 정보의 혼돈 속에서 하루하루 시간을 허비해서는 안 된다. 정보를 수집하는 데 힘을 낭비하지 말고 주가의 변동을 통해 세력의 움직임을 파악하는 데 노력을 집중해야만 시장에서 살아남을 수 있다.

투자자는 세력, 즉 주식을 움직이는 사람과 끊임없이 대화를 해야만 한다. 공포와 불안 그리고 탐욕은 투자자 본인이 느끼는 감정이지 주식을 움직이는 세력의 것이 아니다. 따라서 항상 투자자는 자신이 아니라 주가를 움직이고 있는 세력의 입장에서 변화하는 시세를 바라보아야 하는 것이다.

앞에서도 살펴보았지만 1998년 당시 이미 지수는 300포인트 초반까지 내려온 상태에서 영향력 있는 외국인 애널리스트는 추가적인 대붕괴의 시나리오를 내놓았고, 국내투자자들은 공포 속에서 마지막 인내에 실패한 채 투매를 했다. 그러나 우리시장을 움직이고 있던 외국인들은 저가에 엄청난 매물을 거두어들이고 이후 1000포인트를 넘는 상승랠리의 과실을 고스란히 거두어 갔다. 주식을 움직이는 사람과 대화를 해야만 하는 이유가 여기에 있다.

어떻게 해야 주식을 움직이는 세력을 따라잡고 투자에 성공할 수 있을 것인가 하는 세부적인 것으로 들어가 보자. 일단 세력의 움직임은 일정한 패턴을 보이며 그 단서를 제공하게 되는데, 이러한 패턴들을 통해 읽어내는 방법과 매수하는 지속적인 모습, 즉 매집의 흔적을 파악하는 방법으로 나눌 수 있다. 패턴들은 뒷부분에서 설명하도록 하고 먼저 우리시장을 대표하는 선도세력인 외국인들의 매집과 주가의 움직임을 실전적인 사례를 다음 챕터를 통해 살펴보도록 하자.

외국인은 이럴 때 주식을 매수한다

사례 1 – 지속적 기간매집

한국증시에서 외국인이 차지하는 비중은 절대적이다. 전체적으로 40%를 넘어선지 오래며, 한국증시를 대표하는 우량주들을 살펴보면 삼성전자(005930) 50%, POSCO(005490) 67%, 국민은행(060000) 85%, SK(003600) 45%를 차지하고 있다. 이러한 상황에서 외국인들의 움직임을 살펴보는 것은 대단히 중요한 작업이다.

투자자들이 가장 중요하게 지켜봐야 할 흐름은 외국인이 꾸준하게 사고 있는 종목이다. 외국인들이 어떤 종목을 꾸준하게 사고 있다는 것은 그 종목의 전망을 좋게 보았거나 호재에 대한 정보를 선취했을 가능성이 매우 크다는 의미이다. 때문에 단발성의 대규모 매수 종목보다는 꾸준히 매집을 하고 있는 종목에 주목할 필요가 있다.

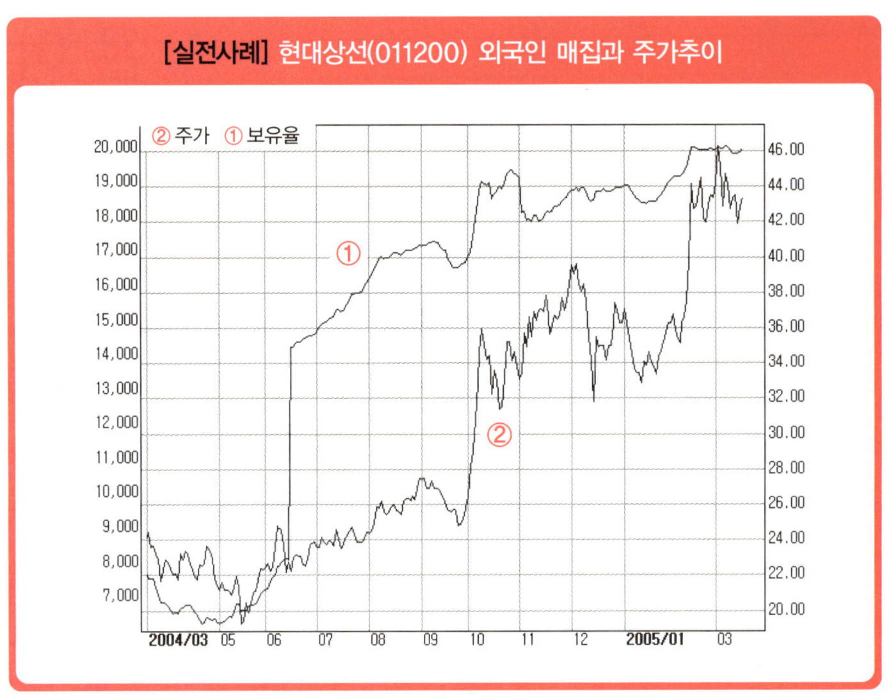

대규모 단발성 매수는 급격한 주가의 상승을 불러오기 때문에 많은 투자자들에게 노출이 되어 적지 않은 부담으로 작용한다. 이에 반해 지속적인 매집은 큰 상승을 유발하는 경우가 대부분이다.

특히 지속적인 매수가 이루어지고 있음에도 불구하고 주가의 변동이 없다면 이후에 주가 변동을 크게 가져올 매집으로 보아도 무방하다. 이것을 현대상선의 실전사례를 통하여 살펴보도록 하자.

위의 그림을 보면 ①로 표시된 선이 외국인 보유율을 나타내고 ②로 표시된 선이 주가의 흐름을 표시하고 있는데 두드러진 특이점을 발견할 수 있다. 최초에는 외국인 보유율이 가파르게 증가하고 있음에도 불구하고 주가는 큰 움직임을 보이지 않고 있음을 알 수 있다. 그러나 일정 시간이 흐른 뒤에 이전에 반영되지 않았던 부분까지 소급해 주가가 가파른 기울기를 형성하며 엄청난 속도로 상승하는 것을 볼 수 있다.

때문에 지금 현재 외국인의 꾸준한 매수세에도 불구하고 주가가 크게 상승하지 않는다고 해서 섣불리 관심종목에서 삭제해 버려서는 안 된다. 항상 관심권에 두고 주가를 면밀히 관찰하는 끈기가 필요하다. 외국인 매수세가 꾸준하게 증가함에도 불구하고 주가가 별다른 반응을 보이지 않을 경우 향후 주가상승에 대비해야만 한다.

사례 2 – 바닥권 대량매집

이어서 또 하나의 아주 중요한 사례를 살펴보자. 우리 증시에서 하나의 논문을 써도 좋은 케이스에 해당하는 SK(003600)의 경우다. 2003년 초반 SK는 SK글로벌 관련 분식회계 파문으로 주가가 처참하게 붕괴되고 있었다. 2만 5,000원대의 주가는 한 달 만에 5,000원대까지 내려앉았다. 이에 기관은 버팀목은커녕 앞장서서 투매에 동참하는데 여념이 없었다.

문제를 일으킨 재벌체제도 문제지만 세계적인 정제능력과 경쟁력을 가진 초우량 기업의 주식을 헐값에 내다파는 기관들의 안목도 한심하기 짝이 없는 모습이었다.

각설하고, 그러던 중 한 외국계 증권사를 통해 SK의 대량매수가 포착되기 시작했다. 그 외국계 증권사가 해당 물량을 거두어들이는 속도와 규모가 상상을 초월했다. 이것이 크레스트라는 생소한 증권사를 통해서 소버린이 14.99%를 매집한 구간이다. 이후 외국인의 지분은 꾸준하게 늘었고 주가 역시 지속적인 상승을 하게 된다. 이 구간에서 국내기관투자자들은 1,000만 주에 가까운 주식을 내다 팔았다.

일정 정도 매집이 완료된 이후에는 외국인의 지분 변동이 크게 증가하지 않는 구간에서도 다른 주체의 작은 매수세에도 해당주식의 주가가 상승하는 현상이 앞의 현대상선에서와 같이 나타나고 있다.

이렇게 주가가 급락하거나 바닥권에서 대량의 외국인 매수가 유입될 경우 관심을 집중해 이후의 주가상승에 대비해야만 한다. 특히 이러한 외국인들의 매수세가 특정한 창구를 통해 집중될 경우 대규모 펀드에 의한 매집일 가능성이 매우 농후하다.

SK의 경우 소버린은 버진아일랜계 증권사인 자회사 크레스트를 통해 '도이치뱅크' 창구로 매집이 이루어졌다. 또한 현대상선의 경우 '엥도 수에즈' 창구를 통해 대규모 매수세가 유입되었다.

필자는 SK라는 종목을 꾸준하게 관찰하고 연구를 진행해 왔었다. SK는 앞으로 펼쳐질 에너지 대란의 한가운데 있는 세계적인 기업임에도 대단히 낮은 주가를 형성하고 있어 아주 매력적인 장기투자 대상으로 여겨졌다. 그리고 이러한 판단 하에 이 종목을 앞에서 설명한 필자의 세 가지 투자방법 중 마지막의 저축하듯 장기 투자하는 종목에 편입하기로 결정을 내렸다.

그러던 중 마침 대폭락에 이은 외국인 집중매수라는 기회를 포착하게 되었고 이때부터 매월 SK를 사들인 덕분에 현재까지 큰 수익을 얻고 있다. 이러한 수익을 얻을 수 있었던 것은 사전에 꾸준하게 이 종목을 지켜보고 연구한 덕택이었다.

준비된 투자자의 눈에만 기회가 보일 뿐이다.

사례 3- 돌발사건 발생 시 매집

앞서 두 개의 사례는 외국인들의 매집이 이루어지는 경우를 살펴보았다. 그러면 이번에는 돌발적인 사건 발생 시 외국인이 집중적인 매수를 단행한 경우를 알아보겠다.

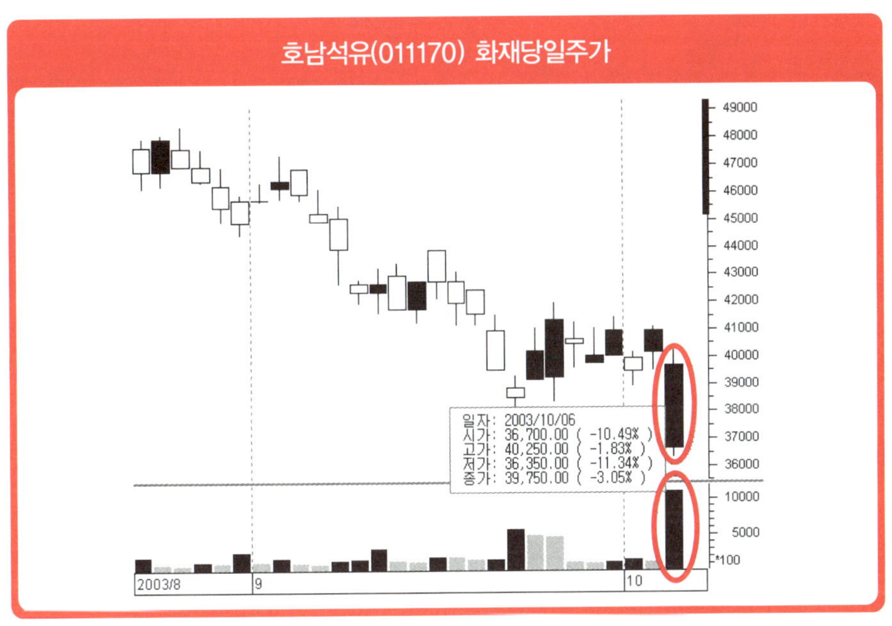

지금부터 호남석유(011170)의 공장 화재라는 돌발악재가 주가에 어떠한 영향을 미쳤고, 외국인들은 어떻게 움직였으며, 이것을 통해 개인투자자들은 어떻게 대응해야 하는가에 대해 실전사례를 통해 분석해 보자.

호남석유는 2003년 10월 6일 주말에 있었던 공장화재라는 돌발악재로 전일 대비 −10.49%라는 대단히 큰 폭의 갭을 수반한 폭락이 시초가부터 발생하였다. 그러나 이후 외국인 투자자들의 매수세가 크게 발생하며 약보합권에서 장을 마감하였다.

이 결과 대량 거래를 수반한 대양봉이 발생하였다. 많은 투자자들이 저가에 투매를 하였고 누군가는 싸게 물량을 거두어들인 것이다. 이때 거두어들인 투자자들은 물론 외국인들이었고, 이들의 매수세는 여기서 멈추지 않았다.

호남석유(011170) 화재발생 후 외국인매집추이

호남석유(011170) 화재발생 후 주가급등추이

당시 주가는 고점대비 이미 상당기간 하락한 상태였다. 그렇기에 외국인 투자자들은 돌발악재가 발생했는데도 불구하고 그것이 펀더멘탈에 큰 영향을 미치지 않을 것이라고 보았다. 게다가 그들은 오히려 이러한 악재가 저가에 많은 물량을 거두어들일 수 있는 기회로 판단한 것이다. '총성이 울릴 때 주식을 사라' 는 격언에 충실한 것이었다.

옆의 그림에서 보는 바와 같이 사건 발생 후 외국인들의 매수세는 이어졌고, 주가는 전고점마저 돌파하며 신고가를 갱신하는 놀라운 상승세를 보여주었다.

호남석유의 사례에서처럼 돌발적인 악재가 발생했을 때 그것이 실질적으로 주식시장에서 어떻게 반영될 것인가를 예측하는 것은 개인투자자로서는 대단히 어려운 일이다. 이러한 경우 외국인들의 대량매수는 더 이상 이 악재가 주가에 크게 영향을 미치지 않을 것임을 수급적으로 암시하는 단서가 된다. 더군다나 저가에 상당량의 매집이 이루어진다면 오히려 이것은 추세 전환의 터닝포인트가 될 가능성이 매우 크다는 사실을 염두에 두어야만 한다.

우리는 주식투자를 하면서 많은 악재나 호재 그리고 예상치 못한 상황을 겪게 된다. 이때 근시안적으로 부화뇌동하는 매매가 얼마나 어리석고 위험한 매매인가를 SK와 호남석유의 사례를 통해 살펴보았다.

부화뇌동하지 않는 매매, 이기는 매매는 바로 주식을 움직이는 사람과의 대화를 통해서 가능한 것임을 우리시장의 거대 세력 중의 하나인 외국인들이 잘 보여주고 있다.

마지막 낙관론자가 변심할 때 매수하라

오랜 기간 하락추세를 보이던 주가가 상승추세로 반전되기 전에 나타나는 대표적인 징후 중 하나가 시장을 끝까지 낙관적으로 보던 전문가가 자신의 과오를 인정하고 그마저 비관론으로 돌아서는 것이다. 상황이 이쯤 이르게 되면 너도나도 목표주가를 앞다투어 하향하는 이른바 '목표주가 하향 러시'가 나타나게 된다. 가장 대표적인 경우가 외환위기당시였다.

이때 지수 300포인트 선이 붕괴되자 모 증권사의 애널리스트가 방송에 나와 지수가 '0'으로 수렴할 것이라는 등 극단적인 표현들이 심심찮게 나왔다. 그리고 많은 투자자들이 그러한 표현에 공감을 표시하기도 했지만 시장은 머지않아 가파른 상승세로 전환되었다.

월스트리트 격언에 '강세장세는 비관 속에서 태어나, 회의 속에서 자라고 낙관 속에서 성숙하여 행복감 속에서 사라져 간다'라는 말이 있다. 바로 주가는 대다수의 비관 속에서 '근심의 벽'을 타고 올라가기 때문이다.

2003년 3월에 한국증시가 500포인트까지 초반 하락하자 줄곧 강세론을 유지하던 ○○증권의 유명 애널리스트가 자신의 과오를 인정하며 400포인트까지 주가가 하락할 것이라는 견해를 피력했다. 그런데 얼마 지나지 않아 주가가 급등하는 바람에 그가 두문불출했다는 것은 유명한 일화로 남아있다. 그 애널리스트 역시 사람이기 때문에 당연히 틀릴 수도 있다.

여기서 우리가 주목해서 봐야 할 것은 애널리스트의 견해가 옳고 그름을 밝히는 것이 아니라 마지막 낙관론자가 변했다는 것이다. 그리고 그것이 반전의 중요한 징후 중의 하나라는 것이다.

반대의 경우도 이에 해당된다. 마지막 비관론자가 변심할 때는 시장의 변화를 예상해 볼만한 시점이다. 한 증권사 유명 리서치센터장은 1년 전 약세론을 접었다가 바로 조정을 보여서 망신을 당한 아픈 기억 때문에 2007년 들어서는 꿋꿋하게 자신의 비관론을 접지 않았다. 그러나 2분기 안에 온다던 약세장은 오지 않았다. 반대로 시장은 초유의 강세 행진을 계속했다.

결국 그는 이번에도 두 손을 들고 시장에 항복하고 말았다. 하지만 과열을 논하는 전문가들이 아직 많이 존재하는 상황이기 때문에 시장이 이번에는 그의 변심을 환영해 줄 것으로 보인다.

주식투자로 부자가 된 한 무용가의 투자원칙

다양하고 복잡한 주식시장 참여자들의 심리를 하나하나 꿰뚫어 보는 것은 거의 불가능할 것이다. 하지만 일군의 움직임이 일정한 형태로 표출되는 것을 정형화하는 것은 가능할 뿐더러 얼마 안 되는 시장의 궁극적 승리자나 주식명인들의 큰 관심사였다.

바로 이러한 일정하게 표출되는 상승 패턴을 정형화하여 큰 수익을 올릴 수 있는 것이 바로 박스(Box)이론이다.

이 박스이론의 근간을 형성한 주식명인이 바로 니콜라스 다비스(Nicolas Dabis)라는 인물이다. 다비스는 원래 주식투자에 대해서는 전혀 문외한인 무용가였다. 무용가 출신으로서 증권 전문가들도 감히 벌기 어려운 거금을 우연히 참여하게 된 주식시장에서 벌어들여 주식명인의 반열에 오른 성공담은 우리에게 시사하는 바가 크다고 할 수 있겠다.

다비스는 어느 날 한 클럽에서 공연의 대가로 브리런드(Brilund)라는 광산회사의 주식 6,000주를 받아 큰 수익을 얻게 된다. 하지만 대다수 초기 시장 참여자가 그렇듯이 다비스 역시 소가 뒷걸음치듯 얻은 이 행운으로 인해 원칙 없는 빈번한 거래를 통해 낭패를 보게 된다.

그러나 그는 이를 교훈 삼아 대다수 시장 참여자가 허상과도 같은 쏟아지는 정보의 실체를 찾아 브로커와 객장의 주변을 헤매는 사이에 독특한 박스 이론을 만들어 냈다. 그리고 이것을 무기로 당시로는 어마어마한 거금인 250만 달러를 벌어들이게 된다.

다비스는 복잡하고 쉴 새 없이 변화무쌍하게 움직이는 주식시장의 변수들을 일일이 쫓아다니는 대신 일정한 정형성의 원리를 찾았다. 그리고 이러한 정형성이 나타날 때를 끈기 있게 기다리는 확실한 투자로 대성공을 거두었다.

노력과 인내만이 주식시장에서 남다른 성공을 거둘 수 있는 길이다. 이 책에서는 다비스의 정형성을 바탕으로 한 박스이론에 대해 오늘날 한국시장의 여건을 감안하고 투자자들이 쉽게 응용할 수 있도록 핵심만 발전시켜 독자들이 이해하기 쉽게 소개하고자 한다.

주가 상승의 원초적 단서

정점을 이루고 하락하는 주가는 보통 삼단의 하락을 하고 횡보 국면으로 접어들다가 어느 순간부터 상승 국면으로 진입하기 시작한다. 그때 계속 하락만 하던 주가가 일순간 대양봉을 만드는 모양이 나타난다. 이때 대양봉의 1/2 이상 고공권에서 양호한 조정을 마무리하고 박스권을 상향 돌파하는 양봉이 출현하게 되면 강한 상승을 하는 모양이 발생한다. 이를 '박스패턴(Box Pattern)'

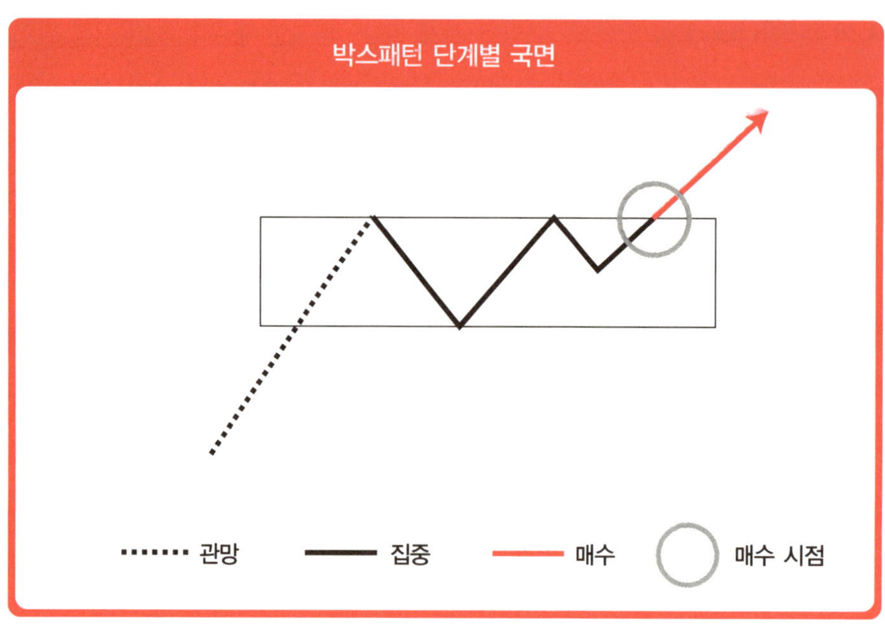

이라고 한다.

계속 하락하던 주가가 하락을 멈추면 횡보 국면으로 들어서게 된다. 그 후에 주가는 상승을 모색하는 움직임이 전개된다. 일정 기간 조정을 거치며 소폭의 등락을 거듭하는 주가는 일정한 저점과 고점 사이에서 파동을 그린다.

그리고 주가는 이러한 패턴을 반복하다가 본격적인 상승 국면으로 접어들 때 5일선 위로 이전에 나타나지 않았던 대양봉이 발생하고 일정한 형태의 조정을 보이게 된다. 이때부터 투자자들은 세력과 함께 호흡을 같이 하며 마음을 읽어야만 한다.

흔히 저격수들은 목표물을 포착하고 조준하면 방아쇠를 당길 때까지 마치 목표물이 뛰면 같이 뛰고 목표물이 멈추면 같이 멈춘다는 생각으로 목표물과 자신의 호흡을 일치시켜 정확하게 일격에 제압할 수 있도록 훈련을 한다.

일반투자자들도 상승과정으로의 추세 전환 신호가 포착되면 이때부터는 집중력을 배가시켜 세력의 마음을 읽어야 한다. 반대로 하락으로의 전환 신호가 포착되면 심각한 손실로 이어지지 않도록 보유냐 매도냐의 판단을 내려야만 한다. 이렇게 일정한 박스권 안에서 움직이는 주가는 어딘가로 움직여야만 하는 운명을 가지고 태어난다. 이때 상승이냐 하락이냐 하는 것은 바로 강력한 박스 이론이 그 문제를 해결해 줄 것이다.

이전에 없던 대양봉이 5일선 위로 발생하면 조정을 보이는 것이 일반적인 사례다. 이때 1일에서 5일 정도까지의 양호한 조정을 보인 후 박스권의 상단부를 돌파하는 경우 이를 '상승돌파 박스패턴'이라고 한다. 이 상승돌파 박스패턴에서는 박스권의 상단부를 돌파하는 시점이 매수시점이 된다.

일단 이전에 없던 대양봉이나 급격한 주가상승 시에는 초기에 매수하지 못했을 경우 무리한 추격매수를 하지 말고 주가추이를 관망해야 한다. 이후 주가가 조정을 보이게 되면 이때부터는 집중해서 추적해야 한다. 그리고 주가가 등락을 거듭하다 박스권을 상향돌파하게 되면 강한 상승추세로 전환되므로 그 지점이 바로 매수시점이 되는 것이다. 그러면 이러한 박스패턴의 사례를 살펴보도록 하겠다.

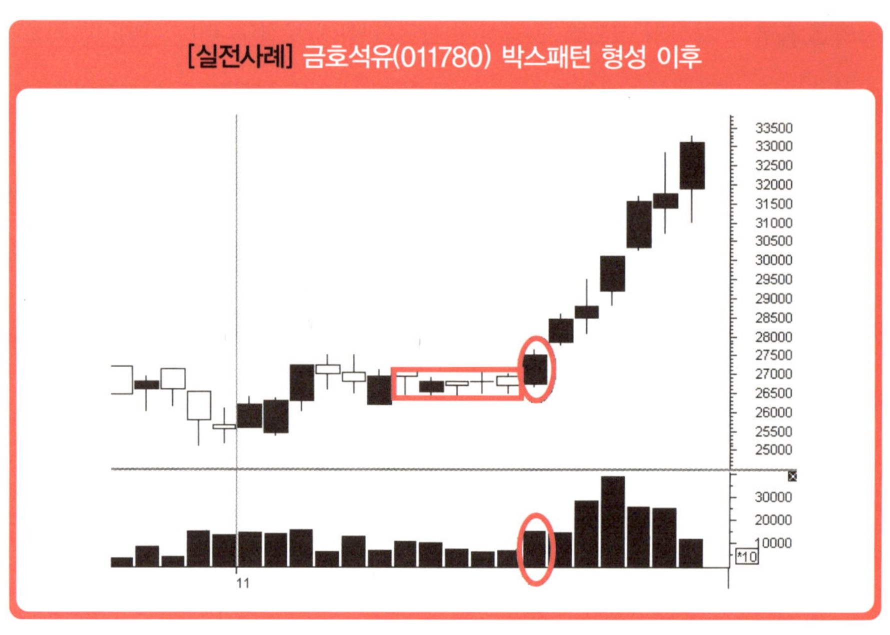

[실전사례] 금호석유(011780) 박스패턴 형성 이후

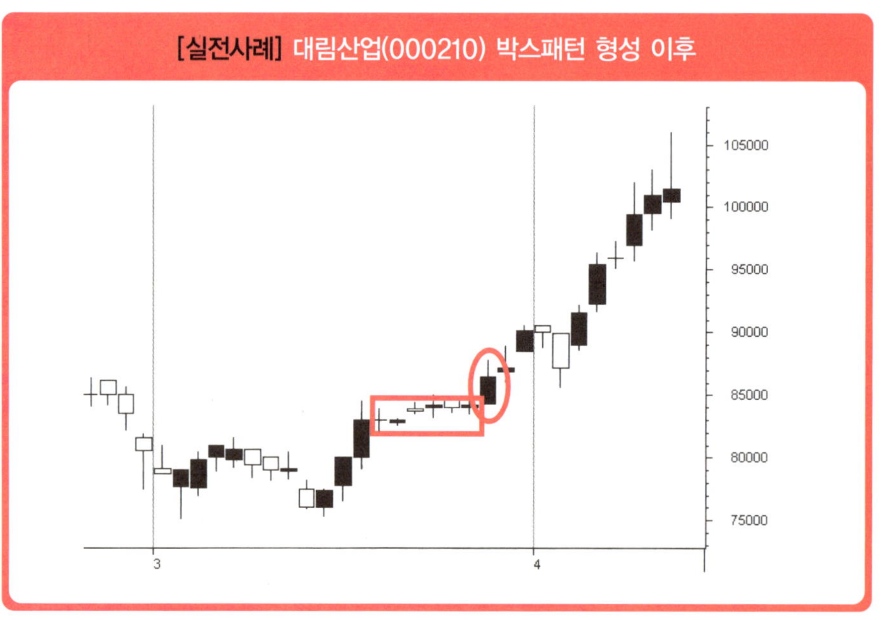

[실전사례] 대림산업(000210) 박스패턴 형성 이후

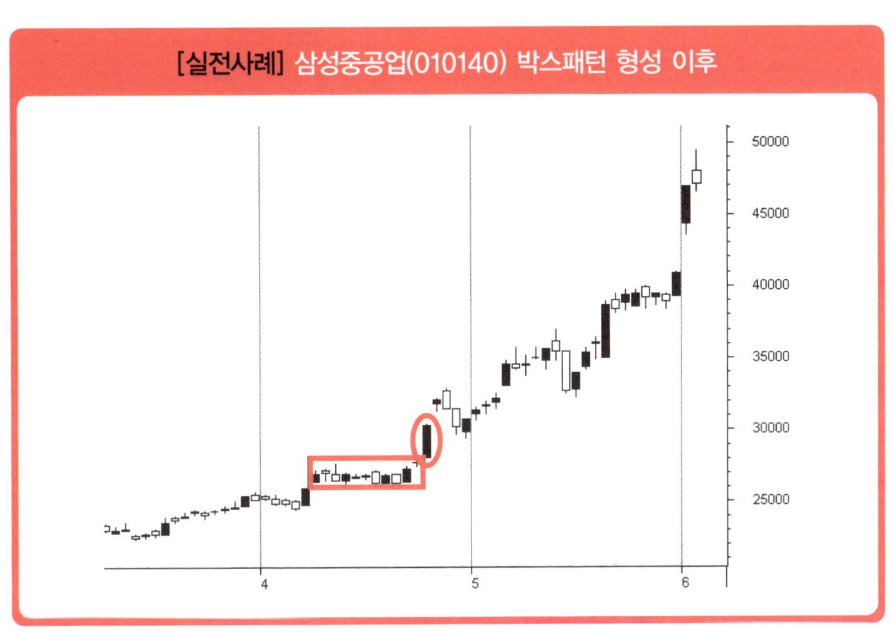
[실전사례] 삼성중공업(010140) 박스패턴 형성 이후
50000
45000
40000
35000
30000
25000
4
5
6

결집된 에너지의 대폭발 시점을 노려라

– 장기소외가 만들어낸 최고의 걸작

모든 자연의 움직임은 수렴과 확산의 연속이라고 봐도 무방하다. 마치 여러 갈래의 작은 물줄기들이 흘러 가다가 마침내 한곳에 모여 거대한 폭포를 이루고, 그것이 다시 강과 바다로 흘러가는 것이 한 예다. 에너지가 수렴되는 과정을 거쳐 일시에 확산되고 다시 서서히 축적되는 것은 모든 물체에 해당되는 법칙이 아닌가 생각된다.

주가도 마찬가지다. 한 차례의 큰 상승과 하락 사이클을 마치고 나면 흐느적 흐느적 힘 없는 조정 국면으로 접어든다. 그러던 어느 날 횡보만 하던 주가가 에너지를 축적해서 마치 코브라처럼 머리를 쳐들고 일순간 한 시점에서 폭발하게 된다. 투자자들은 바로 그 시점을 마치 맹수가 먹이를 낚아채듯이 잡아내야만 한다.

그렇다면 그 에너지가 폭발하는 시점은 과연 언제인가? 그 에너지가 폭발하는 시점을 잡아내는 것이 바로 일주정렬이론이다.

그러면 이제부터 일주정렬이론에 대해 살펴보도록 하자.

주가가 장기간 하락하게 되면 이동평균선들이 정배열에서 역배열로 전환되고 이동평균선 간 이격이 크게 벌어지게 된다. 이후 급격한 하락이 멈추고 기간 조정의 과정을 거치게 되면 이동평균선은 점차적으로 이격을 줄이며 수렴하는 과정을 거친다. 여기서 '정렬'이라 함은 바로 이렇게 제반 이동평균선이 정배열 구간으로 접어들기 위해 한 점에 수렴하는 것을 말한다. 이것이 에너지를 축적해 나가는 과정이다.

이후 주가는 서서히 정배열을 향해 한 걸음 한 걸음 다가서서 어느 날 드디어 5일선 위로 첫 양봉이 발생하며 정배열된 모습을 갖추게 된다. 이때 어느 정도 기술적인 식견을 가지고 있는 투자자라면 흥분을 하기 시작하고 참을 수 없는 매수의 유혹 끝에 드디어 종가에 매수를 감행하게 되는 것이다.

그러나 고개를 쳐들었던 주가는 다시 아래를 향하고 위기감을 느낀 매수자는 손절을 감행한다. 그러고는 '정배열 구간 진입 시 매수하라', '5일선 위로 첫 양봉 발생 시 매수하라'라고 적혀 있던 증권서적의 구절을 되뇌며 '역시 주가는 아무도 모르는 거야'라고 스스로를 위로하기도 한다.

여기서 우리는 한 가지 오류를 찾아내야만 한다. 한 번의 실패는 실수가 되지만 두 번 실패한다면 그것은 바로 실력의 부재다. 주가는 정배열 구간으로 접어들 때 한 번에 급등할 경우도 있고 두 번의 시도 내지 세 번의 시도 끝에 상승추세로 접어드는 패턴도 있다.

어느 구간이 진정 급등의 에너지가 시작되는 분출구간인가? 해답은 바로 주봉의 정렬에 있다. 즉, 주봉이 동시에 정배열 구간으로 접어드는 구간이 바로 급등 구간인 것이다.

즉, 투자자들은 하락하던 주가가 하락을 멈추고 횡보 후 일봉이 정배열 구간으로 접어들며 첫 양봉이 발생한다면 바로 주봉을 보아야 한다. 주봉이 아직 정배열에 미달한다면 매수를 유보하고 주봉 역시 한 점에 모여 정배열로 접어들고 있다면 그때가 바로 매수 구간인 것이다. 그리고 바로 그것이 '일주정렬'이다. 이제 일주정렬의 유형을 통해 보다 더 가까이 접근해 보도록 하자.

일주정렬과 분출하는 젊은 시세

실제 차트를 통해 일주정렬의 유형에 대해 살펴보자. 233페이지 그림을 보면 일봉상 장기간 등락을 거듭하다가 C지점에서 대상승을 보이고 있다. 본격적인 상승 국면 C지점으로 접어들기 전에 두 차례에 걸쳐 A와 B 지점에서 반등이 있었는데 C지점처럼 큰 폭의 추세적 상승으로 이어지지 못하는 이유는 무엇일까? 똑같이 일봉상 한 점에 모이며 정배열 구간으로 접어들었는데도 말이다. 그 비밀은 바로 주봉에 있었던 것이다.

일봉 A지점에 해당하는 주봉 AA지점은 아직도 이격이 벌어진 상태로 정렬구간에 있지 못하다. 일봉 B지점을 보면 이에 해당하는 주봉 BB지점 역시 이격은 좁혀졌지만 아직까지 본격적인 정렬구간이 아니다. 그러나 외형상 큰 차이는 없지만 A지점은 주봉 역시 한 점에 모이며 정배열 구간으로 접어드는 일주정렬이 이루어지고 있다. 때문에 이전과 다른 큰 상승이 있는 것이다.

항상 주식을 매매할 때는 개인의 마인드가 아니라 그 종목을 움직이는 세력의 마인드로 접근을 해야 한다. 앞의 두 번의 가반등 국면을 보며 일봉상 급등

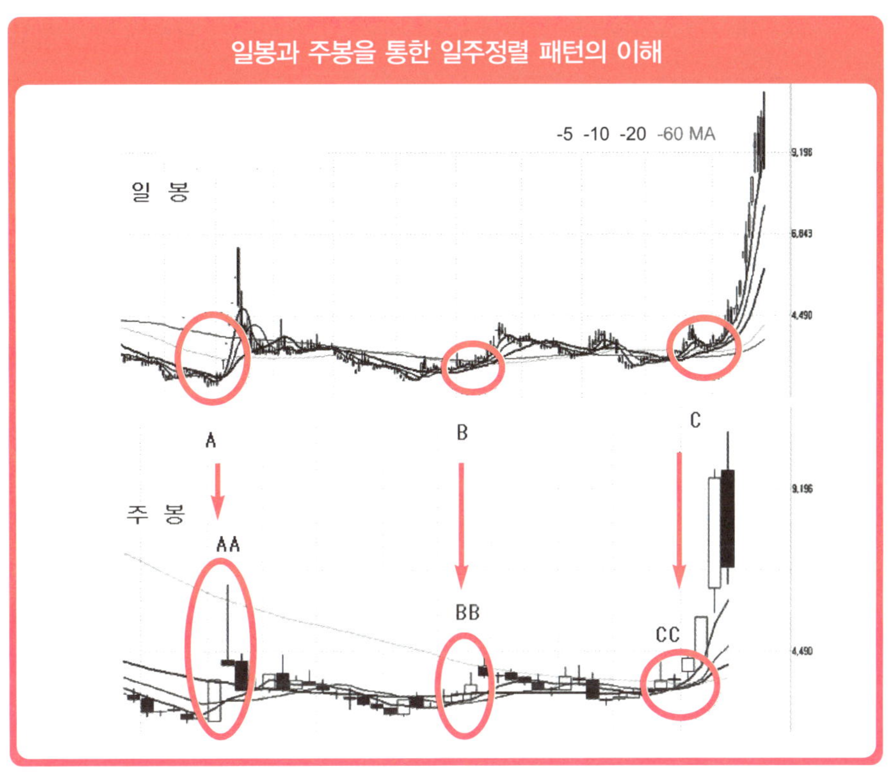

구간으로 판단하고 접근한 투자자들이 많을 것이다. 그러나 두 번의 가반등 구간을 통해 일반투자자를 유인하고 등락을 거듭하며 물량을 흡수한 세력은 충분한 시간을 가지고 여유 있는 자세로 때가 오기만을 기다린다.

일봉상, 주봉상 동시에 이평선이 정렬 구간에 진입했다는 것은 오랫동안의 매집이 거의 이루어지고 상승이 초읽기에 돌입했다는 신호다. 일반투자자들은 조급해 하고 눈앞의 작은 등락에 안절부절 못하지만 시장을 주도하는 세력들은 절대 그렇지 않다.

나무에 비교한다면 일봉은 나뭇잎이고 주봉은 굵은 가지이며 월봉은 나무의 몸통에 해당한다. 하루 종일 바람에 출렁대는 일봉만 가지고 큰 흐름을 파악한다는 것은 대단한 모순이다. 그런데도 대부분의 투자자들은 나무의 줄기와 몸통은 보지 않고 당장 눈앞의 시세에 도취돼 급한 매매를 하고 만다. 그리고 이것은 대부분 실패로 이어지게 된다.

충분히 기다리며 이 주식에 눈독들인 투자자들이 지치고 거들떠보기도 싫어질 때야 비로소 본격적인 상승이 시작된다. 이들 세력의 매집이 끝나고 거대한 상승을 위해서는 필연적으로 단서를 남길 수밖에 없다.

일주정렬은 고점에서 주가가 대하락을 하고 바닥에서 다시 횡보와 조정을 거듭하며 피와 눈물로 얼룩진 고점매물이 지치고 지쳐서 저가에 던져지고 난 후에야 이루어지는 것이다. 따라서 이것은 단순한 하나의 유행성 패턴이 아니라 투자의 원칙으로 자리매김될 수밖에 없는 아주 중요한 이론이다.

[실전사례] SK증권 일주정렬 형성 이후

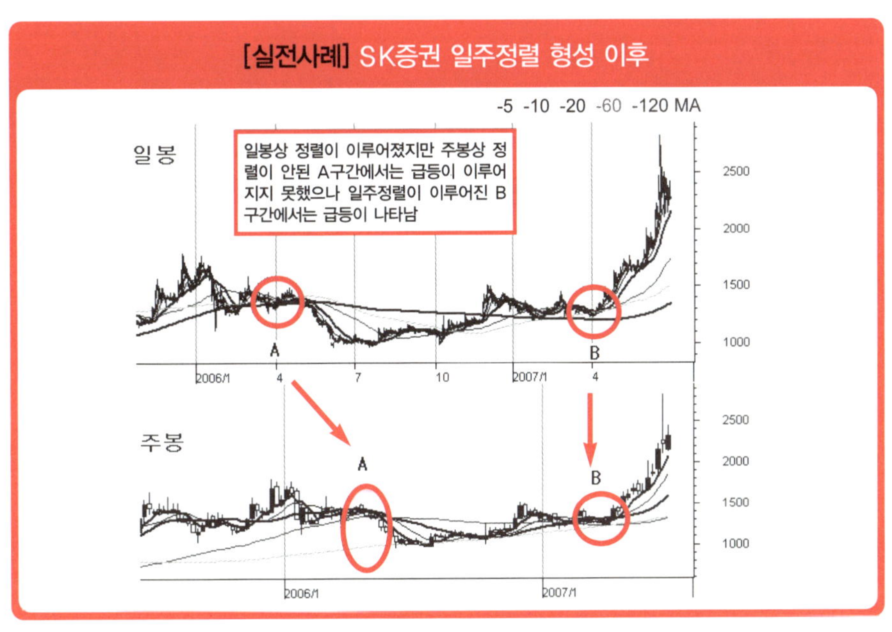

[실전사례] 광동제약 일주정렬 형성 이후

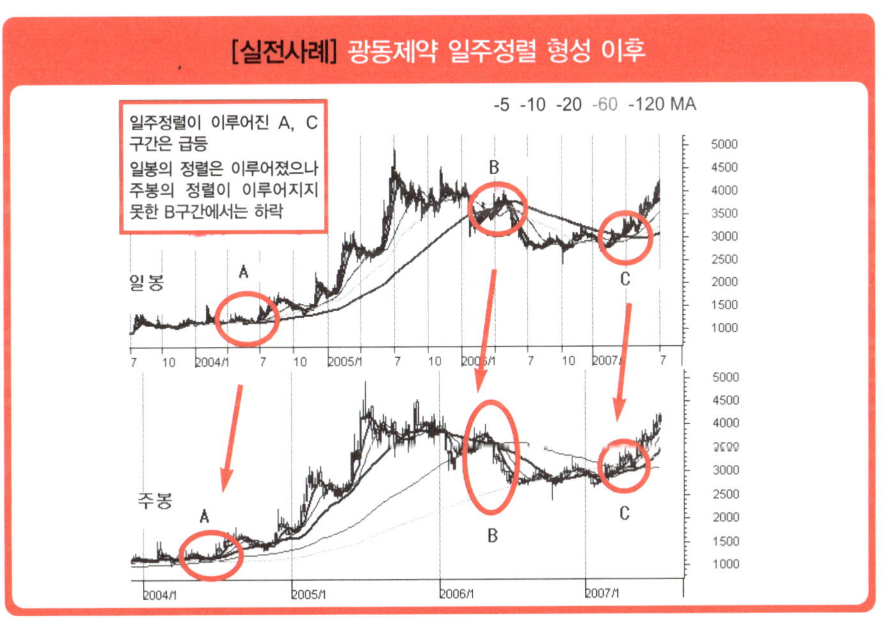

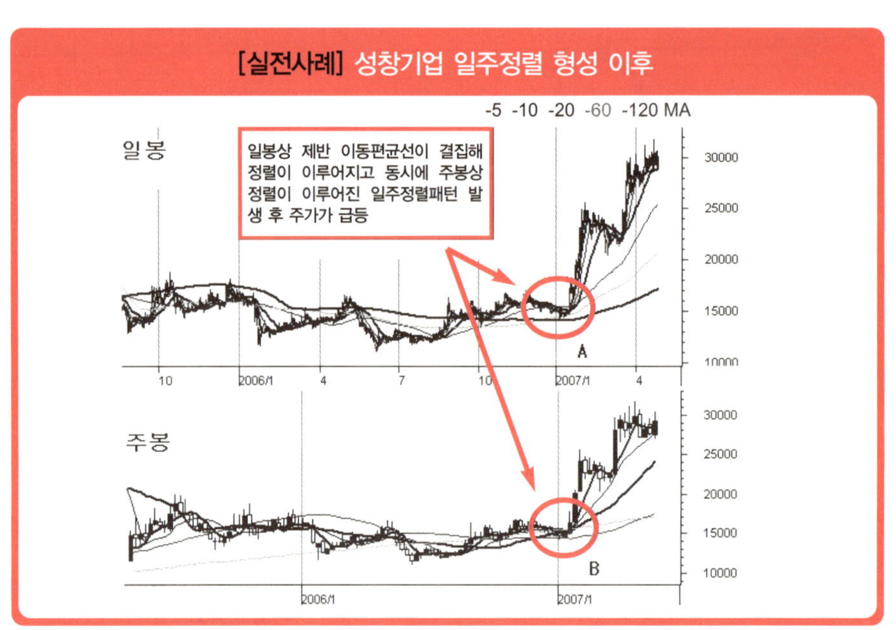

-5 -10 -20 -60 -120 MA
일 봉
일봉상 제반 이동편균선이 결집해
정렬이 이루어지고 동시에 주봉상
정렬이 이루어진 일주정렬패턴 발
생 후 주가가 급등
30000
25000
20000
15000
A
10000
10   2006/1   4   7   10   2007/1   4
주 봉
30000
25000
20000
15000
B
10000
2006/1   2007/1

가난한 장애인을 증권왕으로 만든 투자기법

미국으로 이민 온 가난한 가정에 태어나 정규학교 교육도 제대로 받지 못한 한 소아마비 청년이 있었다. 이 청년은 후에 장애와 낮은 학력의 장벽을 극복하기 위해 투자자문업에 뛰어들었다. 그는 매일 새벽부터 늦은 밤까지 종목연구에 집중하였다. 주식투자 실패로 파산의 고통을 경험하기도 했지만, 결국 그는 많은 고객들에게 큰 돈을 벌게 해 주었고 그 자신도 재기하여 1만 달러로 3억 달러 벌기에 이르렀다.

이후 그는 월가에서 증권왕으로 불렸고, 그의 자서전은 증권 관련 서적으로서는 세계에서 가장 많이 팔린 베스트셀러가 되어 많은 투자자들에게 주식투자 성공의 길을 제시해 주고 있다.

'용감하게 주식에 미쳐야 한다.'

'투자는 모두 투기고 실패한 투자가 투기다.'

이는 월가의 입지적인 인물인 증권왕 제럴드 로브의 이야기이며, 그가 남긴 말이다. 투자자에게 올바른 투자란 무엇인지 제럴드 로브의 투자원칙과 기법들을 통해 살펴보자.

제럴드 로브는 작은 수익률에 만족하면서 안전하게 돈을 벌고자 하는 사람은 반드시 손해를 보게 된다고 말한다. 투자이익을 얻기 위해서 투자자들은 연간 두 배 이상의 수익을 올리겠다는 생각을 가지고 적극적으로 투자에 임해야 큰 성공을 거둘 수 있다고 주장하고 있다.

그에 따르면 큰 성공을 위해서는 연간 200% 이상의 수익목표를 설정해야 한다. 그는 이런 높은 목표를 세워야 투자에 따른 실수, 인플레이션, 세금, 돌발사태의 위험을 상쇄할 만큼 이익을 올릴 수 있다고 생각했다.

그는 주식을 항상 보유하지 않고 수시로 종목을 교체하고 현금 보유기간을 늘렸다. 그리고 1년 동안 투자한 돈을 배로 불렸으면 생긴 이익의 일부를 따로 떼어 두고 반드시 위험을 분산시켰다. 그는 실전투자일지를 작성하여 주식매매에 대해서는 철저한 자기반성을 했으며 이러한 자기반성을 통해 투자실력을 향상시켜 나갔다.

그는 돈을 많이 버는 비결을 묻는 질문에 "손해 보고 팔 줄 알아야 되며, 투자가 잘못됐을 때 이를 인정하고 재빨리 손을 빼야 한다"라고 대답했다.

이러한 제럴드 로브 역시 주식시장에서 탄탄대로만 달린 것은 아니다. 그에게도 굴곡과 고통은 존재했다. 초기에는 정보에 의한 투자에 열을 올린 나머지 자동차, 석유회사 주식 등을 매입했다가 큰 손실을 보고 파산하였다.

그러나 그는 좌절하지 않고 파산의 뼈아픈 경험에서 교훈을 얻고 자신만의 원칙이 성공의 길임을 깨닫고 철저한 연구에 몰두한다. 그리고 자신만의 독자적인 매매기법을 완성하게 되는데, 이후 그는 성공의 길을 걷게 된다. 역시 자신만의 투자원칙 정립과 실천이 주식시장에서 유일한 성공투자 방법임을 잘 설명해 주고 있다.

제럴드 로브가 개발하고 매매원칙으로 삼았던 대표적인 매매기법은 단기이동평균선이 장기이동평균선을 돌파한 이후 눌림목 조정구간에서 단기이동평균선이 장기이동평균선을 훼손하지 않고 상승 전환하는 종목을 매입하는 방법이었다. 이러한 로브의 기법을 한국증시에서 실전투자에 쉽게 적용할 수 있도록 필자가 단순화시키고 발전시킨 것이 '급등W패턴'이다.

눌림목과 본격상승파동

주가가 하락할 때의 특징은 계속해서 저점을 훼손한다는 것이다. 종합주가지수를 통해 하락장세에서의 이 같은 특징을 살펴보도록 하자. 아래의 그림을 보면 위에서 언급한 특징이 그대로 나타난다.

다음 페이지 그림에서 보듯이 주가가 하락추세를 걷고 있을 때는 전저점을 계속해서 하향 돌파하는 모습이 나타난다. 반대로 주가가 상승추세일 때는 전저점을 훼손하지 않는다. 따라서 저점을 높이지 못하는 한 추세는 절대로 전환될 수 없다는 결론에 도달한다.

종합주가지수 상승과 하락추세
11
12
2003/1
2
3
4
5
6
7
8
9
500
550
600
650
700
750

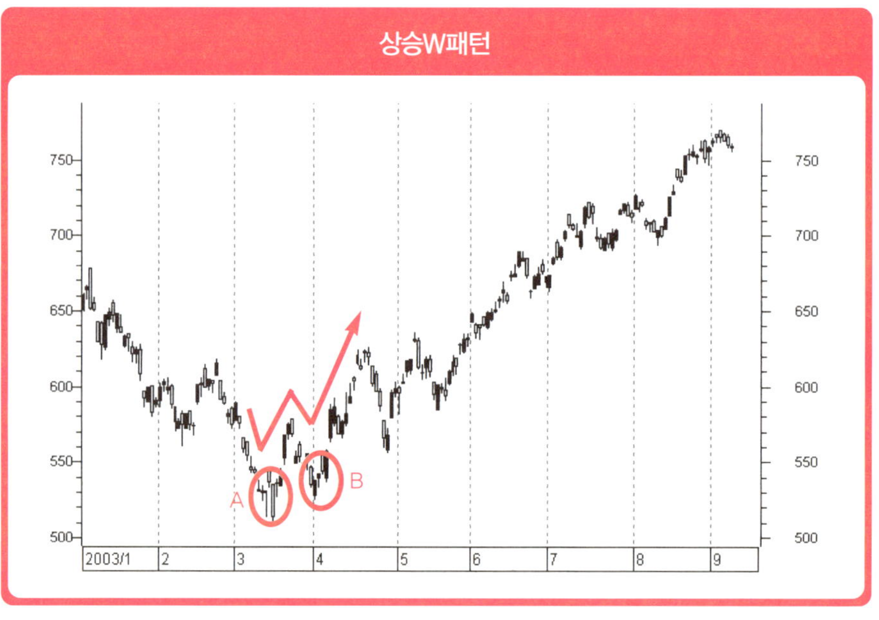

상승W패턴
A
B
2003/1
2
3
4
5
6
7
8
9
500
550
600
650
700
750

이렇게 계속하락만 하던 주가가 바닥에서 저점을 높이며 우상향하는 W형 패턴을 보이면 주가가 상승 추세로 전환하게 되는데, 이를 '상승W패턴'이라고 한다.

상승W패턴의 핵심은 240페이지 하단 그림에서와 같이 W자 오른편의 저점이 왼쪽 저점을 절대로 침범해서는 안 된다는 것이다. 이것은 W이론의 절대불가침의 원칙으로 상승W패턴의 핵심이라 할 수 있다. 상승W패턴에서 저점을 높이는 B지점이 우측 A지점보다 상승 전환이 빠르면 빠를수록 기울기가 가파르면 가파를수록 상승 폭이 크게 나타난다. 즉, A지점보다 B지점의 위치가 높을수록 상승폭이 크다는 것이다.

계속 하락하던 주가가 바닥에서 상승W패턴이 연출되면 상승추세로 전환하

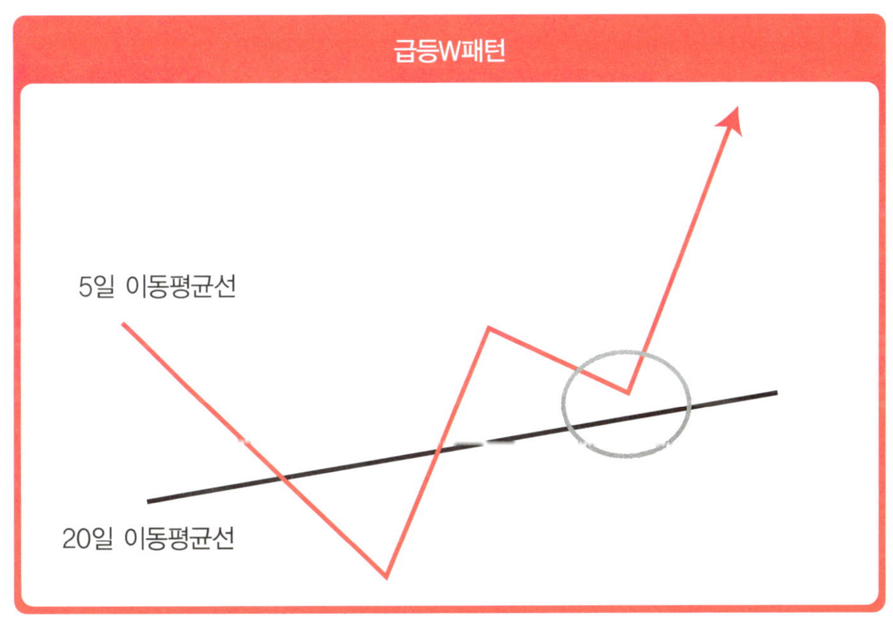

게 된다. 이때 일반적인 상승W패턴보다 강력한 상승파동을 보여주는 패턴이
있다. 이 유형은 주가가 1차적인 상승을 한 이후에 눌림목 조정 시 5일선이 20
일선을 훼손하지 않고 상승 전환되는 경우이며, 이것을 '급등W패턴' 이라고 한
다. 즉, 상승W패턴의 우측 저점이 20일선 등 중요 지지선 위에서 발생하게 되
는 경우로 급등파를 연출하게 되는 것이다.

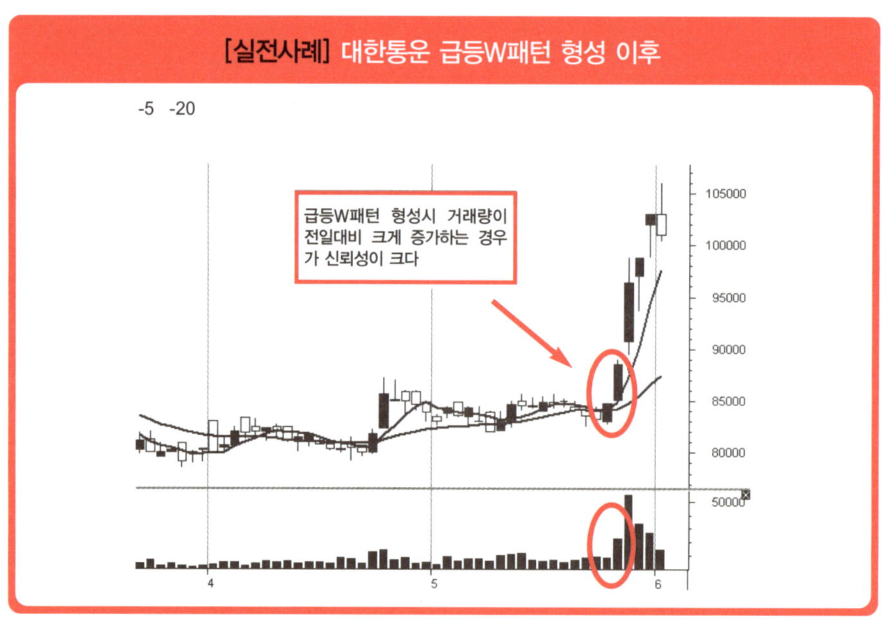

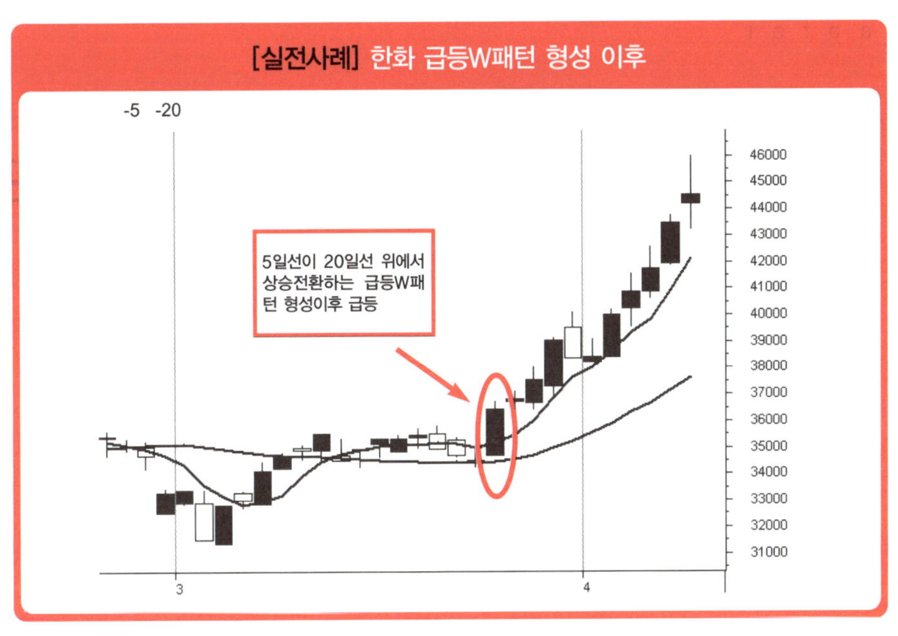

[실전사례] 한화 급등W패턴 형성 이후
-5 -20
5일선이 20일선 위에서
상승전환하는 급등W패
턴 형성이후 급등
46000
45000
44000
43000
42000
41000
40000
39000
38000
37000
36000
35000
34000
33000
32000
31000
3
4

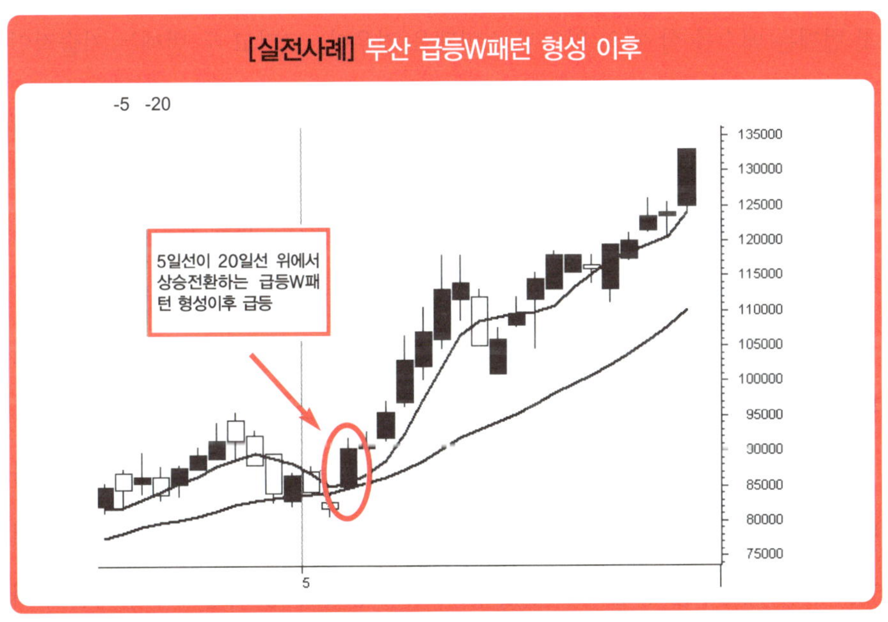

[실전사례] 두산 급등W패턴 형성 이후
-5 -20
5일선이 20일선 위에서
상승전환하는 급등W패
턴 형성이후 급등
135000
130000
125000
120000
115000
110000
105000
100000
95000
30000
85000
80000
75000
5

매수의 원인이
해소되면 매도하라

매수를 했던 종목이 예상했던 방향과 반대로 움직일 때 우리는 손절매를 해야 한다. 이러한 손절매의 원인은 두 가지 요인으로 나누어 파악해 볼 수 있다. 첫 번째는 매수를 할 때의 원인이 소멸됐을 경우다. 그리고 두 번째는 기술적인 분석상의 기준을 이탈한 경우이다.

먼저 첫 번째 '매수요인의 해소'를 살펴보도록 하자. 예를 들어 적자에서 흑자구조로 돌아선 턴어라운드 기업의 경우 실적 수준이 다시 실망스러운 수준으로 접어들 것이 예상된다거나 기업의 오너가 내실을 다지기보다는 사업영역을 확장해 다시 리스크가 부각되는 경우 매수요인이 해소되게 된다.

또한 업황의 호전이 있었던 종목의 급작스러운 둔화가 예상될 경우도 그러하다. 2004년 '차이나 모멘텀' 즉, 중국의 경기 호황으로 인한 주가의 상승이 기계, 화학, 해운주를 중심으로 있었다. 그러나 중국의 경기 경착륙에 대한 우려와 중국정부의 인플레이션 억제 정책이 예견되면서 '차이나 모멘텀'은 '차이나 쇼크'라는 단어로 뒤바뀌며 주가에 큰 충격을 주었다. 이밖에 유가의 급등이나 환율의 변동도 관련 수혜주들에게 악재로 작용할 수 있어 해당업종의 매매 시에는 관심을 기울여야 한다.

두 번째로 기술적 분석상의 포인트들을 점검해 보기로 하자. 필자의 경우 대체로 단기 투자는 3%, 중기 투자는 10%의 손실을 로스컷 기준으로 삼고 매매를 한다. 투자기간에 따라 손절매의 기준이 달라야겠지만 어느 정도의 기준이 중요한 것이 아니라 정해 놓은 기준을 지키는 것이 더욱더 중요하다. 항상 정해 놓은 기준을 이탈 시 무조건 매도하는 기계적인 습관이 몸에 배도록 하는 것이 관건이다.

하지만 장기투자 종목의 경우 손절매 원칙은 없다. 매월 발생한 투자수익금을 적립식 펀드에 넣듯이 동일한 종목에 투자하기 때문에 시간으로 리스크를 분산시키기 때문이다.

앞서 언급한 매수의 원칙에서 살펴본 각 패턴(박스패턴, 급등W패턴, 일주정렬)별로 손절매 기준을 정하는 방법도 있다. 이때는 각 패턴의 신호발생 시 저점을 훼손하는 라인이 공히 손절매 기준이다.

박스패턴의 경우 박스패턴 신호가 발사하는 박스패턴 고점대의 훼손을 1차 손절매 라인으로, 저점대 훼손을 2차 손절매 라인으로 설정하면 무리가 없다. 급등W패턴의 경우 눌림목 조정 후 20일선 위에서 5일선을 상승 전환시킨 양봉의 저점이 손절매 라인이다.

탐욕을 부추기는 목표주가의 상향 러시

주가의 고점에서 나타나는 대표적인 현상 중 하나가 '목표주가의 상향러시'
다. 종합주가지수나 개별 종목에 대한 목표주가 상향이 여기저기서 나타나고
상향 폭이 크면 클수록 주가의 고점이 임박했음을 의미한다. 그리고 목표주가
의 상향러시가 이루어진다는 것은 주식시장을 분석하는 전문가들의 대부분이
시장을 대단히 낙관적으로 보기 때문에 나타나는 현상이다.

전문가의 대부분이 시장을 지나치게 낙관적으로 보거나 비관적으로 본다면
시장이 반대로 움직인다는 '반대의견이론' 의 다른 표현이기도 하다. 따라서 미
국에서처럼 특정 회사가 정기적으로 전문가 100인에게 질문한 결과를 취합하
여 그 데이터를 서비스하는 제도가 없는 우리나라의 경우 지표로 삼을 수 있는
아주 좋은 기준이 된다.

247페이지 그림은 '삼성전자(005930)' 의 월봉이다. 그런데 그림을 보면 아

주 재미있는 현상들이 나타나고 있다. 삼성전자의 '목표가 100만 원' 제시 리포트가 나오면 어김없이 고점이었다는 것이다. 이러한 '삼성전자 100만 원 효과'는 2000년과 2002년 그리고 2004년 등 고점에서 모두 나타났다.

2000년의 경우 국내의 한 증권사가 목표주가 99만 9,000원을 제시하자 주가가 38만 8,000원(7월 13일)을 찍고 나서 13만 6,500원까지 추락했다. 2002년에도 목표주가 100만 원이 나온 뒤 주가가 43만 2,000원(4월 24일)에서 꺾였다.

2004년도 마찬가지다. 종합주가지수가 한창 오름세를 보이던 3월과 4월에 외국계 증권사를 중심으로 '100만 원도 싸다'는 분석이 나오면서 주가가 63만 7,000원(4월 23일)을 연중 고점으로 한 뒤 내리막길을 걸었다. 크레디리요네(CLSA)증권은 2004년 4월 19일 삼성전자의 12개월 목표 주가를 기존의 84만

5,000원에서 100만 원으로 높였고, 메릴린치는 95만 원을 목표 주가로 상향조정했다.

크레디리요네증권은 삼성전자가 무시하기엔 너무나 저렴한 주식이고 전 세계 기술주 중에서 마이크로소프트에 이어 두 번째로 높은 가치의 순익을 창출하는 기업이며, 순이익이 델컴퓨터와 IBM을 합한 것보다 많은데도 주가는 현저히 저평가돼 있다고 강조했다. 메릴린치 또한 삼성전자에 대해 휴대폰과 D램, 낸드플래시, TFT-LCD 등 주력사업의 실적이 모두 좋고, 2006년까지 분기 영업이익이 3조 5000억 원 이상 될 것이라고 호평하며 100만 원이 눈앞에 보인다는 표현을 썼다.

그러나 이러한 평가 이후 주가가 급락하자 삼성전자 주가 100만 원 시대를 외쳤던 애널리스트들은 지난 2000년과 2002년 당시의 100만 원은 정보기술(IT) 거품이 섞인 과도한 수치였지만 이번에는 정말 다르다고 말했다. 또한 1년에 100억 달러 이상의 이익을 내는 삼성전자 펀더멘털을 고려할 경우 사실 100만 원도 싸다는 항변을 하며 급락에 황당해 하면서도 다소 억울하다는 반응을 보였다. 그러나 주가가 급락한 것은 명백한 사실이었다.

2002년 5월에는 목표주가를 둘러싸고 도덕적 해이 파문이 일기도 했다. 2002년 4월 UBS워버그증권은 삼성전자의 휴대폰 및 메모리 반도체의 매출 증가 등을 고려해 향후 실적전망치를 상향 조정한다며 투자의견을 '강력매수(Strong Buy)'로 하고 목표주가를 40만 원에서 50만 원으로 상향한다고 발표했다.

그러나 UBS워버그증권은 같은 해 5월에 삼성전자에 대한 투자의견을 한꺼번

〈한국일보〉 2004년 4월 19일 기사

크레디리요네증권이 삼성전자에 대한 목표주를 100만 원으로 상향 조정했다. 이는 모든 증권사를 통틀어 가장 높은 목표가다. 크레디리요네증권은 삼성전자에 대해 "올 1분기의 놀랄 만한 LCD 부문 마진이 지속될 것으로 보이며 패널 가격도 높은 수준으로 유지될 것"이라고 예상했다.

크레디리요네증권은 "삼성전자는 전 세계 기술주 중에서 마이크로소프트에 이어 두 번째로 수익성이 높고, 삼성전자의 순이익은 델컴퓨터와 IBM의 순이익을 합한 것보다도 많은데 두 업체에 비해 극히 저평가돼 있다"면서 "지구상에서 제일 싼 주식"이라고 평가했다.

'삼성전자 목표가 100만 원'

〈머니투데이〉 2002년 4월 19일 기사

신영증권은 삼성전자의 내년 실적이 올해보다 호전될 것으로 예상된다며, 2003년까지 목표가를 100만 원으로 제시한다고 19일 밝혔다. 이는 국내외 증권사 중 가장 높은 목표가다. 신영증권이 제시한 삼성전자의 종전 목표가는 50만 원이었다.

이승우 신영증권 연구원은 "삼성전자에 대한 외국인들이 매도세가 진정된데다 2분기 이후 반도체 D램 가격이 우려하는 수준만큼 빠지지 않을 것으로 보인다"라고 말했다. 그는 이어 "이날 발표한 삼성전자의 1분기 실적은 시장 기대치를 웃도는 것이며 특히 핸드폰 사업부문의 영업마진이 30%를 웃도는 것은 고무적이다"라고 설명했다.

이 연구원은 또 "과거 대세상승장에서 종합주가지수가 1000포인트까지 돌파한 후 하향곡선을 그리는 동안에도 삼성전자의 강세는 짧게는 6개월에서 1년 정도 더 이어졌다"라며 "종합주가지수에 비해 수익률을 초과해 온 과거의 경험에 비춰볼 때 지수가 1000포인트를 돌파했을 때 삼성전자는 50만 원을 기록할 것으로 보이며 이후 100만 원까지 올라설 수 있을 것으로 기대된다"라고 분석했다.

신영증권은 이 외에도 국제신용평가기관의 한국신용등급 상향에 따라 코리아 디스카운트가 줄어들고 있다는 점도 긍정적으로 평가했다. 또한 최근 외국인 매매패턴과 유사했던 지난 1999년 상반기 삼성전자의 외인 지분이 50%에서 43%까지 빠졌다가 재차 50%로 늘어났을 때 주가가 3배가량 올랐다는 점도 추가 상승에 대한 기대감을 주고 있다고 설명했다.

한편 이 연구원은 삼성전자 목표가를 100만 원으로 상향 조정하는 내용의 리포트를 다음 주께 발표할 예정이라고 전했다.

에 2단계 떨어뜨리고 목표주가도 크게 낮춘 〈삼성전자 리포트〉를 국내 기관투자자들에게 돌렸다. 그런데 문제는 이 리포트가 알려지기 하루 전에 대량의 매도물량이 UBS워버그 창구를 통해 출회되었고 삼성전자가 이날 7.73% 폭락했다는 것이다. 이 당시 삼성전자의 하락세는 종합주가지수를 12포인트가량 끌어내리는 효과가 있었다.

이 날 삼성전자가 7.73% 폭락하자 투자심리가 얼어붙으면서 '외국인 매도세→삼성전자 약세→기술주 동반하락→지수 하락' 으로 이어지는 악순환을 나았다. 또한 현물시장뿐만 아니라 선물, 옵션시장까지 여파가 미쳐 엄청난 단기손해를 본 개인투자자들이 속출했고 분노가 사그라지지 않았다.

금감원은 이에 UBS워버그의 〈삼성전자 분석보고서〉 파문과 관련, 보고서 사전유출 사실의 미공표 및 외국인 주문정보의 사전유출 혐의를 확인했다. 그리고 '문책기관경고' 와 직원 15명의 개인제재(문책경고 1명, 정직 1명, 감봉 4명, 견책 9명)의 징계를 내렸다. 이것이 그동안 감시의 사각지대로 여겨졌던 외국계 증권사에 내려진 거의 최초의 제재였다.

2002년 4월 삼성전자 목표주가 상향러시

삼성증권 72만 원

대우증권 62만 원

LG증권 61만 원

미래에셋증권 65만 원

대신증권 67만 원

신영증권 50만 원 ➡ 100만 원

대우증권 120만 원까지 상향 조정가능 시사

이러한 목표주가의 상향러시와 고점현상은 삼성전자에만 국한된 것은 아니다. 금융감독원에 따르면 2004년 한 해 동안 증권사들이 발표한 6,800여 건의 목표주가 가운데 실제 주가가 한 번이라도 목표주가에 도달한 것은 55%에 불과한 3,700여 건 정도였다. 반면 실제 주가가 목표주가의 절반에도 미치지 못한 경우는 2,000여 건으로 30%를 넘었다.

사상최대실적에 주가가 폭락하는 이유

시세가 고점에 이르렀을 때 탐욕을 부추기는 단서들은 목표주가의 상향러시 이외에도 여러 가지 유형이 존재한다. 그중 하나가 호재의 '기정사실화(Fait Accompli)' 다.

앞에서도 한 차례 언급했지만, 기정사실화라는 것은 '어떠한 현상이 나타나기 전까지 '불확실성' 에 사람들은 크게 반응을 하고 그것이 현실화돼서 '확고한 사실' 로 나타나면 크게 반응하지 않는다' 는 것이다. 즉, 투자라는 의미 자체가 미래에 일어날 불확실한 사건과 관련이 있기 때문에 확고한 사실로 나타나면 투자를 하지 않는다는 것이다.

따라서 어떤 예측가능한 호재가 존재할 때는 그 호재가 발생하기 전까지 기대감으로 주가가 선반영되어 오른다. 그러나 막상 호재가 발표되어 현실화되면 주가는 오히려 하락하게 되는 경우가 발생하게 된다. 특히 이것은 고점에서 실적발표와 함께 나타나는 경우가 많다.

253

　사상 최대 실적 혹은 적자에서 흑자로 턴어라운드되는 기업의 경우 이것이 미리 주가에 크게 선반영되어 크게 올랐다면, 실적 발표와 함께 주가가 하락할 가능성이 매우 크다. 그러나 많은 투자자들은 오히려 이러한 호재의 발표를 접한 후 매수를 하는 오류를 범하기 쉽다. 기정사실화라는 주식시장의 현상에 대한 이해가 부족하기 때문이다.

　삼성전자의 경우, 사상 최대 실적을 발표한 2002년 4월과 2004년 4월에 고점을 형성했다는 것은 이러한 현상을 잘 설명해 주고 있다.

〈한국경제TV〉 2004년 4월 16일 기사

삼성전자가 지난 1분기 사상최대의 실적을 기록했습니다. 매출은 14조 4136억 원으로 지난 분기에 비해 11.9%가 증가했고, 영업이익도 처음으로 4조 원을 돌파하며 지난 분기보다 52% 급증했습니다. 순이익은 지난 분기에 비해 68% 늘어난 3조 1,388억 원으로 집계됐습니다. 이 같은 실적 호조는 반도체, LCD, 휴대폰, 디지털미디어 등 전 사업부문의 고른 호조에 따른 것입니다.

반도체의 경우 지난 분기보다 매출은 5.6% 늘었지만 플래시 등 고마진 제품 비중 증가와 D램 고정거래가 상승에 힘입어 영업이익이 17% 이상 늘었습니다. LCD의 경우 매출 2조 3,700억 원, 영업이익 8,400억 원을 달성해 지난 분기보다 각각 21%, 66% 급증했습니다.

정보통신의 경우 매출과 영업이익이 23%, 72% 크게 늘어 가장 두드러진 성장을 나타냈습니다. 특히 휴대폰의 경우 고가단말기 매출 확대로 평균판매가격이 3% 올랐고 판매물량도 2,000만 대를 넘어서 사상 최고 분기 실적을 나타냈습니다. 이는 지난 분기보다 29% 늘어난 수치입니다. 이 밖에 디지털미디어 매출은 1.8% 늘어난 2조 1,700억 원에 불과했습니다. 하지만 내수판매와 고마진 제품인 프린터 매출 증가에 힘입어 영업이익은 1,400억 원 흑자를 나타냈습니다.

생활가전부문은 유일하게 6.5% 매출 감소를 보였지만 원가절감 노력에 힘입어 600억 원 흑자로 전환됐습니다. 한편 삼성전자는 올해 투자규모를 지난해보다 17.5% 늘린 7조 9,200억 원을 예상하고 있는데, 1분기 중 이미 1/3수준인 2조 6,400억 원을 집행했다고 밝혔습니다.

삼성전자가 지난 1/4분기 중 사상최대실적을 올렸다. 올해 연간기준으로도 사상 최대 이익을 낼 것이 확실시된다. 삼성전자 주우식 IR팀장(상무)은 19일 기업설명회에서 1/4분기 중 9조 9,300억 원의 매출액과 1조 9,100억 원의 순이익을 기록하는 등 사상최대 실적을 올렸다고 발표했다. 이는 지난 2000년 3/4분기의 매출액 8조 7,670억 원, 순이익 1조 6,670억 원을 뛰어넘는 것이다.

그는 "계절적으로 실적이 부진한 1/4분기에 대규모 이익을 냄에 따라 2007년 올해는 지난 2000년의 6조 원보다 많은 사상최대의 순이익을 올릴 것으로 경영진이 공감하고 있다"고 밝혔다.

1/4분기 영업이익은 2조 1,000억 원으로 2000년 3월의 2조 1,770억 원에 이어 두 번째로 많았다. 부문별로는 반도체에서 9,900억 원, 정보통신 8,000억 원, 디지털미디어와 생활가전이 각각 2,000억 원과 1,100억 원을 기록했다. 매출액은 전분기의 8조 4,800억 원보다 17% 증가했지만 영업이익은 고부가가치제품 판매 증대에 힘입어 700억 원에서 2조 1,000억 원으로 껑충 뛰었다. 삼성전자는 이 같은 실적호전에 따라 현금보유규모가 지난 연말 2조 8,200억 원에서 올 3월 말 4조 1,400억 원으로 1조 3,000억 원 이상 증가했고 순차입금비율은 -1%에서 -7%로 떨어졌다고 밝혔다.

삼성전자는 올해 메모리부문과 TFT-LCD(초박막액정표시장치) 설비투자규모를 당초보다 각각 7,400억 원과 7,600억 원씩 늘려 총 4조 5,500억 원을 설비투자에 투입하는 방안을 검토 중이라고 공개했다. 또 여유자금으로 자사주를 5,000억 원가량 추가로 매입하는 한편 부채를 추가로 상환할 예정이라고 설명했다.

주 상무는 D램 고정거래가격을 최근 5%가량 인하했지만 2.4분기 중 크게 떨어지지는 않을 것이라고 예상했다. KT인수설에 대해서는 전혀 검토하지 않고 있다고 밝혔다.

이밖에도 고점에서 탐욕을 부추기는 기술적인 패턴들이 존재한다. 대표적인 것이 고점에서의 가파른 시세 분출이다. 상승의 끝에서 피어오르는 마지막 화려한 불꽃은 마치 불나방들을 모여들게 하는 불빛처럼 투자자들을 유혹한다.

상승 초기에 동참하지 못한 투자자들이 가파른 시세에 동참하지 못했다는 불안한 투자심리에 쫓겨 추가적 상승을 기대하며 매수를 하게 되는 것이다. 이렇게 미처 매수하지 못한 투자자들이 대거 동참하면 주가는 하락의 길을 걷게 된다. 더 이상 매수해 줄 투자자들이 없기 때문이다.

특히 대형주의 경우 상승 추세 중에 상한가에 가까운 시세를 분출하게 되면 90%는 고점이라고 봐도 무방하다. 다음 실전사례들을 보면 대형 블루칩이 상한가에 가까운 시세를 분출하게 되면 이후에 소진된 에너지로 인해 주가가 하락하게 된다는 사실을 잘 알 수 있다.

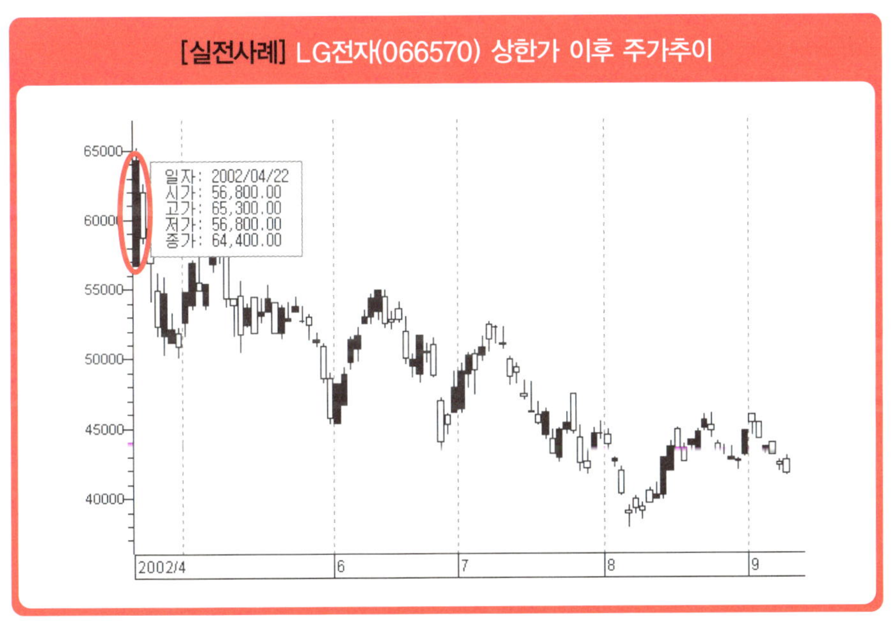

[실전사례] 삼성전자(005930) 상한가 이후 주가추이

[실전사례] 하이닉스(000660) 상한가 근접 이후 주가추이

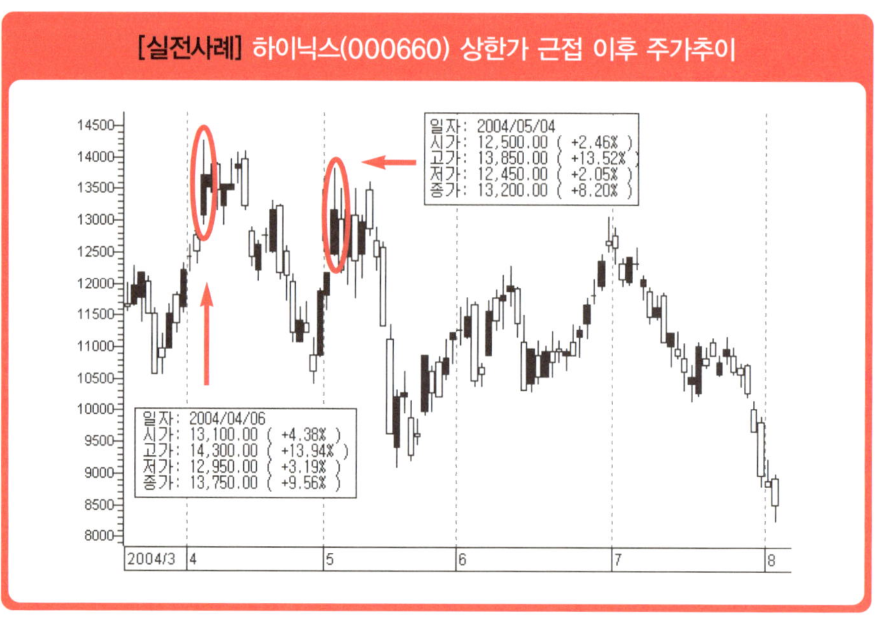

10

가치의 **탄생**과 **확산** 경로

그동안 투자자들에게 크게 인식되지 않던 가치들이 새로운 조명을 받게 되는 경우 주가가 상승하게 된다. 이러한 가치가 부각되는 경우는 당시 기업이 보유하고 있는 '유형자산'이 반영되는 경우와 '무형자산'이 반영되는 경우로 나눌 수 있다.

유형자산은 주로 기업이 보유하고 있는 부동산, 현금(사내유보율), 보유주식, 계열사의 자산가치 등이다. 그리고 무형자산은 해당기업이나 자회사 등의 '성장성'을 주로 말한다.

유형자산이 부각되며 주가가 급등한 대표적인 사례가 1992년 '저PER주', 1993년 '자산주', 2003년 이후 '지주회사(Holding company) 관련주'를 들 수 있다. 무형자산이 부각되며 주가가 급등한 사례는 1999년 '인터넷' 관련주, 2000년 A&D 관련주인 '쉘(Shell) 컴퍼니', 2005년 '줄기세포' 관련주를 들 수 있다.

‘PER’라는 개념이 1992년 외국계 자본 개방과 함께 시장에 급속도로 확산되면서 저PER주의 급등장세인 ‘저PER 혁명장세’가 나타났다. 태광산업, 비비안, BYC, 신영와코루, 대한화섬 등이 이 당시 대표적인 급등 종목들이다.

1993년 하반기 ‘자산주 열풍장세’는 주식의 대량소유를 금지하고 있던 ‘증권적래법 200조’의 폐지가 예상되면서 불기 시작했다. 주식의 대량소유가 허용되면 M&A가 가능해지고, M&A의 대상은 자산가치가 우량한 기업이라는 데서 ‘자산’이라는 가치가 부각되게 된 것이다.

2003년 이후 ‘지주회사’ 관련주의 급등은 한국증시에서 외국인 지분율이 절반 가까이에 육박하게 되자 외국인의 주요기업에 대한 M&A 가능성이 제기되면서 촉발되었다. 또한 2003년 이후 각종 금융지주회사의 출범과 대기업의 지주회사 체제로의 전환 등도 주요 요인으로 작용하였다. 그리고 우량회사의 지분을 가지고 있는 지주회사격 종목들이 그 타깃이 되었다.

앞의 경우가 눈에 보이는 가치의 재발견이었던 데 반해 1999~2000년 ‘인터넷’ 관련주, 2000년 A&D 관련주인 ‘쉘(Shell) 컴퍼니’, 2005년 ‘줄기세포’ 관련주는 눈에 보이지 않는 ‘성장성’이라는 가치에 도취된 광풍과도 같은 것이다.

이렇게 탄생한 가치는 점차 주변주들에로 시세가 확산되는 과정을 거친다. 1999년 새롬기술과 골드뱅크에서 비롯된 인터넷 관련주의 급등은 코스닥 거의 전 종목의 상승으로 확산되었다. 2000년 벽두에는 기업의 ‘인수 후 합병’ 즉, A&D란 개념이 ‘파워텍’이라는 종목을 통해 소개되었다. 기업의 내실은 그대로 둔 채 외형을 탈바꿈시킨다고 해서 이를 ‘쉘(Shell) 컴퍼니’라고 부른다. 이는 당시 ‘파워텍’에서 비롯해 ‘동특’, ‘개나리벽지’ 등으로 점차 확산되었다. ‘황우석 교수’의 줄기세포 복제에서 비롯된 줄기세포 관련주 역시 다른 바이오 관련주에서 제약주에 이르기까지 시세의 확산과정이 나타났다.

선두 종목과 타지 말아야 할 막차

1993년 하반기에 불었던 자산주 열풍은 최초에 '성창기업(000180)'과 '만호제강(001080)' 같은 '부동산'을 많이 보유한 기업에서부터 출발했다. 그러나 점차적으로 대상이 부동산에서 '현금', 즉 '사내유보율'이 높은 '태광산업(003240)'과 'BYC(001460)' 같은 기업으로 확산되더니, 나중에는 보유 유가증권이 많은 '신세계(004170)'와 '삼성화재(000810)', '태영(009410)', '쌍용양회(003410)'와 같은 기업으로 대상이 점점 더 확산되어 갔다.

그러나 이러한 가치의 확산과정은 대단히 조심해야 할 단서들을 제공하고 있다. 최초에 상승을 시작한 성창기업이나 만호제강과 같은 종목들은 상당히 큰 폭으로 오르고 조정도 완만하게 받았다. 그러나 시세 확산의 끝물로 갈수록 상승률은 적고 오히려 쉽게 폭락하는 경향을 보였다.

이것은 특히 눈에 보이는 유형자산보다는 무형자산인 '성장성'에 기반을 둔

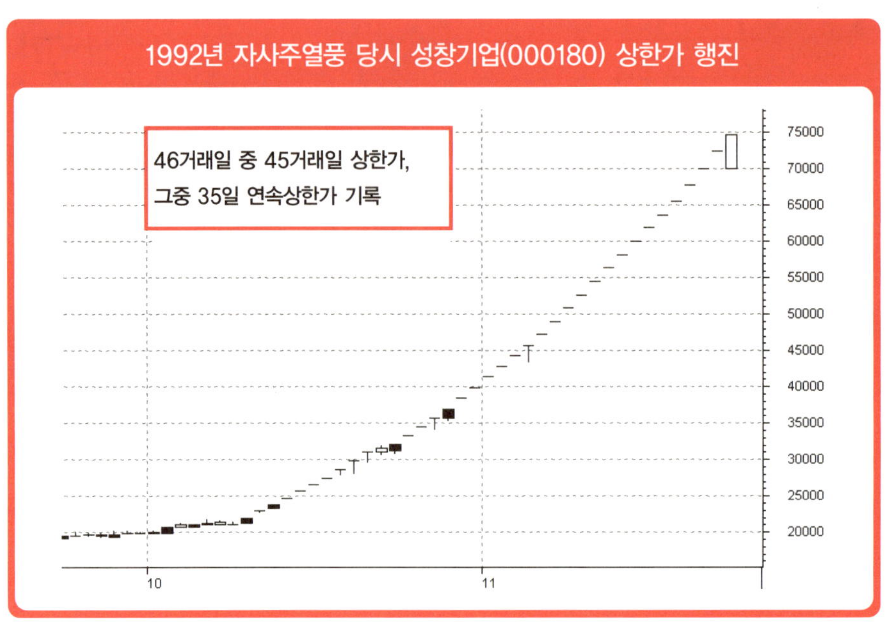

경우 아주 큰 손실로 이어지기 쉽다는 사실을 알려준다. 성장성의 경우 그 재료나 내용이 실질적인 가치 증대로 이어지지 않는 경우가 거의 대부분이다. 그리고 이것은 그 내용이 환상적일수록 투자자들의 눈을 멀게 하기 때문에 폭발적인 시세를 분출하는 만큼 많은 투자자들이 탐욕의 마지막 국면에 동참하게 되고 곧 돌이킬 수 없는 손실로 이어지게 된다.

코스닥 열풍에 불을 붙였던 새롬기술의 세계 최초 '인터넷 무료전화' 라는 가치는 결국 기업의 핵심존재가치인 수익성으로 이어지지 못했다. 또한 다른 인터넷 관련주의 상당수도 퇴출 혹은 주가의 대폭락을 이어갔다.

'파워텍', '동특', '개나리벽지' 등의 제조업체를 주로 첨단 정보통신 기업으로 변신시킨다는 미명 하에 한때 황제주로 군림하며 시장을 뒤흔들었던 A&D 관련주들은 각각 '리타워텍', '리드코프', '엔피아' 로 허울 좋은 사명 변경만

이룬 채 결국 퇴출 혹은 대폭락의 참혹한 결과만 남겼다.

주목받지 못했던 가치가 부각되면서 주가가 상승하는 경우, 투자자들은 그것이 실질적인 기업의 가치 증대에 기인하고 있는 것인지 향후 실현가능성은 어느 정도인지를 반드시 확인해 보고 매수해야 한다.

만약 그것이 성장성에서 비롯된 경우에는 해당기업의 궁극적인 실적으로 이어질 가능성이 매우 적고 투자자들의 기대로 인한 상승이 가장 큰 원인이다. 이럴 때는 파티에 동참은 하되 비극의 종착역에 도착하기 전에 남들보다 한 발 앞서 뛰어내릴 준비를 항상 해야만 한다.

6

인내는 최고의 덕목

처음 주식을 산 것은 11살이 되던 해였다.

그때 시티스 서비스(Cities Service) 사의 주식 3주를 38달러에 샀다.

하지만 주식이 금세 27달러로 떨어지자 놀라 40달러 선에서 팔아버렸다.

그때 수익은 수수료를 제외하고 난 후 단돈 5달러였다.

하지만 얼마 뒤 시티스 서비스는 주당 200달러로 치솟았다.

어린 시절 이 경험을 통해 '인내'야말로 최고의 투자전략임을 절실히 느끼게 됐다.

워렌 버핏(Warren Buffett)

투자하라, 그리고 수면제를 먹고 푹 자라

기업의 성공과 주가와의 관계는 단기적으로는 상관관계가 높지 않을 수도 있다. 그러나 장기적으로는 기업의 성공은 거의 확실하게 주가의 상승으로 연결된다. 이것은 코스톨라니가 말한 산책하는 신사와 개의 논리와 같다.

단기적으로 개가 어디로 움직일지는 모르지만 결국 개는 산책 후 주인을 따라 집으로 들어오게 된다. 단기적인 주가의 움직임에 연연하지 않고 좋은 종목을 골라 인내하면 훗날 보답을 얻을 수 있다는 것이다.

워렌 버핏은 그가 11살이 되던 해에 처음으로 주식을 샀다고 한다. 그는 시티스 서비스(Cities Service) 사의 주식 3주를 38달러에 샀다. 하지만 주식이 금세 27달러로 떨어지자 놀란 버핏은 40달러로 오르자마자 팔아버렸다. 그의 수익은 수수료를 제외하고 난 후 단돈 5달러였다.

하지만 얼마 뒤 시티스 서비스 사는 주당 200달러로 치솟았다. 어린 버핏은 이 경험을 통해 '인내' 야말로 최고의 투자전략임을 절실히 느끼게 됐다고 그의 자서전 《*Buffett: The Making of an American Capitalist*》를 통해 회고했다.

앞에서 필자는 성공하는 주식투자의 다섯 가지의 원칙을 제시했다. 그것이 모두 충족되더라도 여섯 번째인 인내가 없다면 결코 투자에 성공할 수가 없다. 인내야말로 투자의 최고 덕목이다. 인내할 준비가 되어 있지 않은 투자자들은 주식시장에 들어와서는 안 된다.

코스톨라니는 "증권거래소에서는 머리로 돈을 버는 것이 아니라 엉덩이로 버는 것이다. 투자에서 얻는 돈은 고통의 대가이자 결과다"라고 인내의 중요성을 강조했다.

한 종목을 보유할 때 주가의 상승기간은 보유기간의 2% 정도에 불과하다. 아무리 좋은 재료가 많다고 하더라도 주가가 언제 오를지 정확하게 맞추는 것은 그만큼 어려운 일이다. 기업의 가치는 변화무쌍하게 움직이지 않음에도 불구하고 시장참여자들의 심리로 인하여 가격은 매일 변동하고 있다.

2007년 현재 종합주가지수는 끊임없이 역사적 신고가를 기록하고 있다. 그러나 개인투자자들의 수익률은 별반 달라진 것이 없다. 그것은 투자자들의 투자행태가 과거나 지금이나 크게 변한 것이 없기 때문이다. 이러한 상황 속에서는 설사 지수가 10000포인트에 이른다 해도 달라질 것은 없을 것이다.

2007년 현재 한국증시는 레벨업 중이다. 우량주의 유통물량은 점점 더 고갈되고 있고, 그동안 조명을 받지 못했던 중소형 저평가 종목들의 가치도 부각되고 있다. 이런 좋은 상황에 인내의 대가는 더욱 더 클 것이다.

주식시장은 항상 잡음 섞인 음악을 들려준다. 원칙이 없는 투자자들은 항상 잡음에 귀를 기울인다. 그렇기 때문에 이러한 불협화음 가운데에서 시장이 들려주는 선율을 가려서 들으려는 인내는 반드시 필요하다. 좋은 기업에 투자를 하였다면 잡음에 귀를 막고 수면제를 먹고 푹 자는 것, 이보다 더 큰 투자의 미덕은 없다.

확신한다면 종목과 동거하지 말고 결혼하라

투자자들은 자신이 투자한 종목과 지금 현재 올라가고 있는 종목을 항상 비교한다. 하지만 시장에서 올라가는 모든 종목을 발굴해 내고 투자한다는 것은 불가능하다. 이것은 세상을 살면서 모든 아름다운 여자와 함께 살 수는 없는 이치와 같다.

앞서 우리는 '10루타' 종목에 대해서 살펴보았다. 피터 린치는 "나는 10루타 종목을 놓친 적이 있다. 그렇다고 해서 내가 주식시장에서 성공하지 못한 것은 아니다"라고 말했는데, 이것 역시 같은 맥락이다.

한국증시만 보더라도 종합주가지수가 탄생한 1980년대 이래로 대세 상승의 각 국면에서 발생한 주도주들은 50~100배 정도의 상승률을 보였다. 1990년대 최초로 10년이라는 기간 동안 상승 추세가 꺾이지 않은 SK텔레콤은 무려 250배의 수익률을 안겨주었다.

이는 배당금으로 받은 금액을 그 회사에 재투자하여 복리의 마법을 체험하는 것을 제외한 수치다. 이것을 고려한다면 수익률은 천문학적으로 늘어날 것이고 부동산, 채권 등 그 어떤 재테크 수단도 주식투자의 수익률을 따라올 수가 없다.

워렌 버핏 또한 자신의 기업에 대한 접근법을 결혼과 비유하곤 했다. 즉 성급하게 결정한 뒤 나중에 가서 후회하지 말고, 사전에 충분한 연구를 하는 데 시간을 투자하라는 것이다. 그리고 단기적으로 큰 돈을 벌 요량으로 비즈니스에 뛰어든 사람들 대신 현재는 기대수준이 낮더라도 장래 서서히 그 수준이 높아질 수 있는 사람들을 골라서 선택하라는 것이었다. 투기꾼 성향이 있는 주식 투자자들은 서둘러 투자를 하려는 욕심에 그런 이슈를 대충 검토하고 넘어가는 경우가 많다.

달콤한 로맨스는 짧지만 살아가야 하는 인생은 길다. 주식시장은 이보다 더 냉혹해서 투자자들이 짧은 기간에 꿈꾸는 로맨스를 파산으로 이끌기도 한다. 과거 제대로 된 가치판단 기준이 존재하지 않았을 때 우리시장은 아마도 '주식과 결혼하지 말라' 는 투자격언이 적절했는지도 모른다.

그러나 지금은 '주식과 결혼하라' 라는 말이 훨씬 더 투자자들에게 도움이 될 것이다. 오늘날 상승의 끝을 모르는 우리시장의 주도주들의 거침없는 행보는 어떤 것이 올바른 길임을 잘 보여주고 있다.

썰물이 되면 누가 벌거벗고 수영했는지 알게 된다

　세계 최고의 투자 전문가 중 한 사람으로 꼽히는 마크 파버(Marc Faber)는 세계경제의 흐름을 잘 읽는 것으로 유명하다. 1987년 미국 뉴욕증시의 블랙먼데이를 정확하게 예측해 주식을 현금화할 것을 권유했고, 1997년 아시아 금융위기를 사전 경고하는 등 시장위기를 정확하게 짚어내는 탁월한 역량을 인정받아 '닥터 둠(Doom)' 이라는 별명까지 얻었다.

　특히 그는 2002년 발간한 《내일의 금맥》이라는 저서를 통해 아시아 시장에 대한 긍정적 의견을 제시하며 "내가 만약 25살로 돌아간다면 중국의 상하이나 베트남의 호치민 등으로 달려갈 것"이라고 말한 바 있다. 그는 이와 관련해 2008년 북경올림픽 개최가 소재주와 에너지 관련 주식의 특수로 이어질 것이라 전망했고 이것은 정확하게 들어맞았다.

　파버는 성공 이면에 다수의 가난한 사람들이 떠받치고 있는 부의 피라미드가 존재한다고 보았다. 대부분의 투자자들은 쉽사리 시장에 동요되어 피라미드의

하위구조로 밀려나게 된다는 것이다.

파버는 개인투자자가 주식투자에서 성공하려면 "인내심을 갖고 기본원칙에 충실한 장기투자를 하는 것이 달콤한 결실을 가져다 줄 것"이라면서 "큰 욕심을 버리고, 주가가 적정 가치를 훌쩍 넘어서면 판다는 생각으로 주식을 사라"고 강조했다.

시장이 특정 부문에 주목하면 할수록 또 다른 시장, 부문의 상승잠재력이 더욱 커진다. 그리고 이것 때문에 바로 아무도 관심을 갖지 않는 황무지에서 대박의 싹이 자란다는 것이다.

그러나 대부분의 투자자들이 새로운 투자판에서 통찰력을 발휘하지 못하고 투자기회를 놓치거나, 종전의 투자법칙을 유지하려 하는 것이 문제를 일으킨다. 그래서 그는 스스로를 '다수에 반하는 투자자(Contrarian)'로 불리길 자처했다. 자신이 통념을 거슬러 독자적인 투자판단을 한다는 이유에서다.

25세의 나이에 월스트리트로 진출해 능력을 인정받았던 존 템플턴은 이후 투자범위를 세계로 확대해 1954년 템플턴그로스 사를 설립하고 '글로벌 펀드'라는 새로운 분야를 개척했다.

존 템플턴은 당시 월스트리트에서는 아무도 거들떠보지 않던 일본증시에 관심을 가졌다. 1968년 히타치, 닛산자동차, 마쓰시타전기, 스미토모신탁은행 등 수익잠재력이 뛰어난 상장기업 주식을 매입한 것이다. 이후 일본증시는 1980년대까지 붐을 이뤄 PER가 30배를 넘어서면서 존 템플턴에게 막대한 수익을 안겨줬다.

이와 관련해 그는 "최악의 상황에서 주식을 사는 일은 어렵다. 군중을 따라 움직인다면 큰 수익을 거둘 수는 없다"면서 "투기가 아닌 투자를 하라. 성공투자를 위해서는 개방적이고 유연한 자세로 다양한 투자상품을 관망하는 열린 마음이 필요하다"고 강조했다.

전설적 수익률로 유명한 투자의 달인 존 네프(John Neff)는 윈저 펀드를 통해 1964~1995년까지 5,600%의 수익률을 달성했다. 같은 기간 S&P500지수의 총수익을 250%나 웃돈 성적이라 놀라지 않을 수 없다.

존 네프의 윈저 펀드는 유행 종목으로 몰리는 시장의 집중현상을 역이용했다. 많은 사람들이 그를 위대한 바보라 조롱했지만, 저평가된 비인기종목을 찾아 적정 주가를 찾아갈 때까지 기다리는 전략을 고수했다. 바로 대중에 반하는 역발상의 가치투자전략을 통해 최고의 수익률을 달성하는 데 성공한 것이다.

위에 언급한 투자자들은 모두 대중과 반대의 길을 걸어 성공했다. 워렌 버핏은 1993년 주주들에게 보낸 연례서한에서 "썰물이 되면 누가 발가벗고 수영했는지 알게 된다"라고 썼다. 상승장에서는 모두가 주식 투자의 천재인 것처럼 과시하지만 물이 빠지면 발가벗고 수영하고 있었던 것이 발각돼 망신을 당할 수 있다는 뜻이다.

종목도 마찬가지다. "돌멩이는 뜨고 나뭇잎은 가라앉는다"는 격언과 같이 나뭇잎처럼 가벼움에 익숙해져 버린 대중들의 시야에는 보이지 않는다. 깊은 물속에 잠겨 있지만 시대적 흐름과 선도세력에 의해 필연적으로 떠오를 수밖에 없는 돌멩이처럼 꽉 찬 기업이 바로 주도주가 되는 것이다.

대중들과 함께 있을 때는 그 위험성을 모르지만, 투자자들이 '벌거벗고 수영하는 사람(Naked Swimmer)' 이었는지는 썰물이 되어서야 알게 된다. 그때까지 물 속에서는 필요 없어 보이는 수영복을 입고 썰물이 되기를 인내해야 하는 것이다 .

인내가 부족했던 주식시장의 이카루스들

밀랍으로 만들어 붙인 날개를 달고 뜨거운 태양을 향해 무한정 날아오르다 날개가 녹아내려 추락해 버린 이카루스. 주식시장에도 잡힐 것 같은 성공의 신화를 쫓아 태양을 향해 날아오르다 떨어져 버린 이카루스들이 많이 있다.

애널리스트, 펀드매니저, 벤처기업가, 기업사냥꾼, 브로커 등등 각 분야에서 자신의 부와 영달을 위해 수단과 방법을 가리지 않고 날개짓을 한 타락한 야심가들의 이야기가 종종 들려오곤 한다. 인생의 절정과 실패의 나락을 함께 경험한 젊은 이카루스들의 삶을 보면 정말 드라마틱한 면이 많다.

1993년 고등학교를 졸업한지 2년밖에 안 되는 한 청년이 싱가포르 국제공항에 모습을 드러낸다. 200년 전통의 세계적 은행 베어링의 직원인 닉 리슨의 야망은 여기서부터 시작된다. 그해 그는 겁 없는 딜러로 명성을 날리며 베어링 사 전체 이익의 20%에 해당하는 수익을 파생상품에서 올려 세계를 놀라게 한다.

불과 일 년 만에 급부상한 리슨은 베어링 본사의 전폭적인 성원 속에 이제 더욱더 대담해진 행각을 벌인다. 여러 개의 차명계좌를 불법적으로 만들어 무려 70억 달러에 달하는 어마어마한 금액을 닛케이지수 선물에 투기적으로 베팅한 것이다.

그러나 그때 고베지진이라는 청천병력과 같은 소식이 날아들었다. 더 이상 감당이 어렵다고 판단한 그는 부인과 함께 해외로 도피를 한다. 황급히 사태파악과 뒷수습을 위해 베어링 본사에서 팀을 급파했지만 이미 베어링 사의 자본금을 초과하는 13억 달러가 손실이 나 있는 상태였다. 결국 베어링 사는 파산을 선언하게 된다.

약관의 나이로 1년 만에 세계가 주목하는 파생상품의 영웅으로 급부상하였던 닉 리슨, 세계인의 찬사, 초호화 저택과 별장 어마어마한 연봉, 막강한 권한까지 그 찬란해 보이던 그는 짧은 영광과 함께 자존심 강한 대영제국이 자랑하던 200년 전통의 은행도 네덜란드 ING 사에 단돈 1달러에 인수되는 치욕을 겪으며 역사의 뒤안길로 사라지게 된다.

그리고 닉 니슨은 초호화판 저택에서 감옥으로 가는 쓰라린 운명을 맞았다.

또 다른 이카루스는 역사학과 출신으로 경영학 석사(MBA) 학위도 없고, 별 볼일 없었던 전직 기자에서 스타 애널리스트로 수직 상승을 거듭했던 미국의 헨리 블로짓이다.

블로짓은 1998년에 온라인 서점인 아마존의 주가가 400달러까지 치솟을 것이라고 전망, 이제 막 달아오르기 시작하던 닷컴주 열풍을 부추기며 덩달아 급부상했다. 결국 그는 아마존 400달러 돌파로 단숨에 무명에서 유명으로 떠오르며 수백만 달러의 연봉을 제안받고 메릴린치로 자리를 옮긴다. 1999년 그의 나이 33살 때였다. 그러나 블로짓의 전성기는 그리 오래 가지 않았다. 어느덧 닷컴주의 거품이 빠지고 그가 추천했던 닷컴기업 몇 개가 파산하면서 그의 주가도 곤두박질쳐 버린 것이다. 게다가 자신의 이메일을 통해 쓰레기라고 비난한 종목을 공식 보고서에서는 매수 추천한 사실이 드러났다. 그는 돈을 위해 양심을 버린 파렴치한 애널리스트로 비난의 초점이 되기도 했다.

우리나라에서도 이용호, 정현준, 진승현 등 각종 게이트를 비롯해 얼마 전 델타정보통신, 루보와 같은 무모한 작전행위까지 각종 윤리적 해이에서 비롯된 사건들이 끊임없이 일어나고 있다.

주식시장이 존재하는 한 이러한 부도덕한 게임으로 엄청난 부를 축적하고자 하는 이카루스들은 끊임없이 탄생할 것이다. 그러나 빠른 성공을 향한 과욕에서 비롯된 부는 결국 밀랍으로 만들어진 날개와 같다는 것을 주식시장의 역사는 잘 말해주고 있다.

일본의 투자 명인 고레가와 긴조는 "욕심을 통제하지 못하면 제아무리 훌륭한 투자원칙이라도 지켜낼 수 없다"면서 주식을 '마물(魔物)' 이라고 표현하기도 했다. 그는 이러한 말을 통해 눈앞의 이익에 현혹되어 쉽게 이성을 잃어버리지 말 것을 강조했다. 무려 60년 동안이나 주식시장에서 승부사로 명성을 떨친 그는 마지막 투자로 사회사업을 선택, 번 돈을 모두 환원했다. 그러한 이유로 고레가와 긴조는 1992년 95세의 나이로 여생을 마감했지만, 현재까지 수많은 주식투자자들에게 특별한 울림을 전해주고 있다.

내가 사면 **떨어지고** 팔면 주가가 **올라가는** 이유

주식시장에서 가장 좋은 매수 기회는 바로 주가가 폭락을 하는 경우다. 이처럼 좋은 호재는 주식시장에서 더 이상 존재하지 않는다. 주식시장은 근본적으로 수급의 논리에 의해 움직이는 구조를 가지고 있다.

주식시장에 참여하고자 하는 투자자들이 많이 존재하고 있는 상황이라면 주가가 계속해서 올라간다. 하지만 이미 상당수의 투자자들이 주식시장에 참여한 상태라면 더 이상 주식을 매수할 투자자들이 존재하지 않기 때문에 시장은 하락할 수밖에 없다는 것이다. 매우 간단한 논리 같지만 이것만큼 주식시장을 명쾌하게 설명하는 말도 없다.

투자자들은 주식을 매수하기 전까지는 주가가 더 떨어져 보다 싼 값에 주식을 살 수 있는 기회가 찾아오기를 바란다. 하지만 일단 주식을 매수하게 되면 주가가 올라가기를 희망하게 된다. 그리고 이러한 희망이 너무나도 간절한 나머지 매수한 종목의 긍정적 측면만 보게 된다.

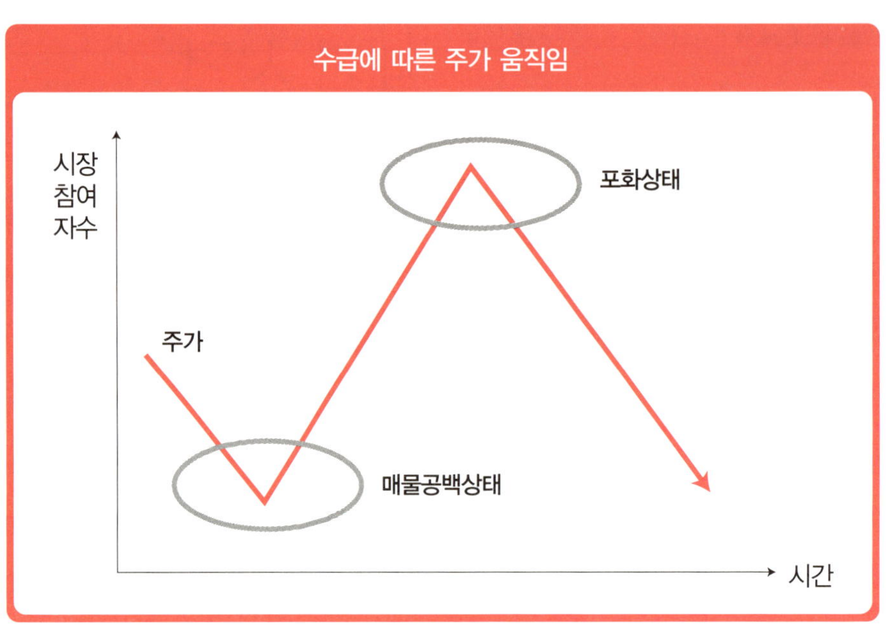

개별 종목을 떠나서 시장 전체를 바라볼 때도 이는 마찬가지다. 주식시장에 참여하는 투자자의 숫자가 많아지면 많아질수록 시장을 긍정적으로 바라보는 시각이 점차적으로 증가한다. 그리고 마침내 온통 호재일변도의 장밋빛 전망으로 시장은 뒤덮이게 되는 것이다.

반대로 주가가 하락기에 접어들고 투자자들이 한 명 두 명 시장을 떠나게 되면 상황은 반대로 역전된다. 점차적으로 비관적인 전망들이 우세해지고 마침내 온통 악재 일색으로 시장이 변하게 되면 더 이상 불안과 공포를 이기지 못한 투자자들의 투매가 발생하게 된다.

이렇게 시장 상황을 주시하며 마지막까지 인내하고 있던 투자자들의 투매가 발생하게 되면 그동안 시장을 떠나있던 투자자들의 저가 메리트로 인한 신규진입이 발생한다. 이에 따라 매우 낮은 가격에 활발한 투자주체 간의 손바뀜이 이루어져 시장은 다시 상승을 모색하는 단계로 접어들게 된다.

투매는 마지막 인내를 이기지 못한 투자자들에 의해 이루어진다. 이는 더 이상 주식을 싸게 매도할 투자자들이 거의 존재하지 않는다는 것을 의미한다. 그렇기에 폭락은 항상 급등으로 이어진다. 그리고 주식시장에서 이것만큼 좋은 호재는 더 이상 없다.

Chapter 6

너는 마지막 인내에 실패했다

인내의 마지막 국면과 급등

1980년 이후 우리시장의 주가 추이를 보면 저점에서 한 가지 공통적인 현상들이 나타난다. 주가가 상승추세로 전환되기 전에 전저점대를 훼손하는 현상들이 나타나는 것이다. 이것은 과연 무엇을 의미하는 것일까?

투자자들은 가격이 오를 경우 이 종목이 얼마만큼 상승할 수 있을 것인가를 고민하게 된다. 즉, 어느 가격대에서 주가가 저항을 받을 것인가 하는 저항선을 찾게 된다는 것이다. 반대로 주가가 하락할 경우에는 어디서 하락이 멈출 것인가를 고민하게 된다. 즉, 지지선을 찾게 된다는 것이다.

이러한 일정한 지지선이나 저항선을 설정하는 일반적인 지표들로 제반 이동평균선이나 전저점대 혹은 전고점대 등이 있다. 그런데 대다수의 투자자들이

보편적으로 이러한 기준들을 참고하다 보니 예상과 반대로 주가가 움직였을 때
는 시장에서 큰 움직임이 발생하게 된다.

만약 대다수 투자자들이 전저점대에서 하락하던 주가가 지지될 것을 예상했
는데 전저점대를 이탈하게 되면 실망매물이 쏟아지게 된다. 반대로 상승하던
주가가 전고점대에서 저항을 받을 것이라고 판단했는데 가볍게 돌파를 한다면
추가적인 주가의 상승세를 예상한 매수세가 유입되게 된다.

위의 그림에서 보면 주가가 전저점대를 하향 이탈한 이후 가파른 상승추세로
전환되는 것을 볼 수 있다. 이것은 주식을 보유하고 있는 대다수의 투자자들이
전저점대에서의 지지를 예상했으나 이를 붕괴시키자 단기적인 수급상의 불균
형인 투매가 발생하고, 이를 통해 추세적인 하락을 인내하고 있던 마지막 물량
들이 출회되었기 때문에 일어난 것이다. 이후 몸집이 상대적으로 가벼워진 주

가는 쉽게 반등에 성공할 수 있게 된다.

매도한 투자자의 입장에서 본다면 이러한 기술적인 움직임은 마치 저가 매도를 유도하는 속임수 추세 이탈로 손해를 본 것처럼 여겨진다. 그래서 이를 기술적인 '함정(Trap)'이라고 한다.

충분한 조정을 받은 상태에서 지지선에 대한 투자자들의 공감대가 형성되었다면 일반적으로 그 지지선은 잘 지켜지지 않고 빈번하게 '함정'이 발생하게 된다. 주식 격언에 '대중과 반대로 투자하라'는 말은 바로 이러한 구조를 잘 표현한 것이라 할 수 있다.

주식시장은 피도 눈물도 없는 아주 냉정한 곳이다. 실패는 온전히 투자자의 몫이지만, 시세가 떨어지든 올라가든 시장은 항상 옳다. 주가가 떨어질 때는 누구나 인내하기 힘든 공포감을 느끼게 된다. 그렇지만 분명한 것은 내가 공포를 느끼는 구간에서는 대다수의 다른 투자자들 역시 공포를 느끼고 있다는 사실이다.

이러한 구간에서 용기를 낼 수 없는 투자자라면 다른 투자자들 이상으로는 수익을 낼 수 없을 것이다. 인내의 마지막 국면에서의 폭락은 항상 급등으로 이어지기 때문이다.

1956년부터 모토로라 주식을 사들인 피셔는 지난 2000년이 되어서야 주식을 팔았다. 그는 보유기간 중에 1990년대의 끔찍한 대폭락기를 거치며 적잖은 손해를 보기도 했다. 하지만 결코 소신을 잃지 않은 결과 그는 무려 240배에 달하는 엄청난 수익률을 거둘 수 있었다. 만약 그가 자신에 대한 비난의 화살에 마음이 흔들려 1990년 폭락기에 주식을 처분해 마지막 인내에 실패했다면 그러한 영광은 없었을 것이다.

참을 수 없는 추세의 무거움

코스톨라니는 추세에 순응하는 장기투자의 중요성을 강력히 설파한 대표적 인물이기도 하다. 그는 "80여 년간의 투자인생을 통해 본 바로는 단기투자로 성공한 이는 단 한 명도 없었다"면서 "주식은 생각과 다르게 진행될 수 있음을 명심하라, 그리고 인내하라. 장기투자야말로 최고의 결과를 얻어낼 수 있는 최선의 방법이다"라는 말로 장기투자의 중요성을 강조했다.

그는 "상상이야말로 성공투자의 전제조건이며 예측의 엔진"이라며 "생각하는 투자자가 되라"고 강조했다. 특히 유동성 지표 역할을 하는 장기금리 추이에 주목했다. 이는 유동성과 시장참여자의 심리가 주가를 결정짓는다는 믿음에서 나온 것이었다. 또한 그는 "시장의 90%는 심리학이 지배한다"며 "단위면적당 바보가 제일 많은 곳이 증권사 객장"이라 비유하기도 했다. 추격매수를 통해 비쌀 때 사서 싸게 팔고, 주가가 조금 하락한다고 손절매하는 어리석은 대중의 투자심리를 꼬집은 것이다.

그의 투자원칙을 살펴보면 첫째, 투자금에 무리수를 두지 않고 여윳돈으로 투자했다. 둘째, 종목에 대한 확신이 서면 고집스럽게 밀어붙였다. 셋째, 보유 종목을 현재의 시점에서 돌이켜 봤을 때 역시 샀을 것인지를 검토했다. 넷째, 확신이 선 주식은 주가가 오를 것이라는 믿음으로 시세에 연연하지 않았다. 다섯째, 단기 수익을 얻기 위해 주식을 쉽게 팔지 않았다.

앙드레 코스톨라니의 말처럼 제아무리 좋은 종목들이라 할지라도 주식의 진정한 가치는 결코 단기에 빛을 발하지 않는다. 추세는 한 번 정해지면 좀처럼 방향을 바꾸지 않는다. 때문에 부화뇌동하는 변덕쟁이 투자자들은 결코 큰 수익을 낼 수 없다.

이는 국내의 주식만 보더라도 쉽게 알 수 있다. 황제주의 타이틀이 붙었던 SK텔레콤, 삼성전자, 현대중공업을 보자.

종합주가지수는 한 번 추세를 결정하면 최소 1년 이상 한 방향으로 움직인다. 2007년 현재 상승추세는 5년간 지속되고 있다. SK텔레콤은 10년간 장기상승 추세를 지속했고 삼성전자는 20년이 넘게 장기상승 추세를 지속 중이다. 또한 현재 역사적 신고가 장세의 최대 주도주 중 하나인 현대중공업은 4년째 상승 중이다. 이러한 가운데 사고팔고를 반복한 투자자들은 장기 보유한 투자자들의 수익률을 결코 따라올 수 없을 것이다.

피터 린치의 마젤란 펀드는 13년간 2,700%의 경이적인 수익률을 올렸다. 그러나 그의 펀드에 투자한 고객들의 절반 이상이 손실을 입었다. 수익률이 좋을 때 펀드에 돈을 넣었다가 수익률이 부진해지면 환매해 투자자금을 회수했기 때문이다. 눈앞의 시세에 원칙 없이 휘둘리며 단기적으로 사고팔고를 반복하는

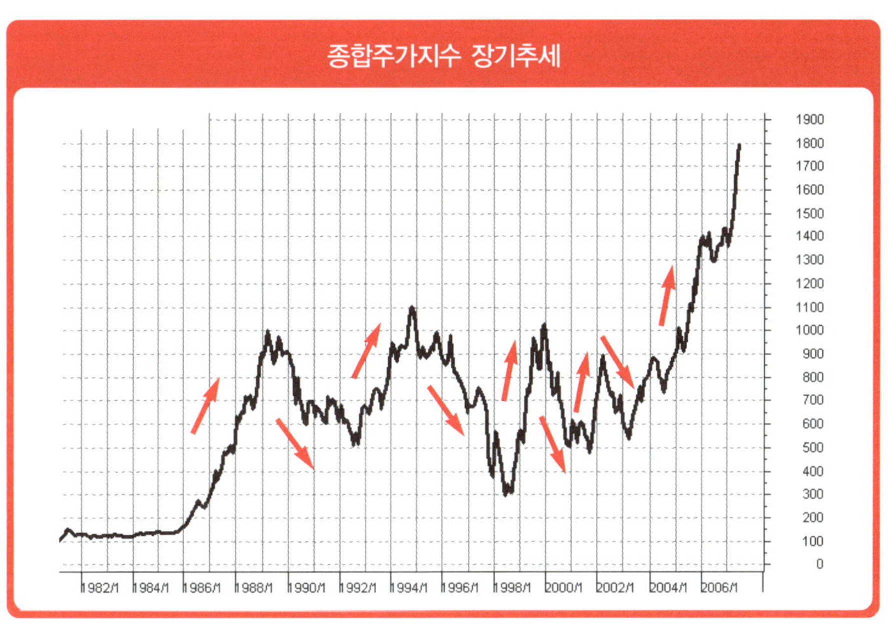

종합주가지수 장기추세
1900
1800
1700
1600
1500
1400
1300
1200
1100
1000
900
800
700
600
500
400
300
200
100
0
1982/1 1984/1 1986/1 1988/1 1990/1 1992/1 1994/1 1996/1 1998/1 2000/1 2002/1 2004/1 2006/1

SK텔레콤(017670) 장기추세
50000
45000
40000
35000
30000
25000
20000
15000
10000
5000
0
*10
1990/1 1991/1 1992/1 1993/1 1994/1 1995/1 1996/1 1997/1 1998/1 1999/1 2000/1

삼성전자(005930) 장기추세
75000
70000
65000
60000
55000
50000
45000
40000
35000
30000
25000
20000
15000
10000
5000
0
*10 5000
1982/1 1984/1 1986/1 1988/1 1990/1 1992/1 1994/1 1996/1 1998/1 2000/1 2002/1 2004/1 2006/1

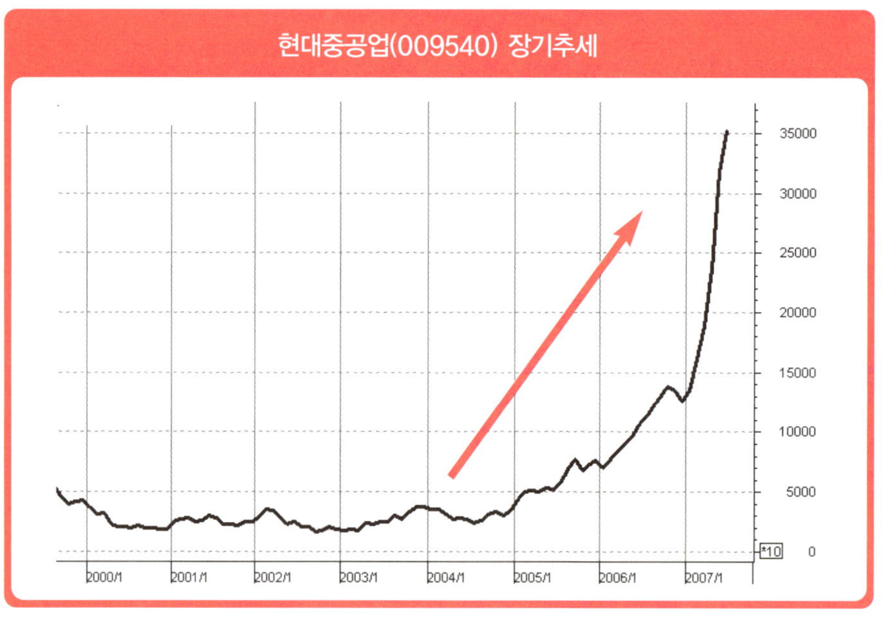

현대중공업(009540) 장기추세
35000
30000
25000
20000
15000
10000
5000
*10 0
2000/1 2001/1 2002/1 2003/1 2004/1 2005/1 2006/1 2007/1

전형적인 대중들의 모습을 보인 것이다.

　미국 역사상 가장 위대한 투자자 중 한 명으로 꼽히고 있는 제시 리버모어 (Jesse Livermore)는 단돈 5달러로 1억 달러를 벌어들인 사람이다. 그의 주요 매매전략을 살펴보면 다음과 같다. 첫째, 시장이 상승추세인지 하락추세인지 를 먼저 결정했다. 둘째, 서두르거나 충동적으로 대응하지 않고 시장을 충분 히 분석하여 분할 매수했다. 셋째, 인내심을 가지고 시장의 큰 흐름을 차분히 기다렸다.

　월스트리트가 낳은 투자의 거장이라 일컬어지는 명인의 투자방법 역시 추세 의 힘에 기대어 인내하는 것이었다. 그만큼 시장의 추세는 참을 수 없을 만큼 무겁고 대중들만이 깃털처럼 가볍게 투자하고 있는 것이다.

주식투자는 언덕에서 눈덩이를 굴리는 것이다

"가장 먼저 인식해야 할 점은 시간이 많이 걸린다는 사실입니다. 저는 11살 때 시작했습니다. 돈을 모으는 것은 눈덩이를 언덕 아래로 굴리는 것과 비슷합니다. 눈을 굴릴 때는 긴 언덕 위에서 하는 게 중요합니다. 저는 56년짜리 언덕에서 눈을 굴렸습니다. 그리고 또 잘 뭉쳐지는 눈을 굴리는 것이 좋습니다. 그리고 처음 시작할 작은 눈뭉치가 필요할 것입니다. 저는 〈워싱턴포스트〉 신문을 돌려서 그것을 마련했습니다. 또한 지나치게 서두르지 말아야 하며 올바른 방향으로 오랫동안 지속하는 게 중요합니다."

이것은 워렌 버핏이 1997년 캘테크(Caltech) 강연에서 연설한 내용의 일부다. 아마도 이처럼 주식투자를 잘 표현한 말은 없을 것이다.

대부분의 투자자들은 마음이 급한 나머지 손으로 자기 주변의 눈을 쓸어 모으는 데 여념이 없다. 하지만 그렇게 해서 남는 것이라고는 잘해야 양손에 쥔 약간의 눈뭉치뿐일 것이다. 분명 시간은 걸리겠지만 시작점이 높으면 높을수록 눈덩이는 상상을 초월할 정도로 커진다. 그것이 시간과 복리의 마술이다.

워렌 버핏과 함께 월스트리트의 전설로 불리는 존 보글(John Bogle)은 1976년 출범시킨 뱅가드그룹을 미국 제2의 펀드사로 성장시킨 증권계의 거물이다. 2007년 현재 79세의 나이에도 불구하고 '보글 리서치센터'의 대표로 활동하고 있으며, 금융시장 리서치 분야에 막대한 영향력을 행사하는 등 노익장을 과시하고 있다.

인덱스 펀드의 창시자로 널리 알려진 그는 시장지수조차 따라가지 못하는 펀드에서 착안해 인덱스 펀드를 출범했다. 시장을 이기지 못할 바엔 투자비용을 최소화해 시장지수에 투자한다는 것이다. 당시 사람들은 특정 부분에 투자하는 펀드에 익숙해 있어 인덱스 펀드를 낯설어 했다. 그러나 그는 리스크를 최소화하기 위해 시장의 흐름을 무시했고, 특정 업종에 국한해 투자하지 않았다. 그리고 보다 안정적인 포트폴리오 구성을 위해 인덱스 펀드를 만들어낸 것이다.

증시는 카지노와 같고 따라서 개평꾼들의 몫을 최소화하는 것이 높은 수익을 거둘 수 있는 지름길이라고 주장하는 그에 대해 기존의 주류세력들은 '증시의 이단아'라고 비난했다.

사실 인덱스 펀드는 상당한 수익률에도 불구하고 겉으로는 별 볼일 없어 보일 수도 있다. 이 경우 장기적 안목에서 접근해야 수익률이 확연히 드러나기 때문이다. 존 보글은 이에 대해 "인덱스 펀드는 대세상승의 국면에서는 시장의 평균수익률보다 낮은 수익률을 낸다. 반면, 대세하락의 국면에서는 최저의 손실로 그 어느 펀드보다 안정성이 뛰어나다"라고 설명했다.

존 보글은 투자자를 위해 안정성을 중요시했지만 기존 펀드의 수익을 뛰어넘는 매년 30%의 수익률을 기록하며 선풍적인 인기를 구가했다. 세계적 주식 대가임에도 불구하고 존 보글은 투자에 있어 정석은 없고 "도넛(투기)보다 베이글(투자)이 몸에 좋다"라고 말한 바 있다. 미래를 예측하는 일은 신이 아니고서는 불가능하기 때문에, 투기보다는 투자가 궁극적으로 수익을 가져다준다는 의미다.

또한 장기투자의 중요성을 누구보다 잘 알고 있던 그는 장기투자가 가져오는 복리효과는 눈덩이처럼 수익률을 극대화하는 최상의 무기가 될 수 있음을 강조했다. 투자에서 궁극적으로 승리할 수 있는 유일한 방법은 높은 곳에서 눈을 굴리는 것이다. 그리고 아무리 천둥번개가 쳐도 반드시 인내해야만 한다.

7

실천 그리고
성공 투자의 완성

모험 없이는 이익이 없다. 이것이 투자의 본질이다.
'사람은 게임을 하면서 따기도 하고 잃기도 한다.
그러나 결코 죽지는 않는다' 라는 말을 명심하라.

앙드레 코스톨라니(Andre Kostolany)

똑똑한 경제학자들이
돈을 벌지 못 하는 이유

엘리어트는 '파동론'이라는 방대한 이론을 남겼다. 그러나 정작 그 자신은 "왜 이렇게 내 이론이 실전에 들어맞지 않을까"를 고민하며 가난한 말년을 보내다 죽었다. 사실 실제 주식투자에서 성공한 명인들은 대부분 그럴듯하게 복잡하거나 방대한 이론을 남기지 않았다. 쉽고 단순한 그들만의 투자원칙을 실천해 나갔을 뿐이다.

주식시장에서 성공하기 위해 첫 번째로 해야 할 일은 공부를 많이 해야 한다는 것이다. 시장은 아는 만큼 많이, 그리고 넓게 보인다. 물론 많이 안다고 해서 반드시 주식투자로 수익을 거둘 수 있는 것은 아니다. 필자는 상당한 지식을 가지고 있지만 실전투자에서 성공하지 못한 수많은 사람들을 봐왔다.

일례로, 필자가 알고 있는 일군의 사람들은 상당히 오랜 기간 지속적인 모임을 가지며 주식시장에 대해 연구를 하고 있다. 주로 '엘리어트 파동론'을 가지고 토론을 하고 공부를 한다. 책장 가득한 원서와 각종 서적, 그리고 서브노트들은 처음 보는 사람들의 '기'를 죽이기에 충분할 정도다. 또한 이들은 자부심도 대단해서 그 누구보다도 파동론에 있어서는 최고 전문가임을 자랑하고 있다.

필자가 최초에 이 모임에 초대되어 몇 번 참석한 적이 있는데, 나중에 한 가지 의문이 들면서 더 이상 모임에 참석하지 않게 되었다. 그것은 바로 이론에 능통한 이들이 실전투자로는 수익을 거둬들이지 못하고 있었다는 것이다. 모 대학 교수로 재직 중인 구성원 중 하나는 꽤나 큰 금액을 대출받아서 투자를 하고 있었다. 그런데 그는 현재 원금을 거의 다 날린 상태였고 나머지 구성원들도 별반 다를 것이 없는 상태였다.

실전투자를 하지 않고 주식시장에 대한 연구만 객관적으로 한다는 것을 나름대로 의미가 있는 일이라고 볼 수도 있겠다. 하지만 지식만 습득하고 실전투자가 따라 주지 않는다면, 그것은 어불성설 그 자체일 것이다.

주식투자는 돈을 벌기 위해 하는 것이다. 오직 그 하나의 목적뿐이다. 그러한 목적에서 벗어나는 행동은 절대로 해서는 안 된다. 적어도 실전투자의 영역에서는 말이다.

상당수 투자자들이 주식시장에 대해 이론적으로 많이 알고 있으면서도 수익을 내지 못하는 이유는 무엇일까? 그것은 바로 아는 것을 실천하지 못하기 때문이다. 그러면 왜 실천하지 못하는가? 지식 습득과 실천 사이의 괴리는 바로 '원칙'이 없기 때문에 발생하는 것이다.

주식시장에 대한 이해를 넓히기 위해 많은 이론을 공부했다고 치자. 그렇다면 이제 실전의 영역으로 넘어가게 되는데, 주식시장에서 바로 사용할 수 있는 실전 무기가 바로 원칙이다.

첫 번째는 대상에 대해 아는 것이고, 두 번째는 원칙을 만드는 것이며, 세 번째는 이것을 실천하는 것이다. 그런데 많은 투자자들이 두 번째, 세 번째 과정을 생략하는 경우가 많기 때문에 지식 습득과 실천 사이에 괴리가 발생하는 것이다.

일본 속담에 '바람이 불면 통(물건 담는) 장사가 잘 된다' 라는 말이 있다. 바람이 불면 먼지가 많이 날리고, 먼지가 날리면 눈병이 많이 생기고, 눈병 환자가 생기면 고양이가 줄어들고(고양이 신체 일부로 눈병 약을 만든다), 고양이가 줄어들면 쥐가 많이 번식하고, 쥐가 많이 번식하면 통을 많이 갉아먹고, 통에 구멍이 많이 나면 당연히 통 장사가 잘 된다는 얘기이다.

일견 논리적인 것으로 보이지만, 뭔가 견강부회의 결론을 얘기할 때 많이 인용되는 속담이다. 세계경기와 각종 경제 변수에서 시작해 종목선정까지 나오는 과정도 크게 다르지 않다. 엄청난 변수를 모두 개량화하는 것도 불가능하거니와 그렇게 한다고 해도 개별 종목에서 수익을 얻는 것은 또 다른 문제다.

주식투자로 돈을 번 명인들이 공통적으로 하는 말을 요약해 보면 '주식투자는 과학이 아니라 예술이며, 주식시장은 비합리적으로 움직이기 때문에 모든 변수를 계량화하려는 것 자체가 무모하다' 는 것이다. 피터 린치는 주식투자를 하는 데 필요한 수학은 초등학교 4학년에 이미 마쳤다는 말을 했다. 그는 계량분석을 신봉하는 와튼스쿨의 고수들이 피델리티의 동료들만큼 실제로 투자를 잘하지도 못한다는 것이 명백해지자 이론파와 현장파 사이에서 후자와 운명을 같이 하기로 결정했다고 한다.

수백 년 전 사람들은 태양이 떠오를 때 수탉이 울자, 닭의 울음소리가 태양을 떠오르게 하는 것으로 판단하였다. 지금도 마찬가지다. 매일 월스트리트의 전문가들이 호황장세에 대한 참신한 전망을 제시하면서 원인과 결과를 혼동하는 믿지 못할 현상이 벌어지고 있다. 같은 의미에서 코스톨라니는 사건이 먼저 터지고 뒤이어 분석가들이 저녁 뉴스에 출현해 말할 근거를 찾는다고 비유를 했다.

전문가들은 어떤 의미 있는 일관성을 가지고 시장을 예측하지도 못한다. 미국에는 수만 명의 경제학자들이 있다. 그들 중 다수가 경기후퇴나 금리를 예측하는 것을 주 업무로 하고 있다. 그리고 그들이 연속 두 번만 성공적으로 그 일을 해냈더라면 지금쯤 백만장자가 되어 은퇴했을 것이다. 어느 명인이 얘기했듯이 전 세계의 모든 경제학자들을 몽땅 해고시켜 버린다 해도 과히 잘못될 일은 없을 것이다.

피터 린치는 "나는 1년에 30분 이상 경제분석을 하지 않는다"라고 했다. 워렌 버핏 역시 경기, 환율 등 경제 분석을 중요시하지 않았다. 환율을 예상하고 경기를 따질 만한 에너지가 남았다면 기업에 대한 연구를 하는 것이 돈을 더 벌어다 준다는 것이다. 누구든지 이론을 공부하고 연구할 수 있다. 그러나 단순하지만 올바른 투자원칙을 가지고 실천하는 것은 그보다 더 중요하고 어려운 것이다.

외국인투자자의 마음을 움직인 '겨울연가' 포스터

2004년 2월 JP모건의 일행은 한국에 가기 위해 잠시 일본에 머무르게 되었다. 나리타공항에 도착해 잠시 공항 내 레코드 판매점에 들리게 되었는데, 여기서 이들에게 강한 인상을 심어준 하나의 광경을 보게 된다. 그것은 쇼윈도를 도배하다시피 한 드라마 〈겨울연가〉와 연예인 최지우의 포스터였고, 〈겨울연가〉의 대형 포스터에는 음반업체 '예당'의 기업 로고가 선명하게 찍혀있었다.

〈겨울연가〉는 최지우, 배용준 등이 주연한 드라마로 국내에서 높은 시청률을 기록한 후, 2003년 7월 일본에 수출돼 이 당시 높은 인기 몰이를 하고 있었다. 드라마의 인기는 곧바로 OST 앨범 판매로 이어졌다.

일본에서 이 같은 현상을 확인한 JP모건 일행은 예당의 브랜드가치를 높게 보고 주요 고객인 스탠더드퍼시픽캐피털에 자신 있게 투자를 권했다. 이후 스탠더드퍼시픽은 기존 최대주주였던 변두섭 사장(12.06%)을 제치고 예당의 최대주주(12.42%)에 올라설 정도로 공격적인 매수에 나서게 된다.

이 당시 예당의 주가는 3,000원대에 머물러 있었고 적자상태였다. 그러나 앨범 한 장당 마진이 70%에 달한다는 것과 일본에서의 인기를 직접 눈으로 확인한 외국인투자자들은 예당의 흑자전환을 확신하고 매수에 들어갔다. 결국 불과 3,000원대였던 예당의 주가는 두 달 만에 1만 원대에 근접하는 시세분출을 보여주었다.

워렌 버핏은 오마하의 시골강당에서 열린 그의 회사 '버크셔 해서웨이' 주주총회에서 "자신은 눈에 보이는 것에만 투자를 한다"라는 말을 남겼다. 그는 이러한 투자원칙 때문에 1990년대 후반 '닷컴주 열풍' 장세 때 인터넷 관련주에 투자를 하지 않았다. 그리고 잔치에서 소외된 그에게 사람들은 "이제 버핏도 다 됐어"라고 비아냥거렸다. 그러나 그 사람들이 다시 그가 했던 말의 의미를 깨달

앉을 때는 이미 거품이 붕괴되어 엄청난 고통을 고스란히 체험하고 난 뒤였다.

많은 투자자들은 신기술과 새로운 개념 등 눈에 보이지 않는 '허상'과 '정보'에 매료된 채 스스로도 확신하지 못하는 막연한 투자를 한다. 그렇기 때문에 루보와 같은 작전주에 투자해서 하루아침에 귀중한 돈을 날리는 일도 생겨나는 것이다.

일상 속에서 우리는 눈으로 확인되는 많은 투자의 단서들을 접하게 된다. 어떤 사람들은 이러한 단서를 통해 사업 아이디어를 발견하고 성공하기도 한다. 투자자라면 그것을 주식투자와 연관시켜 고민하고 실천하는 자세가 반드시 필요하다. 나리타공항의 포스터에서 적자에 허덕이던 예당의 '봄날'을 예감하고 실천한 외국 투자자들처럼 말이다.

계획한 그대로만 실천하고 또 실천하라

'투자의 신(神)'이라 불리는 고레가와 긴조는 단돈 300만 엔으로 1,000억 엔의 수익을 거둔 일본의 전설적인 투자자다.

가난한 어부의 일곱 자녀 중 막내로 태어나 교육도 제대로 받지 못했던 그는 몇 번의 사업실패를 거듭하며 가난에 허덕일 수밖에 없었다. 이후 고레가와 긴조는 1931년 34세의 조금은 늦은 나이에 본격적으로 주식투자를 감행했다. 그리고 일본 역사상 최초로 주식투자를 통해 거둔 소득만으로 소득세 납부 1위에 오르는 대기록을 세우기도 했다.

60여 년간 주식투자에 몸담았던 고레가와 긴조의 투자인생 초기는 뼈아픈 실패의 연속이었다. 한번은 도와광업을 주당 120엔에 매수해 500엔에 매도할 예정이었으나 급등추세가 계속 이어지자 목표가를 변경하고 보유량도 확대했다. 게다가 900엔을 돌파하자 다시 과도한 욕심을 부려 목표가를 1,000엔까지 상향 변경하기에 이르렀다. 그러나 900엔을 정점으로 주가는 하염없이 폭락해 4개월 만에 400엔 이하로 떨어져 투자원금만 회수할 수밖에 없었다. 과도한 욕심이 화를 불러 엄청난 수익기회를 놓쳐 버리게 된 것이다.

그는 이 실수를 통해 주식투자에서 성공하려면 욕심을 버리고 투자원칙을 계획대로 실천해야 한다는 것을 깨닫게 된다. 이후 그는 '기본을 벗어나지 않는 투자'와 '자신만의 투자원칙 고수'를 통해 우리 돈으로 1조 원에 이르는 엄청난 부를 거머쥐었다. 욕심을 통제하지 못하면 절대 계획대로 투자원칙을 실천할 수 없다며 주식을 '마물(魔物)'로 표현하기까지 했다.

1981년 그는 지난 실수를 거울 삼아 같은 업종인 스미모토 금속광산의 16%에 해당하는 주식을 주당 230엔에 사들인다. 그리고 해당주식이 계획대로 1,000엔을 돌파하자 과감하게 매도해 200억 엔을 벌어들이며 그해 일본에서 가장 큰 수익을 거둔 인물로 등극하게 되었다. 그는 결국 욕심을 버리고 계획대로 원칙을 실천하여 큰 돈을 벌어들인 것이다.

주식투자에서 첫 번째 중요한 것이 원칙이다. 그리고 그 원칙대로 실천하는 것, 그외에 다른 대안은 없다.

Chapter

4 달걀을 한 바구니 담는 이유

필자는 항상 투자를 달걀에 비유한다. 어미가 달걀을 정성스럽게 품지 않으면 병아리가 태어나지 않을 뿐더러 함부로 다루다가는 깨어지기 쉽다.

투자도 이와 마찬가지다. 충분한 연구를 거치지 않고 귀동냥이나 단순한 감으로 투자를 한다면 설사 수익으로 연결된다 해도 결국 투자자에게는 독이 되고 만다.

주식투자에 대한 격언 중에 '달걀을 한 바구니에 담지 말라' 라는 말이 있다. 필자는 이 말이 반드시 옳다고는 보지 않는다. 필자가 투자클리닉을 통해서 만난 많은 투자자들 가운데 상당수는 오히려 너무나 많은 종목을 보유하고 있었기 때문에 수익을 내지 못하고 있었다. 즉, 스스로의 시야로 관리할 수 있는 능력의 범위를 넘어 버린 것이다.

포트폴리오 혹은 분산투자라는 미명 하에 과다한 종목에 투자하는 것은 개인

투자자들에게 있어서는 치명적인 해악이다. 만약 이것이 상당 금액 이상을 운용하는 펀드의 경우라면 전혀 다르겠지만, 개인투자자들은 관리가 가능한 집약된 종목에 투자를 압축하는 것이 성공투자를 위한 필수조건이다.

필자의 경우는 단기투자용 계좌와 장기투자용 계좌를 분리해서 운용한다. 저축의 개념으로 장기투자하고 있는 우량주를 제외하고, 항시적으로 관리 가능한 종목이 2~3종목을 넘지 않도록 한다.

보유종목의 숫자보다는 투자대상 종목에 대해 얼마나 연구하였는지가 더욱더 중요하다. 그렇기 때문에 동일 업종 안에서는 두 개의 종목에 투자를 하지 않는다.

즉, 같은 업종 안에서는 최고의 투자가치가 있는 종목을 발굴해 내고 그 종목에만 역량을 집중한다는 것이다.

펀드와 달리 개인투자자들은 제한된 소규모의 자금을 가지고 투자를 하기 때문에 그 효율성을 극대화하지 않고서는 큰 수익을 거두기 어렵다. 물론 종목을 압축해서 투자하려면 남다른 연구와 노력이 필요하다. 그렇지만 그런 노력 없이 쉽게 수익을 내고자 하는 투자자들은 주식시장을 떠나야 한다. 주식시장은 리스크가 큰 시장이고 반대로 리턴도 큰 시장이다. 여기서 리턴은 인내와 노력의 대가라고 할 수 있겠다.

수익을 내지 못하는 대부분의 개인투자자들이 문어발식 보유 종목을 갖게 된 원인은 노력 없이 쉽게 돈을 벌려고 하기 때문이다. 주식시장에서 넘쳐나는 검증되지 않은 정보에 귀를 기울이거나 그날그날 가장 빨리 상승할 것처럼 보이는 종목에 베팅하는 '투기'를 한 결과다.

설사 나름대로의 분석을 통해 종목을 매수한다 해도 그것은 반드시 관리가 가능한 범위 안에서, 투자의 효율성을 극대화할 수 있는 범위 안에서 이루어져야만 한다. 그것이 개인투자자가 실전에서 성공하기 위한 기본적인 조건 중의 하나다.

완벽한 포트폴리오를 원한다면 차라리 인덱스 펀드에 투자하는 것이 훨씬 좋은 결과를 가져다 줄 것이다.

실수는 이미 투자에 내재된 비용이다

달걀에서 병아리가 탄생하기 위해서, 혹은 맛있는 요리의 재료가 되기 위해서는 깨뜨려야만 한다. 투자도 마찬가지다. 매수한 종목은 언젠가는 매도를 해서 현실화해야만 온전히 내 것이 된다.

매수한 주식을 매도한다는 것은 충분한 수익이 발생한 경우와 손해가 발생한 경우로 나눌 수 있다. 물론 목표한 가격대에 도달하여 주식을 매도할 때가 주식투자를 하는 투자자들에게 있어서는 가장 행복한 순간일 것이다.

그런데 주식투자를 하다 보면 손실을 보게 되는 경우가 있는데 문제는 여기서 발생한다. 투자자 스스로가 최초에 의도한 대로 주가가 움직여 주지 않을 경우 빨리 매도를 하고 손실을 최소화해야만 한다. 손절매의 시기를 놓치는 경우 손실 폭의 확대뿐만 아니라 다른 종목에 투자할 수 있는 기회비용마저 상실하게 되는 우를 범하게 된다.

그렇기 때문에 투자자는 항상 자신의 실수를 인정하는 습관을 들여야만 한다. 투자를 하면서 실수는 누구나 할 수 있는 것이다. 위대한 투자자 필립 피셔(Philip Fisher)는 "실수는 이미 투자에 내재된 비용이다"라는 말을 했다.

정말로 중요한 것은 투자자 스스로가 가능한 한 빨리 실수를 깨닫고, 그 원인을 철저하게 분석하여, 똑같은 실수를 반복하지 않는 것이다. 그리고 원하는 대로 주가가 움직일 때는 충분한 수익을 누리고, 만약 그렇지 않다면 빨리 실수를 인정하고 작은 손실에 연연하지 말아야 한다. 10종목에 투자해서 10종목이 다 올라가는 것은 있을 수 없는 일이기 때문이다.

위에서 언급한 것처럼 많은 투자자들이 손절매의 때를 놓쳐 손실 폭이 커지거나 때로는 너무나 과도한 욕심을 부린 나머지 충분하게 수익을 거둘 수 있는 기회가 있었음에도 그것을 놓치고 만족스럽지 못한 가격에 매도했던 경험을 가지고 있을 것이다. 이 모두가 투자를 즐겁게 할 준비가 안 되어 있기 때문이다.

주식격언에 '무릎에 사서 어깨에 팔라' 라는 말이 있다. 정확한 주가의 저점과 고점은 그 누구도 알 수 없기 때문에 상승의 모습을 확인하고 나서 매수하고 고점의 징후가 발생했을 때 매도하라는 것이다. 즉, 최저점에 사서 최고점에 팔고자 하는 욕심을 버리라는 의미기도 하다.

자신의 계좌에 발생했던 수익의 허상과 원금에 대한 과도한 집착은 주식투자에 있어 올바른 매도 시점을 판단하기 위한 시야를 흐리게 만드는 결정적 요소인 것이다.

거래소와 코스닥 양 시장에 수많은 종목이 존재하고 그 종목을 매수할 수 있는 기회는 주식시장이 열려 있는 한 언제든지 존재한다. 그렇지만 매도의 기회는 딱 한 번만 주어진다. 그렇기 때문에 주식투자를 타이밍의 예술이라고 하는 것이다. 따라서 우리는 항상 매도는 가벼운 마음으로 할 준비가 되어 있어야 한다.

목표한 가격대가 왔다면 그 종목이 산수갑산을 간다 해도 매도를 해야 한다. 그리고 매수종목이 최초에 의도한 방향과 반대로 움직일 때는 빨리 실수를 인정하는 습관을 길러야만 한다. 이러한 습관이 몸에 배어 있어야만 차곡차곡 계좌에 수익이 쌓여가는 기쁨을 맛볼 수 있는 것이다.

수익이 났을 때도, 손실이 났을 때도 항상 투자자 스스로가 인내할 수 있는 범위 안에서 즐겁게 매도를 하자. 준비한 그릇 안에서라면 달걀이 깨어진들 어떠하겠는가?

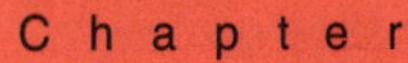

절대로 돈을 잃지 않는다
그리고 그 원칙을 지킨다

제1원칙 : 절대 돈을 잃지 않는다

제2원칙 : 제1원칙을 반드시 지킨다

이것이 워렌 버핏의 단순한 투자철학이다.

(1) 보유하는 주식에 대해 정확하게 알고 있어야 한다

(2) 모르는 종목에 투자하지 않는다

(3) 평생 약 20여 개 종목에만 투자를 한다

(4) 일단 한 종목을 소유했다면 평생 갈 수 있도록 해야 한다

이것이 워렌 버핏의 단순한 투자원칙이다.

세계적인 명인 워렛 버핏의 투자철학과 원칙이 이렇게 단순한 이유는 무엇일

까? 그것은 오직 실천하기 위해서다. 복잡한 원칙은 실전에 올바르게 적용할 수 없다. 주식시장의 변화무쌍하고 비이성적인 흐름은 단순한 원칙을 요구한다. 단순하지 않으면 절대로 성공할 수 없다.

올바른 실천을 위해서 종목을 선정할 때 가장 중요한 것이 있다. 잘 아는 종목에만 투자하는 것이다. 유망종목은 멀리 있는 게 아니라 바로 우리 주변에서 찾을 수 있다. 우리 일상생활과 긴밀히 관련된 회사의 주식들이 때때로 우리에게 엄청난 수익을 가져다 준다.

약사나 의사들은 성공적인 제약주의 매수시점을 다른 사람들보다 훨씬 잘 안다. 정식 증권분석가들보다 6개월 내지는 12개월 정도 앞서 주가의 중요한 움직임을 간파해낼 수 있다. 영업이익이 주가에 미치는 영향이 지대하다는 것을 감안해 볼 때 남들보다 6개월 내지 12개월 앞서 영업상황을 파악할 수 있다는 것은 엄청난 일이 아닐 수 없다.

절대로 돈을 잃지 않기 위해서는 단순한 투자원칙을 가지고 있어야만 한다. 단순해야만 실전에서 실천할 수 있다. 그러한 올바른 실천을 위한 조건은 단 한 가지다. 당신이 알고 있는 회사 주식에 투자하라!

원칙을 자주 바꾸면 성공할 수 없다

'미국 주식 챔피언 십'에서 세 차례(1985~1990년)나 챔피언을 거머쥐며 미국 월가를 떠들썩하게 했던 데이비드 라이언(David Ryan)은 주식투자를 '보물 찾기'라 말하며 밤낮 없이 주식분석에 몰두한 인물이다.

어린 시절부터 주식투자에 관심이 많았던 그는, 1982년 대학을 졸업하자마자 미국 월스트리트 윌리엄 오닐&컴퍼니를 찾아가 자신이 최고의 우상으로 여겼던 윌리엄 오닐에게 입사를 간청하고 기회를 얻게 됐다. 당시 그는 주식에 대한 뛰어난 열정과 끊임없는 노력으로 결국 입사 4년 만에 최연소 부사장감으로 지목되는 등 탁월한 능력을 인정받기도 했다.

그러나 데이비드 라이언에게도 뼈아픈 실패는 있었다. 1984년 투자원금의 3분의 2를 날리는 큰 손실을 보았던 것이다 추격매수와 시장의 장세를 반영하지 않은 무리한 투자가 문제를 일으킨 것이었다.

이후 그는 자신의 실패를 기회로 삼아 더욱 고군분투하여 자신만의 독자적

투자기법을 개발, 이를 통해 연간 100% 이상의 놀라운 수익률을 기록하며 주식투자의 거목으로 성장하는 발판을 마련하게 됐다.

기본적으로 '신고가 경신'을 종목 선정의 중요한 매매원칙으로 삼았는데, 실적이 호전된 우량주의 주가 변동을 깊이 있게 연구하여 지지선 형성 후 고점 돌파 시엔 매수를, 지지선을 이탈하면 매도했다.

신고가 경신이란 것이 '고점에서 몰린 사람들의 매물을 소화하고 상승'한 것인 만큼, 큰 호재가 있는 것으로 간주하고 적극적으로 대응한 것이다. 그는 자신의 원칙을 변경해 추격매수한 것을 초기 실패의 원인으로 파악했다. 그래서 '신고가 경신'이라는 매수 원칙을 고수했다. 그 역시 어떤 종목이 '신고가 경신'을 한다고 해서 반드시 큰 수익을 가져다주지는 않는다고 했다. 그러나 그렇지 않을 경우 실수를 인정하고 빨리 손절매를 하며, 예상대로 상승하는 경우에는 길게 가져가 수익을 극대화한 것이다.

어떠한 원칙도 완벽한 것은 없다. 중요한 것은 원칙을 세웠다면 그것을 지켜나가는 것이다. 변화무쌍하게 춤을 추는 시장에 맞추어 원칙도 덩달아 춤을 출 수는 없지 않은가.

8

실패로부터의 **교훈**이 **수익보다** 더 중요하다

독일의 극작가 브레히트는 "우리들에게 필요한 것은 장기적인 분노다"라는 말을 했다. 투자자들은 쉽게 분노한다. 자신의 실수 자체에 분노하는 것이 아니라 돈을 잃은 것에 분노한다. 그리고 쉽게 잊어버린다.

피터 린치는 그의 저서에서 "한 번 속는 것은 남들 잘못이지만, 두 번 속는 것은 내 잘못이다"라는 말을 했다. 투자자들은 자신 또는 다른 사람의 실수를 통해 교훈을 얻을 수 있어야 한다. 그러나 대부분의 투자자들은 실수로부터 교훈을 얻으려 하지 않고 바로 다시 돈을 따기 위해 시장에 덤벼든다. 그것은 노름일 뿐이다. 시간과 생명을 단축시키는 투기를 하고 있는 것이다.

그 어떠한 투자자도 실패를 경험하지 않은 사람은 없다. 세계적인 투자의 명인들도 마찬가지다. 단지 그들은 실패의 원인을 분석하고 그것으로부터 교훈을 얻었기 때문에 실수를 반복하지 않은 것이다.

미국 '주식투자 챔피언십'에서 9번이나 우승해 미국 월가를 놀라게 한 마티 슈바르츠는 연평균 210%의 경이적인 수익률을 달성한 바 있는 미국 최고의 펀드매니저다. 하지만 그에게도 실패의 순간은 있었다. 명성을 날리기 전 주식시장에서 10여 년간 실패를 거듭하며 무능력자라는 불명예를 얻기도 했던 것이다. 당시 그는 절치부심하며 자신만의 독자적인 투자기법을 개발했고, 이를 토대로 1979년부터 독립형 펀드를 2~3개씩 운영하며 최고의 수익률을 달성하는 스타 펀드매니저로 거듭나게 됐다.

슈바르츠는 "주식투자에서 성공하려면 우선 손해를 보는 법부터 배워라"라고 조언했다. 실패를 통해 스스로 투자기법을 터득할 수 있다는 의미다.

20세기를 풍미한 유럽 증권계의 거목 앙드레 코스톨라니는 미국 출신이 아님에도 불구하고 월가를 쥐락펴락한 유일한 인물이었다. 그 역시 예외는 아니었다. 코스톨라니도 한때 투자 실패로 파산 상태에까지 이른 적이 있다.

그러나 낙관론자였던 그는 '훌륭한 투자가가 되기 위해서는 적어도 두 번 이상의 파산 경험이 있어야 한다'는 생각으로 자신의 상황을 슬기롭게 극복하며 진정한 투자고수의 반열에 올랐다.

헝가리 태생의 무용가 출신인 니콜라스 다비스는 주식에 대해서는 아무것도 모른 채 우연한 기회에 주식투자를 시작했다. 그리고 한때 자신이 가진 전 재산을 다 날리고 빚더미에 앉는 등 뼈 아픈 고초를 겪기도 했다.

그러나 피나는 노력 끝에 그만의 투자원칙인 박스이론(Box pattern theory)을 개발해 거부가 되었다.

존 템플턴과 제시 리버모어 역시 증권회사 보조로 시작해서 초기의 실수로부터 교훈을 얻어 성공했다.

투자 결정을 내릴 때 실수를 저지를 것을 미리 걱정할 필요는 없다. 워렌 버핏조차도 때로 실수를 하기 때문이다. 여기서 중요한 것은 실수를 통해 교훈을 얻어 같은 실수를 반복하지 말아야 한다는 것이다.

거래의 신이 말하는 사고팔고 쉬어라

　'사께다 전법'으로 알려진 투자기법의 창시자, 혼마 무네히사는 '거래의 신'으로 추앙받는 인물이다. 오사카 도오지마 곡물거래소에서 신출귀몰한 거래로 막대한 부를 창출한 그는 에도시대 천하제일의 부자가 되었다.

　사께다라는 일본의 항구 지역을 중심으로 활동을 하였다 해서 붙여진 이름인 '사께다 전법'은 오늘날 주식시장에서 기술적 분석을 할 때 대표적으로 애용되는 투자기법이 되었다. '사께다 오법'이라고도 하며 3산(三山), 3천(三川), 3공(三空), 3병(三兵), 3법(三法)으로 구성되어 주가의 기본적인 움직임을 매우 잘 기술하고 있다.

　우리가 지금 현재 흔히 사용하고 있는 '캔들차트(Candle Chart)'는 일본식 차트인데, 이것을 창시한 사람 역시 바로 혼마다. 혼마는 하루에도 수십 차례 변하는 쌀 가격으로 인한 혼돈 속에서 수집한 자료를 토대로 도표화할 수 있는 방법을 연구했다. 그러던 중 눈앞에 타오르는 촛불을 보고 캔들차트를 고안하게 되었다. 다양한 모습으로 일렁이는 촛불이 마치 쌀 가격의 변화와 같았기 때문이다. 그래서 그가 중요하게 생각했던 시가, 종가, 저가, 고가를 표시하고 그것을 시간의 순으로 배열한 캔들차트가 탄생한 것이다.

이후 그는 거래에서 승승장구하며 자신의 가문을 에도시대 최대 부자가문으로 만들었다. 이처럼 그는 남다른 노력으로 거부가 되었다. 그러나 이러한 예에서 가장 중요한 것은 기본적 원칙들을 지키는 것에 있다고 믿고 자신의 믿음을 실천했다는 것이다.

혼마는 수익을 거두는 것보다는 마음가짐을 더욱 더 중요시했으며 욕심과 자만을 멀리했다. 그 역시 젊은 시절 오만함에 사로잡혀 실패한 적이 있는데 그것은 시장을 예측하고 자기 뜻대로 움직였다는 오만함에서 비롯됐다고 한다.

그래서 그는 "시세의 본래 모습은 사람의 힘이나 지혜 등으로 헤아리거나 움직일 수 있는 것이 아니다"라는 말을 남겼다.

혼마는 또한 쉬는 것을 매우 중요하게 생각하였다. 그의 사께다 오법 중 삼법이 바로 '매(賣)매(買)휴(休)' 다. '사고, 팔고, 쉬어라' 즉, 쉬는 것도 투자의 일종이라는 뜻이다.

매수·매도가 불확실한 상황에서는 주가가 움직이는 방향을 기다리며 일정 기간 휴식하는 것이 필요하다. 또한 매매를 해서 큰 수익이 났을 때 쉬지 않고 연이어 매매를 한다면 자만심으로 인해 실패할 확률이 매우 높다. 그러므로 주식투자에서 쉬는 것은 매우 중요하며 쉬는 동안 시장에 대해 성찰할 수 있는 여유가 다시 성공을 불러오는 것이다.

혼마는 일본 최대의 투자명인이었다. 그러나 그는 자신의 투자비법이 세간에 알려지는 것을 꺼려했다. 혼자 돈을 벌기 위함이 아니라 대중들이 잘못 오용하여 인생을 그르치는 것을 두려워했기 때문이다. 그 역시 "사람들이 동쪽으로 달리면 서쪽으로 가라”와 “모두가 무기력할 때 투자를 시작하라” 등 대중들과 반대되는 길을 강조했고 욕심을 투자의 가장 큰 적으로 규정했다.

쉬지 않는 투자는 결코 성공할 수 없다. 거래 횟수가 많으면 많을수록 실패할 확률은 높다. 투자 결정을 내리기 전 다시 한 번 생각해 보는 여유로움은 아무리 강조해도 지나침이 없을 것이다.

365일 시세판 앞에서 거래하는 것은 경마나 도박을 하는 것과 다를 바가 없다. 하루 종일 시세판 앞에 앉아서 찰나의 기회를 잡으려고 하면 할수록 정작 큰 기회는 놓치게 된다. 그래서 조바심 내지 말고 관망하며 좋은 기회를 기다리는 자세가 중요한 것이다.

사고 팔아서 이익이 크게 발생했을 때, 혹은 시장에 대한 판단이 서지 않았을 때 쉬는 것을 실천하는 것은 중요한 투자의 연속이다. 돈을 벌기도 하고 따기도 하지만 죽기 전까지 투자의 기회는 무한하기 때문이다.

기업의 가치가
나빠진다면 주식을 팔아라

많은 사람들이 주식투자를 위해 월스트리트에 몰려들 때 워렌 버핏은 그곳에서 2,000킬로미터 이상 떨어진 오마하를 거의 벗어나지 않은 채 평생 투자를 했다. 투자자들은 정보를 찾아 바쁘게 움직였지만 버핏의 사무실에는 그 흔한 블룸버그 단말기 한 대 없었다. 정보가 아니라 오직 한 가지, '기업의 가치' 에 대해서만 고민했기 때문이다.

피터 린치를 표현하는 말에는 항상 '마젤란 펀드' 가 따라다닌다. 그는 피델리티에서 리서치 관련 업무만을 해오다 마젤란 펀드의 운용을 처음으로 맡게 되었다. 이후 때 이른 은퇴 전까지 13년간 경이적인 수익률로 명인의 대열에 올랐다.

피터 린치가 맨 처음 주식운용을 하기 시작한 1970년대 증시는 하락장이었다. 그러나 피터 린치는 스스로 과거나 향후 증시의 흐름에 크게 관심을 두지 않았다. 한 가지 명백한 사실은 주식투자를 할 때 주식시장을 예측할 수 있는 능력을 갖춰야 할 필요는 없다는 것이다. 그는 오로지 기업의 가치를 염두에 두고 괜찮은 종목을 물색해서 묵묵히 보유했으며, 기다리고 또 기다렸다.

투자자들은 항상 여러 가지 정보에 노출되어 있다. 또한 많은 세상사와 시세를 연결시키고자 한다. 그래서 대중들은 전쟁이 일어나면 몰려가 주식을 처분하지만 주가는 곧 반대로 반등을 한다. 북한에서 핵실험을 하거나 대통령이 탄핵을 당했다거나 천재지변이 발생했을 때 도 주식을 팔지만 주가는 곧 떨어진 폭보다 더 많이 반등하곤 했다.

심지어 누가 작전을 한다는 말에도 배팅을 한다. 보물선, 광산, 유전, 신약, 자원개발, 신물질 등등 보이지 않는 실체를 믿고 너무나 과감하게 소중한 자산을 내거는 것이다. 이런 것들이 수많은 투자자들을 도탄에 빠뜨리고 다시는 투자의 기회조차 주어지지 않도록 냉혹하게 시장에서 퇴출시켰다.

그럼에도 불구하고 오늘날에도 수많은 투자자들이 이러한 실체 없는 정보에 귀를 기울이고 불나방처럼 뛰어든다. 아마도 주식시장이 존재하는 한 그것은 계속될 것이다. 투자자들이 모두 이성적으로 행동한다면 주식시장의 시세는 합리적으로 움직일 것이고 시세의 변동성이 사라지므로 주식시장도 사라지게 되기 때문이다.

그래서 이러한 대중들과 반대로 움직이는 것이 중요한 것이다. 대만과 일본에 지진이 일어나 반도체 공장이 멈춘다 해도 삼성전자의 펀더멘탈이 좋아지는 것은 결코 아니다. 가치는 기업 스스로 경쟁력을 갖출 때 상승하는 것이다. 천재지변이 일어나고 하늘이 무너졌다고 팔지 마라. 기업의 가치가 나빠진다면 그때는 반드시 팔아라.

투자는 습관이다

　마지막으로 한 번 더 강조하고 싶은 말은 '투자는 습관'이라는 것이다. 원칙을 지키는 습관 그 이하도 아니다. 습관이 잘 되어 있으면 그것으로 족하다. 주식투자에 특별한 비법이 존재할 수는 없다. 어떤 절대적인 기법이 존재한다면 그 시간부터 주식시장은 존재하지 않을 것이다. 모두가 그 기법대로 움직인다면 시장은 수익을 낼 수 있는 변동 폭이 사라져 버리기 때문이다.

　필자는 오랜 시간 주식시장에 있으면서 풍부한 경험을 자랑하는 많은 투자자들을 봐왔다. 그러나 돈을 버는 투자자는 몇 명 발견하지 못했다.

　많이 알고 경험이 풍부하지만 주식투자로 좋은 성과를 거두지 못하는 이유는 원칙을 지키는 습관이 없기 때문이다. 앞에서 사례로 들었던 '터틀스'가 주식시장에 발을 들여놓은 지 2주 만에 승승장구하면서 오랜 기간 좋은 성과를 거두었던 단 한 가지의 이유는 2주 동안 배운 간단한 원칙대로만 매매를 하였기 때문이다.

필자가 평상시에 접하는 많은 투자자들은 대부분 원칙이 없는 매매를 반복적으로 하고 있다. 손실이 나면 막연한 기대감에 중장기로 가져간다. 원래 중장기 투자를 계획했던 것이 아니라 주가가 떨어졌기 때문에 그냥 가져가는 것이다. 반대로 수익이 발생한 경우는 금방 팔아버린다. 손실은 작게 하고 수익은 길게 가져가는 것이 주식투자의 대원칙이건만 반대로 손실은 길게 가져가고 수익은 짧게 가져가는 매매를 하고 있는 것이다.

투자자라면 자신이 지금 어떠한 투자를 하고 있는지 한번 심각하게 고민을 해보아야 할 것이다. 그리고 자신만의 투자원칙이 있는지를 먼저 살펴보아야 한다. 그 다음으로 투자원칙이 있다면 그것을 그대로 실천하고 있는가가 중요하다. 아무리 경험이 풍부한 투자자라도 원칙대로 투자하는 습관이 없다면 종합주가지수가 10000포인트를 간다 해도 결코 성공할 수 없는 것이다.

주식10년 대호황 新 투자전략

초판 1쇄 2007년 7월 30일
　　2쇄 2007년 9월 10일

지은이 김동희
펴낸이 김석규   **담당PD** 권병규   **펴낸곳** 매경출판(주)
등 록 2003년 4월 24일(No. 2-3759)
주 소 우)100-728 서울 중구 필동1가 30번지 매경미디어센터 9층
전 화 02)2000-2610(출판팀) 02)2000-2636(영업팀)
팩 스 02)2000-2609   **이메일** publish@mk.co.kr

ISBN 978-89-7442-463-3
값 14,000원

한국과 글로벌증시 향후 10년 전망

미국증시는 2010년까지 상승한다. 미국 다우지수는 40000포인트에 근접, 나스닥은 20000포인트에 근접 후 완만한 하락세를 보일 것이다.

한국증시는 최소한 2015년까지 상승한다. 2010년을 전후해 4000~5000포인트를 돌파할 것이며 2015년까지 상승할 경우 10000포인트에 근접할 것이다.

2015년 이후 세계증시는 동반 하락할 것이다.

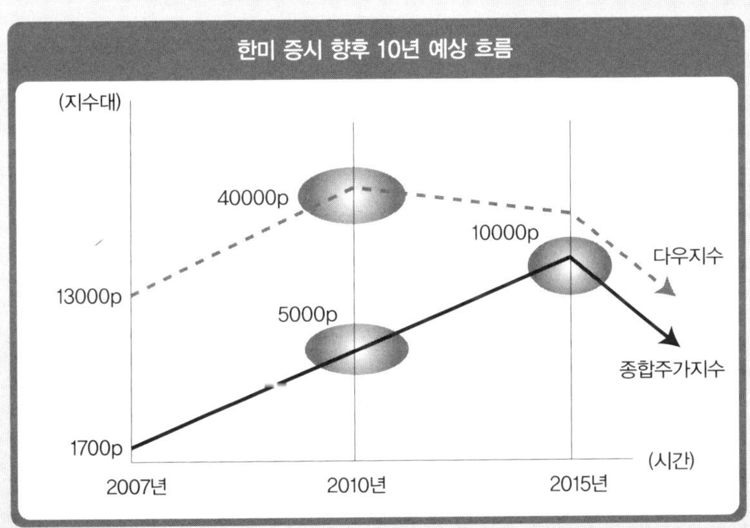

목 차

: 1000포인트 돌파한 각국증시는 **레벨업**된다

▶ 저금리로 인해 주식투자의 시대가 도래

▶ 주가 레벨업이 일어난 1982년 미국 상황과 동일

▶ 장기박스권(1000포인트) 돌파 후 각국증시는 레벨업

1964년부터 1982년까지 미국증시는 20년 가까이 네 번에 걸쳐 1000포인트 돌파 시도가 있었지만 번번이 실패로 끝나고 만다. 그러나 1982년 다섯 번 만에 1000포인트를 돌파해 10000포인트를 넘는 대장정에 돌입하게 된다.

2005년 한국증시는 20년 만에 1000포인트를 다섯 번째로 돌파한 이후 2007년 현재 1900포인트를 넘나드는 역사적인 신고가 장세를 기록 중이다. 1982년 이후 미국증시와 2007년 한국증시에는 어떠한 일이 벌어지고 있는 것일까?

오늘날 우리나라의 상황은 이미 크게 장기상승 사이클을 경험한 선진 각국증시의 레벨업 시기와 대단히 유사한 측면을 가지고 있다. 특히 20

년 동안 600~1000포인트의 박스권 안에 머물다가 1982년 1000포인트를 돌파한 후 20여 년 동안 13배 넘게 상승한 당시 미국증시의 상황과 매우 닮았다. 이것이 우리 증시가 장기 호황으로 이어질 수 있다는 기대를 갖게 하는 부분이다.

1980년 종합주가지수 100포인트로 출발한 우리 증시는 1987년 500포인트를 돌파하였다. 그리고 1989년 처음으로 지수 1000포인트에 도달한 이래 20년 동안 500~1000포인트의 박스권을 그려왔다. 미국의 다우지수도 지난 1961년부터 1982년까지 600~1000포인트의 박스권을 그리다가 1000포인트를 넘어서면서 장기상승 사이클이 시작됐다. 이후 다우지수는 20년 이상 장기 호황 국면을 맞으며 13000포인트가 넘게 상승하는 기염을 토한다.

　미국의 다우지수가 1000포인트를 넘어섰던 당시의 경제 상황도 2007년 현재 우리나라와 상당 부분 흡사하다. 미국은 1970년대 말 극심한 인플레이션 영향에서 헤어 나오지 못하고 네 차례나 마이너스 성장을 하는 등 침체 국면에 빠져 있었다. 1980년대 초반에는 소비 침체까지 이어졌다. 한국 역시 지난 2002년 신용카드 사용 남발 등으로 생긴 소비 버블이 꺼지면서 소비 침체 등 극심한 후유증을 겪었다.

　또한 미국은 당시 경제 위기론 등으로 혹독한 구조조정을 거쳤는데, 이는 외환위기 이후 한국의 상황과 매우 유사하다.

　간접투자 열풍도 마찬가지다. 미국의 가계 금융 자산은 1980년대 들어 은행권에서 주식시장으로 흘러 들어오기 시작했다. 미국의 주식형 펀드 투자 자금은 1982년 412억 달러에서 1983년에 537억 달러, 1984

년에 770억 달러로 급격히 증가했다.

우리나라도 2004년부터 적립식펀드 열풍이 불면서 간접투자 자금이 늘어났다. 적립식펀드의 계좌 수는 2003년 말 20만 개에서 2004년 말 120만 개로 1년 만에 5배 이상 증가했다. 2005년 말에는 600만 개로 또다시 5배가 늘어나는 놀라운 증가율을 보여주었다. 2007년 3월 기준으로 적립식펀드 판매 잔액은 30조 4,000억 원이며 적립식펀드 계좌 수는 829만 계좌에 달한다.

기관은 시황 전망에 따라 대량의 자금을 유입·유출해 시장 변동성을 심화시키는 주범이었다. 반면 개인자금의 경우 다수의 투자자로 구성돼 자금 유출입이 크지 않고 시장을 견고하게 지지해 주는 기능을 하기 마련이다. 따라서 적립식펀드가 갖는 위력은 대형 단일기관자금의 몇 배와 맞먹는다.

은행과 증권사 간의 업무 영역이 허물어지면서 개인투자자들이 더 손쉽게 간접 주식투자에 나설 수 있게 된 것도 증시 자금줄을 더 튼실하게 하는 역할을 했다.

저금리로 인해 은행 예금이 매력을 잃었다는 점도 미국의 상황과 비슷하다. 미국의 10년짜리 국채 금리는 1980년대 초 연 14%에서 4%로 추락했다. 한국도 국채 금리가 반등 움직임을 보이고는 있으나 4%대에 머물러 있다. 또한 한국증시를 더 활기차게 할 요건도 비슷하다. 미국은 1984년 기업연금제가 시행됐고, 한국은 2007년부터 기업연금제가 도입된다. 장기투자를 할 든든한 후원군이 생기는 것이다.

미국 주식시장이 장기 상승한 것은 실물경제의 발전뿐만 아니라 펀드, 기업연금, 변액보험 등에 개인의 소액자금이 꾸준히 유입됐기 때문이다. 이 같은 사실은 단순히 미국의 주식시장이 오늘날 우리나라의 상황과 비슷하다고만 하기에는 너무나 닮아있다.

1000포인트 돌파한 각국증시는 레벨업된다

일본 니케이지수의 경우 1960년대 1000엔을 돌파한 후 38000엔까지 상승했으며 대만의 가권지수는 1980년대 1000포인트 돌파 후 10000포인트까지 상승했다. 앞에서 언급했듯이 미국의 다우지수는 1964~1982

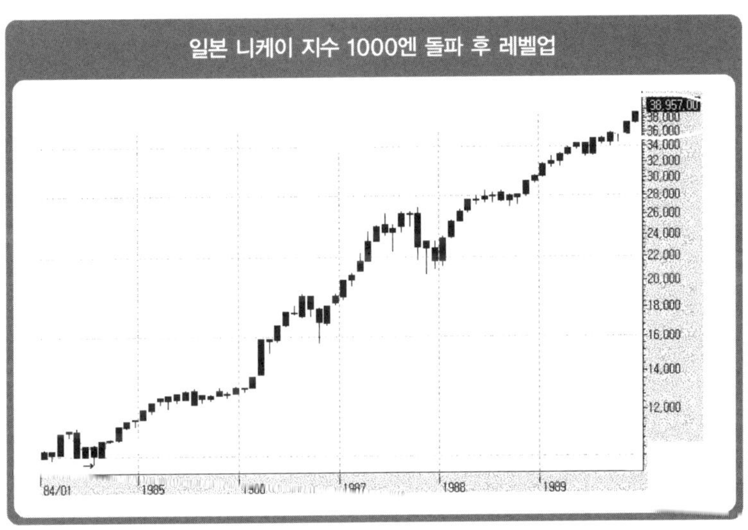

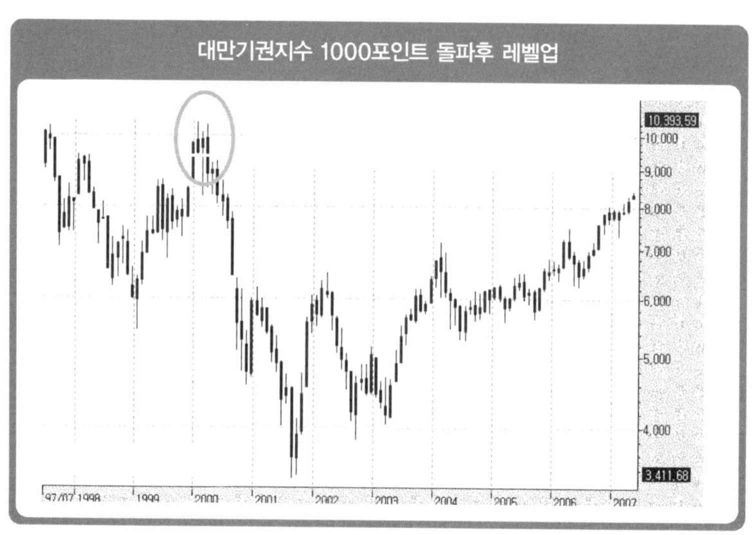

년까지 우리와 아주 유사한 파동을 그린 후에 1000포인트 돌파 후 2007년 현재까지 장기랠리 중에 있다.

더군다나 이 시기를 통해 저금리 시대의 돌입과 간접투자 열풍, 기업연금제의 도입과 자본시장 통합법으로 인한 거대 투자 은행의 탄생 등 여러 가지 사건이 발생했다. 이로 인한 가치주의 역사적 신고가 행진 등 레벨업 시기의 현상들이 오늘날 우리나라에서도 동일하게 일어나고 있다.

글로벌증시는 장기상승랠리 중이며 대한민국은 2007년 현재 시장이 레벨업되는 국면의 초입부에 서 있다. 현재의 상승은 시작에 불과하다. 이것이 바로 우리가 이번 기회를 놓쳐서는 안 되는 역사적인 근거이다.

증시주변의 **풍부한 대기성** 자금

오늘날은 '고령화', '디플레이션', '실질금리 마이너스' 등의 말로 대표되는 시대이다. 최근 들어 불기 시작한 적립식펀드 열풍은 이런 시대의 흐름을 잘 대변해 준다. 새로운 패러다임이 눈앞에 다가오면서 부(富)를 창출하는 통로가 은행권 중심의 확정수익형 상품이나 안정적인 채권위주의 상품에서 주식형 상품으로 서서히 옮겨지고 있는 것이다.

그렇지만 아직 본격적인 '투자의 시대'가 무르익은 것은 아니다. 총 1,000조 원으로 추정되는 국내 개인의 금융자산 중 가계자산의 80%가 부동산 등 실물자산이며 나머지 금융자산 가운데서도 주식비중은 불과

6% 안팎에 불과하다. 이처럼 가계 자산구조에 있어 부동산 편중이 심각한 수준이다. 미국은 부동산 대 금융자산의 비중이 3:7, 일본만 해도 1:2 정도인데 비해 우리는 5:1로 기형적 구조를 가지고 있다. 아직도 갈 길이 먼 것이다.

전설적인 투자의 달인이었던 '앙드레 코스톨라니'는 주식투자를 할 때 항상 '시장에 주식보다 바보가 많은지, 아니면 바보보다 주식이 많은지를 본다'라는 말을 했다. 이 말은 주식시장에 들어와 있는 돈이 많은지, 아니면 주식시장에 들어올 대기성 자금이 풍부한지를 판단한 후 투자여부를 결정한다는 것이다.

우리나라의 이번 대세상승은 다른 곳의 마땅한 투자대안이 없고 부동자금이 사상 최대인 상태에서 맞이한 것이기 때문에 이제 서막에 불과하다고 할 수 있다. 더군다나 각국의 증시가 수십 년 동안 박스권 안에서 움직이다가 한 단계 크게 레벨업이 되었던 시기의 상황을 비교해 보면 2007년 현재 우리나라의 상황과 매우 유사함을 알 수가 있다.

레벨업 시기의 수급적 변화에는 두 가지가 있다.

첫 번째, 연기금 자금이 적극적으로 유입됐다는 것이다. 최근 재정고갈문제의 해결을 위해 고심하고 있는 국민연금은 그 타결책으로 선진국 수준인 20%까지 주식 비중을 확대시킬 것으로 예상된다. 보건복지부는 2007년 5월 29일에 '국민연금기금 중기(2008~2012) 자산배분(안)'을 발표하면서 2012년까지 국내의 주식 비중을 20% 이상까지 늘리기로 했

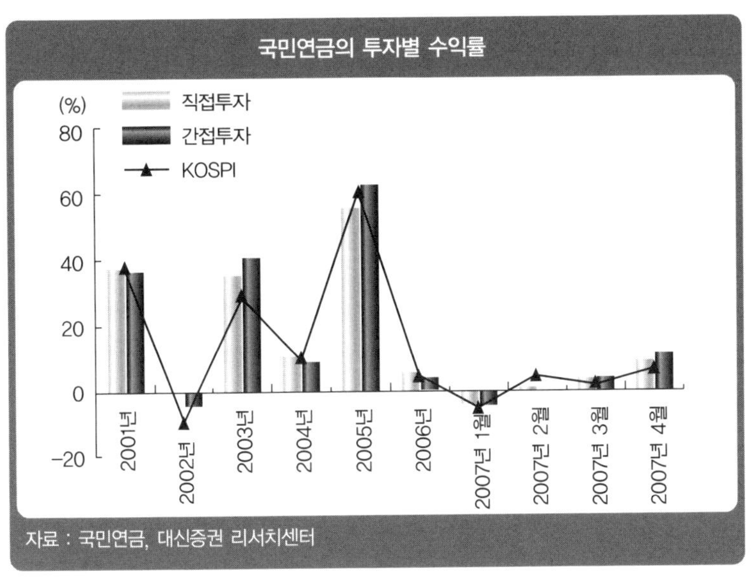

다. 이는 국내증시에 대한 중장기 수급의 안정적 흐름을 가져올 것으로
예상된다.

또한 국민연금은 향후 보다 적극적인 수익률 제고에 나설 것으로 보
인다. 소위 말하는 채권 중심의 '안정빵' 위주 투자로는 더 이상 연금을
유지할 수 없는 상황이기 때문이다. 주요국들과 비교했을 때 국민연금
의 기금운용수익은 턱없이 낮다. 미국 캘리포니아 공무원연금(일명 캘
퍼스, Calpers) 수익률 13.4%의 절반에도 못 미치는 수준이다.

주식비중 확대 계획으로 2012년까지 국민연금의 주식보유잔고는 79
조 6,000억 원까지 증가될 예정이다. 이는 2007년 4월 말 기준(24조
8,344억 원)보다 약 55조기 증가된 금액이다. 즉, 2012년까지 연간 약

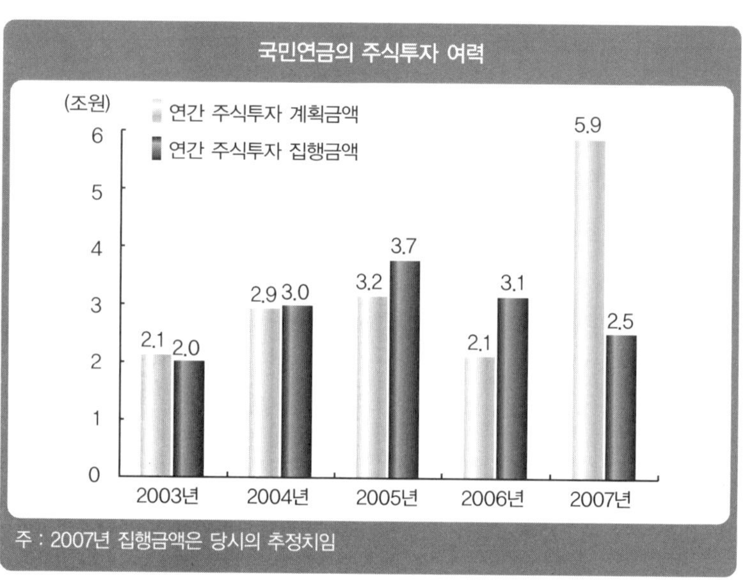

11조 원씩 증가시켜야 하는 수준이며 이는 매년 약 26%씩 성장하는 것이다. 재투자분을 제외하더라도 향후 매월 1조 원의 주식을 사야만 해 국내증시의 수급상황은 크게 개선될 것으로 판단된다. 이러한 자산배분 전략은 과거 국민연금의 중장기 마스터플랜(2004년 12월)보다도 주식 비중이 대폭 증가된 형태이다.

이는 앞으로 주식비중 확대를 통해 가입자들의 보험료 부담을 낮추고, 기금고갈 시점도 늦추겠다는 적극적인 의지를 표명한 것으로 해석된다. 국민연금의 연도별 및 2007년 월별 수익률을 살펴보면 대체로 코스피지수의 상승률을 넘는 양호한 수익률 패턴을 보여주고 있어 이를 뒷받침해 준다.

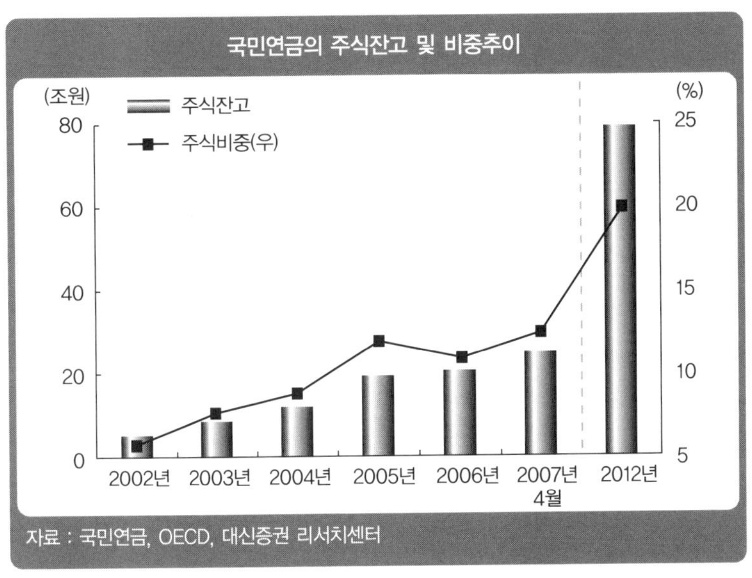

또한 국민연금의 주식투자 확대(20% 이상) 및 채권투자 축소(50% 미만) 계획은 선진국 형태의 연기금 자산배분 전략으로 결국 과도했던 채권비중의 정상화 과정으로도 파악된다. 2005년도 기준으로 국민연금의 주식비중은 12% 수준을 보이며, 미국(41%), 영국(40%)은 물론 포르투갈(21%)에 비해서도 현저하게 떨어진다.

이번 중기 자산배분안에서 기금운용의 목적 달성을 위해 2012년까지 달성할 사전적인 중기목표수익률로 7.3%를 제시하였다. 이는 향후 5년간 실질경제성장률(4.5%)과 소비자물가상승률(2.6%)의 합계인 경상경세성상률보나도 0.02%포인드를 조괴히는 수치로서 연금재정 안정화를

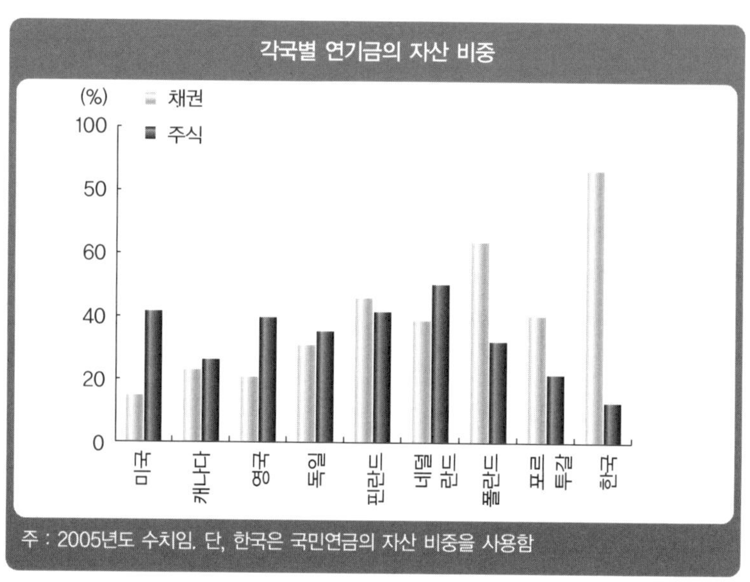

위해 적극적으로 수익률 제고에 나서겠다는 의지를 표명한 것으로 파악
된다.

따라서 그동안 국민연금의 국내 주식투자전략은 다소 소극적 투자(인
덱스형, 시스템형, 배당지수형 등) 위주였으나, 향후에는 보다 적극적
투자(순수주식형, 장기배분형, 중소형주형, 코스닥형, 기업지배구조형
등)로 비중이 확대될 가능성이 클 것으로 전망된다. 이러한 전략은 2006
년을 기점으로 이미 소극적 투자 중심의 국내주식 직접투자(10조 1,300
억 원)보다 적극적 투자위주로 운용하는 국내주식의 위탁투자잔고(10조
5,924억 원)가 상대적으로 확대되는 추세를 통해서도 확인되고 있다.

특히 전 세계 연기금들의 모범이라 할 수 있는 미국의 캘리포니아 공

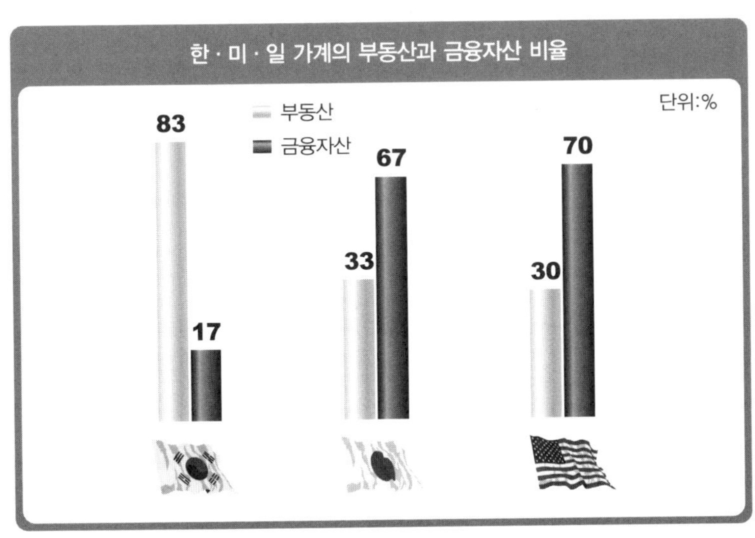

무원 연금펀드가 기업지배구조 펀드를 적극적으로 조성하고 있는 사례를 살펴보면, 향후 국내 연기금의 적극적인 투자행태가 어느 수준까지 발전할 수 있는가를 가늠할 수 있다.

두 번째 수급적 변화는 개인자산구조의 변화라 할 수 있다. 1980년대 이후 미국 개인 금융자산의 중심은 은행예금에서 주식으로 급속히 이동하여 그 비중이 증대되었다. 제2차 세계대전 후 소위 베이비붐 시대에 태어난 세대가 퇴직 후 중장년층에 진입하기 시작했고, 마침 저금리 시대가 도래했다. 때문에 중장기적 투자수익률을 높이기 위해 개인 금융자산이 주식시장에 몰려든 것이다.

적립식펀드 등 주식 장기투자는 미국, 일본 등 선진 자본시장에서 보편적인 재테크 수단이다. 실제로 미국의 경우 지난 1975년 가계금융자산 구성비가 예금 55%, 주식 29%, 채권 14%, 투자신탁 2% 정도였지만, 2003년 말 기준으로는 예금 12.4%, 주식 32.4%, 채권 7.3%, 투자신탁 12.5%를 기록해 큰 차이를 보였다. 특히 주식 장기투자 수단인 투자신탁의 경우 6배 이상이 증가하여 기업가치에 대한 투자가 노후를 대비하는 자산운용 방법으로 정착했음을 보여준다.

국내 가계자산 구조는 일본·미국 등 선진국과 정반대의 구조를 가지고 있다. 2003년 말 기준 미국과 일본의 부동산, 금융 비율은 각각 3:7, 1:2임에 반해 국내의 경우 5:1로 분석됐다.

국내 가계자산 포트폴리오는 지나치게 부동산에 집중돼 있고 또 전체 가계자산의 17%에 불과한 금융자산 내에서도 심각한 불균형이 나타난다. 2005년 3월 말 국내 가계금융자산 중 현금·예금이 차지하는 비중은 58.0%로 1998년 45.4%보다 오히려 12.6%포인트나 높아졌다. 반면 투자신탁(수익증권)과 주식 비중은 기껏해야 5.0%, 7.0%에 불과하다.

2003년 말 기준 미국 가계의 금융자산 중 현금·예금 비중이 12.4%, 투자신탁과 주식 등이 각각 12.5%, 32.4%임을 감안할 때, 국내 가계 금융자산의 심각한 쏠림 현상을 가늠할 수 있다. 또 가구 당 펀드보유 계좌 수는 우리나라가 0.3계좌로 1.7계좌인 미국의 5분의 1에도 미치지 못한다.

2007년 현재 우리나라 가계의 자산구조는 크게 부동산에 대한 과도

한 의존, 극도의 안전자산 선호(주식기피) 등 2가지 특징으로 대변된다. 이러한 가계 자산구조는 부동산 가격이 급등하고, 시중의 예금금리가 10% 넘었을 때 상당한 효과를 발휘했다.

하지만 부동산 거품의 붕괴 가능성이 높고 저금리추세도 상당기간 지속될 것으로 예상돼 선진국형으로의 변화는 불가피하다. 일본은 제쳐두고라도 국내 경제 수준과 비슷한 대만의 1년 만기 정기예금 금리가 연 1% 수준에 머물고 있는 점은 시사하는 바가 크다.

매월 1조 원에 달하는 국민연금의 매수자금과 여기에 열기를 더할 기업연금, 대학연금 등 각종 연기금은 중장기적으로 주식시장을 떠받칠 안전판 역할을 할 것이다. 더불어 개인투자자들은 저금리 시대에 대비하기 위해서 자산비중 가운데 특히 최저수준인 주식에 대한 직간접투자를 늘려야만 하는 상황에 직면했다. 부동산을 제외하고라도 가계금융자산 내에서만 수백조 원의 자금이 주식시장으로 유입될 것으로 보인다.

2007년 현재 우리나라는 국민연금, 기업연금, 가계자산에서 주식이 차지하는 비중이 선진국 가운데 최저 수준이며 저금리와 마땅한 투자수단의 부재로 점차적으로 주식투자를 늘릴 수밖에 없는 국면에 돌입했다. 진입을 준비하는 대기성 자금들은 너무나 풍부한 상황이다. 2007년 현재 1800포인트를 오르내리고 있는 주가는 기껏해야 장기 상승의 초기 국면에 불과한 것이다.

기술혁명주기의 도래

《버블 붐(*The Next Great Bubble Boom*)》의 저자 해리 덴트는 1980년 후반 3000포인트를 밑돌던 다우지수가 2000년 초 10000포인트까지 오를 것으로 예상했다. 당시에는 '미친놈' 소리를 들었으나 이후 정확한 예측으로 사람들을 놀라게 했던 그의 전망은 상당히 이채롭다.

바로 우리 종합주가지수가 5000포인트를 돌파한다는 것이다. 다우지수는 2010년에 40000포인트, 나스닥 지수는 20000포인트까지 상승할 것으로 예상하고 있다. 그는 정확하게 2009년 중반까지 엄청난 호황을 장담한다. 이는 미국뿐만이 아니라 글로벌경제의 동반호황이다. 이러한 호황의 근거는 두 가지다.

첫 번째는 인구구조의 변화다. 경제란 수요를 반영하기 때문에 1960

년대 근처에 태어난 베이비붐 세대의 구매력이 2010년까지 최고점에 다다를 것으로 내다본다.

두 번째는 기술혁명주기다. 80년 주기의 기술혁명이 1920년대 대호황을 이끌었다면, 80년 뒤인 오늘날은 인터넷을 기반으로 한 기술혁명이 2010년까지 호황을 이끈다는 것이다.

투자자라면 결국 '2010년'을 염두에 둬야 한다. 앞으로 3~4년이다. 그의 예측에 따르면 다우지수는 2009~2010년 40000포인트를 뚫는다. 나스닥은 최대 20000포인트까지 내다본다. 지금보다 3~4배 이상 뛴다는 얘기다. 그는 "2005~2010년 동안 증시는 지난 200년간 볼 수 없었던 슈퍼 강세장이 펼쳐질 것"이라고 말한다. 먼저 기술혁명주기에 대해서 알아보자.

핵심 신기술이 등장해 인프라를 확장하는 '기술 혁신'은 대개 80년 주기로 나타난다. 이것을 '신기술 80년 주기설'이라고 한다. 즉 매번 한 세대 걸러, 약 80년마다 신기술과 신경제가 등장했다는 것이다.

80년 전의 핵심 신기술과 신경제가 자동차와 헨리 포드의 대량생산 조립 라인이었다면, 현재의 핵심 신기술은 초고속 인터넷이라고 할 수 있다. '광란의 1920년대'로 불렸던 1922~1928년에는 자동차 보급률이 90%까지 올라가면서 생산성 증가와 호황을 불러왔다. 지금은 초고속 인터넷 가정 보급률이 90%에 이를 것으로 전망되는 2010년경에 주식시장은 호황의 정점에 이른다는 것이다.

이외에도 현재 펼쳐지고 있는 호황기가 '광란의 1920년대' 호황기와 매우 유사하다는 것에 주목할 필요가 있다. 호황의 시작 전에 경기 침체가 있었고, 기술주가 폭락하고 테러가 발생했다는 것까지 비슷하다. 급속히 늘어난 소비 연령층과 생산성 주기가 최고점을 이뤘다는 것도 동일하다. 그렇기 때문에 1920년대 대호황기처럼 2005년에서 2010년까지는 일생일대의 투자기회가 될 것이다.

10년간 지속된 강세장은 역사상으로도 매우 드물었다. 10년간에 걸친 장기 호황장은 1920년대가 첫 번째였다. 그리고 두 번째가 1950년대, 그리고 세 번째가 1990년대였다. 그 이외 대부분의 강세장은 기껏해야 3~4년간 지속될 뿐이었다.

1980년부터 2010년까진 역사상 유례가 없는 최대(30년)의 경제호황기가 이어진다. 1920년대 이후 가장 짜릿한 '경제 붐'이라고 할 수 있다. 이른바 '격동의 21세기'다. 1920년대와는 비교할 수 없는 엄청난 변화가 예상된다.

그것은 바로 정보혁명 때문이다. 기대 이상의 합리적인 가격에 주문 생산된 다양한 제품·서비스가 제공됨으로써 새로운 경제 붐을 일으킬 확률이 높다. 인터넷은 새로운 주문생산경제를 낳았고, MS와 같은 고성장기업을 탄생시켰다. 미국의 최근 경제성장은 주문생산과 하이테크 붐 덕분에 가능했다. 유럽·일본은 미국의 다음 바통을 이어받게 된다.

4

▶베이비붐 세대가 소비주체로 부상

▶인구분포와 기술혁명 결합 시 초장기 호황 도래

▶미국은 2010년까지 한국은 2020년까지 왕성한 소비주기

막강한 베이비붐 세대가 소비주력으로 부상하게 되면 수입·지출·생산은 절정기를 맞이한다. 해리 덴트는 15세기 이후 최대의 경제혁명을 맞고 있으며 역사적인 사실만 봐도 이 흐름은 불가피한 대세라고 말하고 있다. 그 근거는 '인구분포'와 '기술혁명'이며, 이 두 가지 요소가 결합된 것이 지금의 상승파동이라는 것이다.

경제의 호·불황은 소비에 의해 결정되기 때문에 출생률은 매우 중요하다. 출생도표만 잘 봐도 미래소비를 예측할 수 있다. 2000~2010년은 베이비붐 세대의 소비가 절정에 달하는 시점이다.

2005년 인구 통계에 따르면 우리나라는 전체 인구 4,704만 143명 중 10대가 13.9%, 20대가 15.6%를 차지하고 30대가 17.4%, 40대가

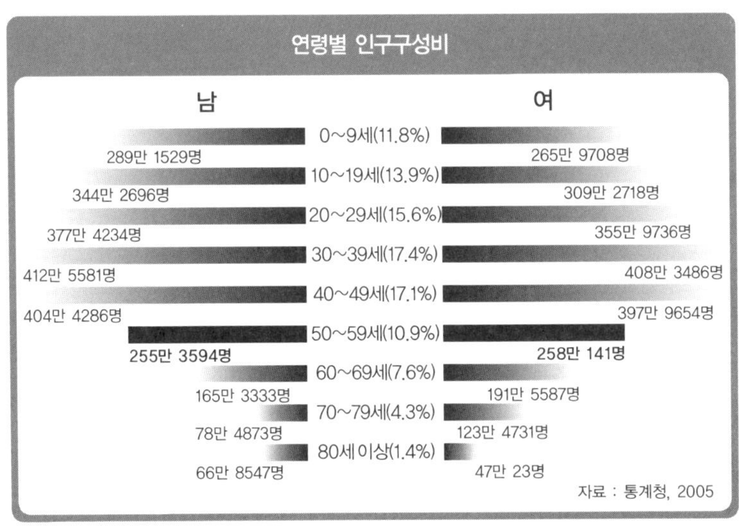

17.1%로 연령별 인구 분포에서 가장 많은 숫자를 차지한다. 50대는 10.9%를 차지하고 있다.

세부적으로는 1971년생이 87만 5,187명으로 가장 많다. 우리나라 인구 약 4,700만 명을 기준으로 전체 인구의 1.8%에 해당하는 숫자다. 다음은 1970년생, 1972년생이 나란히 다음 순위에 해당된다.

80년 주기의 기술혁명 속에서 베이비붐 세대는 신경제를 탄생시킨 주역이다. 헨리포드 세대(1920년대)가 '기술혁신→소비→정착' 단계를 거쳐 경제혁명을 이뤄냈다면 베이비붐 세대(1960년대)는 인터넷시대를 열어 정보혁명을 이끌고 있다.

과거의 경제주기 패턴에 따르면 현재의 베이비붐 세대와 같은 소비주
도층을 중심으로 소비가 늘어나면서 경제도 활기를 띠게 되며, 역사적
인 대호황은 기술혁신과 때를 같이한다는 것이다.

일반적인 은퇴연령을 55세라고 가정할 때, 베이비붐 세대의 은퇴 연
령대를 보면 미국은 1960년대가 주축이므로 2015년, 한국은 1970년대
가 주축이므로 2025년이다. 이들 베이비붐 세대가 가장 왕성한 소비를
하는 40대는 미국이 2000~2010년, 한국이 2010~2020년에 해당된다.

이러한 논리에 기초했을 때 한국증시는 미국증시보다 훨씬 더 강도
높은 장기간의 상승이 가능하다. 한국은 베이비붐 세대가 1970년대 초
반까지 걸쳐져 있어 증시 상승기간이 미국보다 10년 더 길며 또한 인터
넷 최강국으로 정보화 혁명의 한가운데 있기 때문이다.

5

장기호황 주도주의 탄생
: 주도주 순환랠리 가능성

▶ 전통 제조업종(조선업 중심)의 장기 호황 주도주 탄생

▶ 랠리의 하반부는 인터넷, IT업종의 리드가 예상

▶ 주도주의 순환랠리 시 장기 상승추세 가능

2007년 현재의 글로벌증시 상황은 과거 상승장과는 확연히 구분된다. 1990년대 10년 대호황을 주도했던 기술주들이 아니라 에너지, 원자재, 조선 관련주들을 포함하여 1990년대 소외됐던 대형 주식들이 상승장을 주도하고 있다.

S&P500지수가 사상 최고치를 경신하는 것도 새로운 터닝 포인트가 될 수 있다. 상대적으로 무거운 대형주 중심인 S&P500지수가 사상최고치를 뚫는 것은 대형주들의 약진이 두드러진다는 측면에서 큰 의미가 있다.

또 기업의 순익 증가세가 주가 상승을 뛰어넘고 있다. 바꾸어 말하면 주식의 저평가 국면이 지속되고 있다는 뜻이다. 2007년 현재 수가 수준

은 역사적 평균에 비해 약간 높은 수준에 불과하다.

S&P500지수가 2007년 현재 실적의 18배 정도 수준에서 거래되고 있는데 이는 제2차 세계대전 직후 평균 주가수익률(PER) 16배에 비해 그다지 높은 수준이 아니다. 2002년 기술주 거품 시기의 30배에 비해서도 현저히 낮다. 이러한 전통적인 제조업의 부활 한가운데에 조선업의 장기호황이 자리 잡고 있다.

2007년 현재 조선업계는 30년 만의 장기 호황을 맞고 있다. 1968~1978년 1차 장기 호황, 1988~1994년 2차 단기 호황에 이어 본격적인 3차 장기 호황기가 펼쳐지고 있다.

세계 최대 에너지 소비국인 미국은 원유 자원의 감소에 따라 지나친 석유 의존형 에너지 수급구조에서 천연가스 비중을 15%까지 늘리기로 하여 액화천연가스(LNG) 수입을 대폭 확대하고 있다. 이를 위해 미국은 이미 카타르의 천연가스전 시추와 함께 LNG선을 대규모 발주하기 시작했다. 미국은 2025년까지 지속적으로 LNG 수입량을 늘리고 여기에 맞춰 LNG선을 계속 발주할 계획이다.

또 이란 인근 사우스파 지역에 위치한 세계 최대 매장량의 천연가스전 시추를 위해 이란과 카타르에서 총 100척 규모의 대규모 LNG선 신규 수요가 발생할 것으로 보인다. 업계는 LNG선이 향후 10년간 대량 발주가 이어질 것으로 보고 있다.

특히 최근의 고유가 행진은 조선업계 최대의 호재로 꼽힌다. 석유수

출국기구(OPEC)의 증산은 곧바로 막대한 해상 물동량 증가로 이어져 유조선 시장이 활황을 보이고 있는 데다 신규 유전 개발 수요가 급증하면서 리그선(원유 시추용 선박) 시장이 폭발적으로 확대되고 있기 때문이다.

이미 리그선 시장은 최근 2~3년 사이 수주 가격이 평균 60% 상승했고 하루 용선료도 약 250% 상승했다. 특히 지난 10여 년간 지속된 저유가로 리그선 발주가 거의 없었다는 점에서 리그선 시장은 조선업 3차 장기 호황을 주도할 '핵심'으로 꼽히고 있다. 원유 수요가 증가함에 따라 리그선 시장은 사상 최대의 호황을 맞으면서 향후 10년간 매년 30기 이상이 발주될 것으로 예상된다.

2000년부터 일본을 제치고 조선업 세계 1위로 등극한 한국은 LNG선, 유조선, 리그선 시장에서 모두 최고 수준의 경쟁력을 보유하고 있다. 따라서 이 같은 추세는 국내 업계의 수주에 청신호로 받아들여지고 있다.

또한 타오르는 불에 기름을 부은 것이 벌크선 호황이다. 조선업과 해운업계에서 '천덕꾸러기'로 취급받았던 벌크선이 철광석 등 건화물(Dry Cargo) 물동량의 증가로 해운, 조선 양대 시장의 상승세를 주도하는 견인차 역할을 톡톡히 하고 있다.

철광석, 석탄, 곡물 등을 실어 나르는 벌크선은 화물을 싣는 공간이 칸막이로만 구획된 단순한 선체구조로 해운 · 조선업계에서 몇 년 전까지만 해도 사양부문으로 간주됐으나 BDI(Baltic Dry Index, 벌크선 퉁

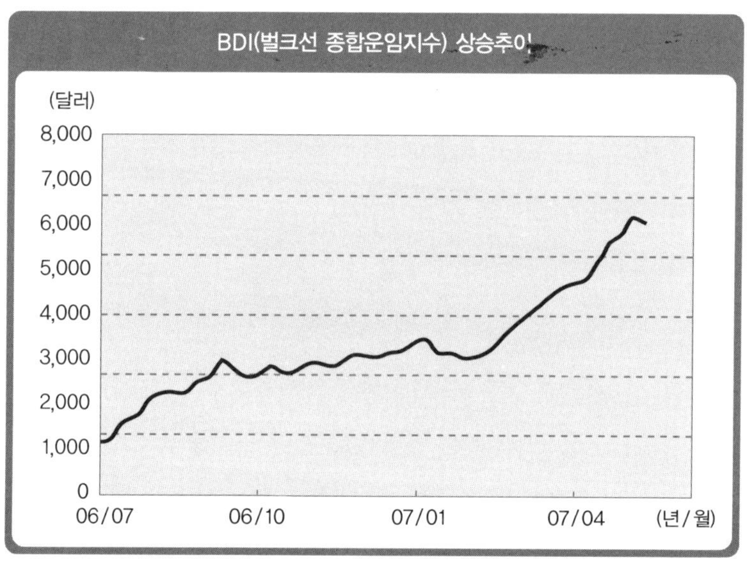

합운임지수)가 사상 최고치를 돌파해 역사적 신고가를 경신하는 등 황
금기를 보내고 있다.

2006년 초부터 시작된 벌크선 호황은 중국이 철광석 수입을 종전 인
도에서 브라질로 전환하고 한국, 일본, 대만 등이 석탄 수입을 종전 중
국에서 호주 브라질 등 역외지역으로 바꾸고 있으며, 1980년대 집중적
으로 건조된 벌크선의 교체 수요가 꾸준히 발생하고 있는 점 등이 겹친
결과다.

벌크선 강국으로 통하는 일본은 2007년 현재 3~4년 치 일감을 확보
한 상태라 추가 수주가 어려운 상황이어서 결국 한국과 중국 조선소로
벌크선 발주가 몰리고 있다.

실제로 이미 3년 치 이상의 수주 물량을 확보해놓고 있는 현대중공업, 대우조선해양, 삼성중공업 등 국내 업체들은 꾸준히 밀려드는 해외 선사들의 주문에 즐거운 비명을 지르고 있는 상황이다. 국내 조선업체의 매출액이 2005년 10.9%, 2006년 27.0%, 2007년 44.3%, 2008년 72.8%로 이후에도 계속 증가할 것으로 전망되고 있다. 업계에서는 이번 호황이 사상 최대ㆍ최장의 호황기가 될 것이라는 예측까지 나오고 있다.

주식시장이 장기상승랠리를 펼쳐가기 위해서는 주도주가 반드시 존재해야 한다. 이것은 시장을 리드하고 있는 주도주가 장기 호황국면을 이어간다면 상승은 그만큼 강하고 길게 전개될 수 있다는 것을 의미한다.

또한 조선업종의 호황은 조선기자재, 철강, 해운 등 관련 업종의 호황을 견인하기 때문에 지수는 지속적인 상승이 가능하다. 즉, 조선주의 장기호황은 이번 상승추세가 장기랠리로 갈 수 있다는 아주 중요한 근거가 되는 것이다.

이번 역사적 신고가랠리는 80년 주기의 기술혁명에서 비롯된 것이라 할 수 있다. 그것은 바로 인터넷 기술에 근거한 것이다. 따라서 이번 장기상승의 전반부는 전통적 제조업 중심, 특히 조선업종이 시장을 견인하고, 후반부는 상승랠리를 촉발시킨 인터넷 관련주와 IT 업종이 바통을 이어받는 주도주 순환랠리가 나타날 가능성이 높다.

1980년 종합주가지수가 100포인트로 시작된 이래 현장세를 제이차

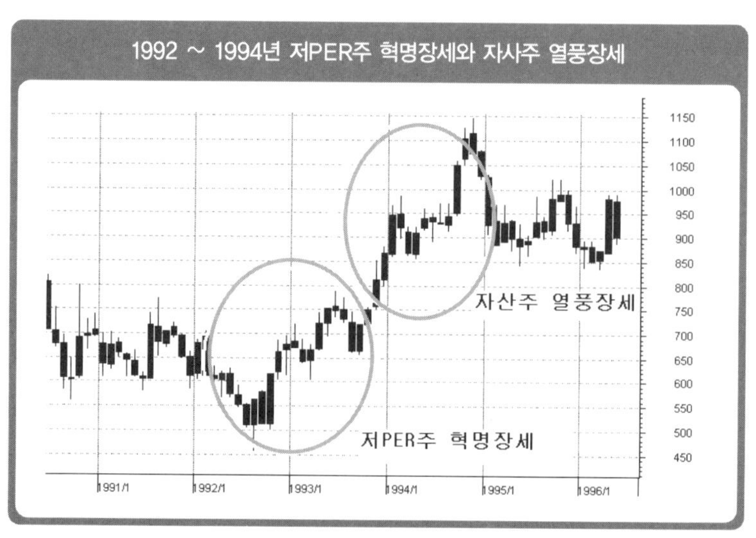

고 가장 높은 지수대를 기록한 것은 1994년 11월에 기록한 1145포인트였다. 1992~1994년 까지 약 2년 6개월간 펼쳐진 상승장에서 역사적 신고가를 경신할 수 있었던 가장 큰 이유는 주도주의 순환랠리가 있었기 때문이다. 1992~1993년 상반기까지 전반부는 저PER주 혁명장세가, 1993~1994년 하반기까지 랠리의 후반부는 자산주 열풍장세가 펼쳐진 것이다.

이렇듯 시장을 이끄는 뚜렷한 주도주의 부각과 순환은 기존의 상승보다 강한 에너지를 가지고 상승하며 상승의 기간도 길어진다. 이번 상승추세 역시 전반부의 전통 대형주들의 강세가 후반부에 인터넷과 IT관련주의 순환랠리로 이어진다면 역사상 유래 없었던 최장기 호황이 전개될 것이다.

주식시장 패러다임의 변화
: 자본간 경계의 붕괴

▶ 금융자본의 산업자본화 진행

▶ 증시 우호적 환경으로 산업구조 재편

▶ 주식시장의 상승이 실물경제의 호황으로 이어짐

2007년 상반기 주식시장의 화두는 '긍정론'과 '조정론'의 첨예한 대립이었다. 시장의 조정론을 대표했던 한 유명 전략가는 상반기 안에 지수가 1250포인트까지 조정을 받을 것이라고 예측했고 이는 여러 언론매체를 통해 인용됐다. 그러나 2007년 5월 지수는 1700포인트를 돌파했고 6월 1750포인트를 넘는 급등세를 이어갔다. 결국 그 전략가는 실수를 인정하고 시장에 백기를 들고 말았다.

물론 2007년 새해 시장이 시작하자마자 급락을 했고, 많은 여타 전문가들도 시장의 급등을 예측하지 못했기 때문에 그 전략가만의 잘못으로 보기는 힘들다.

그 전략가는 자신만의 독특한 시스템으로 시장을 예측하는 것으로 유

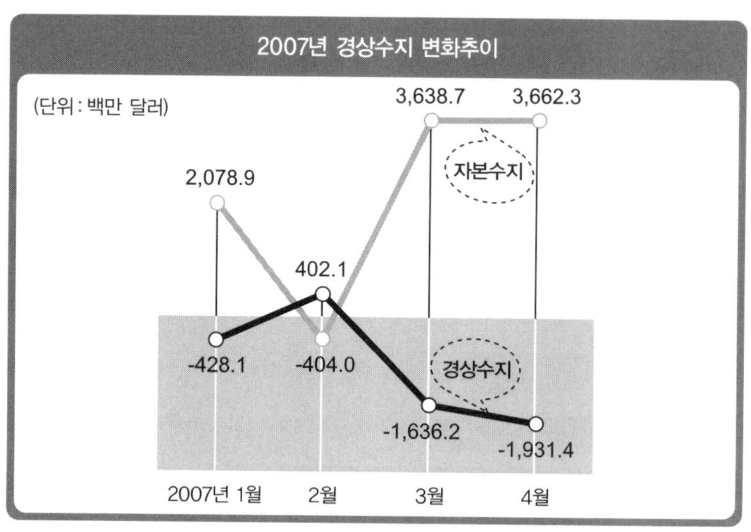

명했는데 그것을 구성하는 주요 변수 중의 하나가 '경상수지[1]'였다. 보통 경상수지가 감소하면 주가가 떨어지는 것이 일반적인 현상이다. 그런데 2007년 경상수지가 지속적으로 감소했지만 지수는 급등하는 반대의 현상이 벌어진 것이다.

이러한 이유는 무엇일까?

그것은 주식시장 패러다임의 변화에서 찾을 수 있을 것이다. 지금까지는 산업자본을 통해 생산된 유동성이 전망 좋은 기업의 주식매수를 통

---

1. 한 국가의 대외거래상태를 나타내는 지표 중의 하나로 무역수지, 무역외수지, 이전수지를 합한 것이다. 보통 국제수지적자 또는 국제수지흑자를 말할 때는 대개 경상수지를 기준으로 하고 있다.

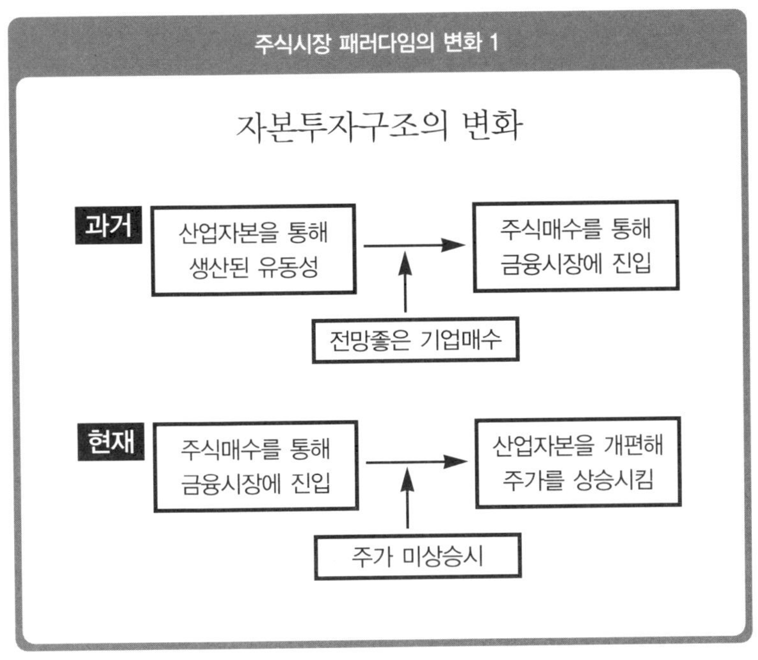

해 금융시장에 진입해왔다.

그러나 최근에는 주식매수를 통해 금융시장에 진입한 뒤 주가가 상승하지 못하면 산업자본을 개편해 주가를 상승시키는 적극적 주주행동주의가 보편화되고 있다. 지배구조의 개편, 재무구조의 투명화, 배당금 상향 등의 문제뿐만 아니라 구조조정, 기업 분할, M&A 등 기업의 근본적인 운명까지 좌우하고 있는 것이다.

그렇기 때문에 주식시장이 실물경제에 선행해 움직인다는 전통적 패러다임이 아니라 주식시장 자체가 실물경제 즉, 금융자본이 산업자본과

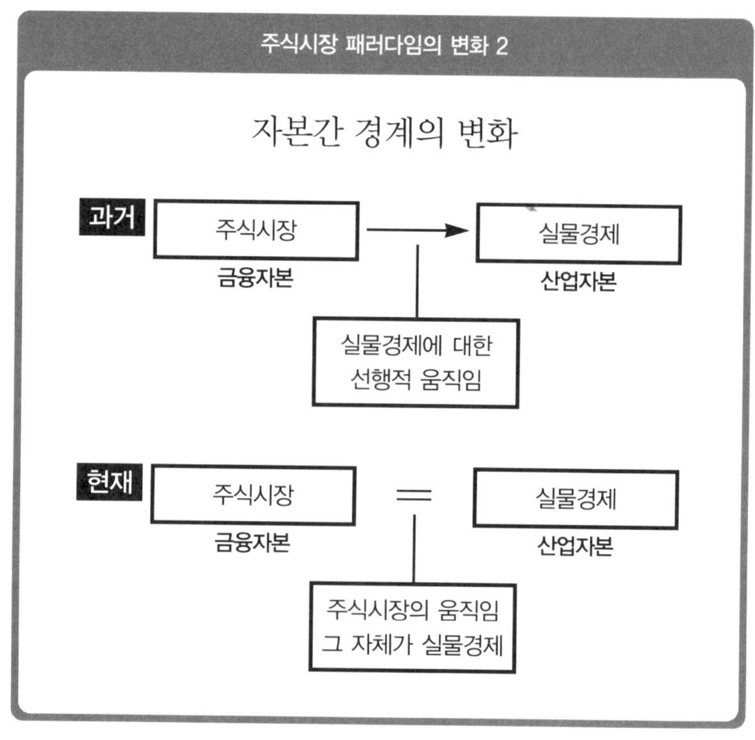

동일시되는 새로운 패러다임으로 변화하고 있는 것이다.

따라서 주식시장의 상승이 바로 실물경제에 영향을 미치고 그것이 다시 주가를 견인하고 있다고 봐야 한다. 산업자본을 변화시킴으로써 주식시장의 상승을 정당화해 장기상승추세를 이어가고 있는 것이다.

니프티 – 피프티 장세의 도래

▶ 대규모 자금유입과 기관화 장세의 도래

▶ 우량주의 유동성 점차적 고갈

▶ 역사적 신고가 종목 속출

1969~1973년 미국증시에서 가장 유행한 말은 '니프티 피프티(Nifty-Fifty)' 였다. Nifty는 '멋진, 맵시있는' 이라는 뜻이다. 여기에 Fifty가 합쳐져 '멋진 50종목' 이라는 의미를 갖게 된 이 유행어는 기관투자가가 증시를 주도했던 이른바 '기관화 장세' 를 달리 표현한 말이다.

당시 기관투자가들은 증시의 주도권을 장악하고 철저히 대형 우량주 중심으로 투자했다. 멋진 50종목이 바로 기관들의 투자 대상이었다. 이들 50종목 주가는 시장 평균에 비해 갑절 이상 올랐다.

좀 더 길게 본다면 이들 종목은 1970년에서 2004년까지 평균 50배 정도 주가가 뛰었다. 같은 기간 한 10배쯤 오른 다우지수의 상승률과는 비교가 안 될 정도로 높다. 나머지 종목들 대부분은 철저히 소외되는, 극단적인 양극화 장세가 펼쳐졌다.

1970년대 초반 니프티-피프티 장세에서 주목받았던 것은 코카콜라, 아메리칸 익스프레스, 필립모리스, P&G, 맥도널드, 월트디즈니 등 대표적인 대형 우량주였다. 대형 우량주는 유통 주식 수가 많아 대량 거래에 따른 부담이 적고 중소형 종목에 비해 경영 투명성이 높았다. 이들 50종목은 'One Decision Stock' 이라는 별칭을 얻기도 했다. 이는 매수 결정은 한 번이면 족하고 이후에는 영원히 매도해서는 안 된다는 시세관이었다.

그런데 2007년 현재 주식시장에서 한국판 니프티-피프티 현상이 나타나고 있다. 2003년 차이나 모멘텀 이후 철강 및 비철금속, 조선, 에너지, 화학, 건설 등 우리 증시 주변에 머물던 업종이 중심으로 화려하게 들어섰다.

이들은 시대흐름과 환경, 경제 변화를 대변하고 있고 이익성장이 일회성이 아니라 장기간 지속되고 있다. 이제껏 보지 못했던 역사적 신고가 종목이 속출하고 있는 것이다. 아마 대부분의 투자자들은 주가가 너무 올랐다며 사기를 꺼려할 것이다. 그러나 종합주가지수가 사상최고가를 경신하는 동력은 바로 이들에게서 나오고 있다는 사실을 명심해야 한다. 강력한 '그들만의 리그' 가 진행되고 있는 것이다.

이 종목들을 일컬어 소위 '다이하드(Die-Hard) 종목' 이라는 비유적 표현을 쓰기도 한다. 특히 조선업종의 움직임은 한마디로 '추세적 상승' 이라는 것이 무엇인지를 교과서적으로 보여주고 있다.

이러한 시장의 주류를 놓친다는 것은 사실상 이 시장의 대세를 전혀 인식하지 못하고 있는 것이다. 역사적 신고가는 단순히 전고점을 넘는 기술적인 흐름이 아니며 시장의 주도 트렌드를 형성하는 종목에서만 연출되는 것이다.

이러한 역사적 신고가 종목이 일개의 테마나 산업에 국한되지 않고 광범위한 산업군의 다양한 종목에서 속출하고 있는 것은 과거 우리 증시의 어느 국면에서도 나타나지 않았던 현상이다.

바로 이 지점에 주목해야 한다. 미국에서 장기간 역사적 신고가 종목들이 속출했던 건 지난 1970년대 초 이른바 니프티-피프티 때와 1990년대 후반 '신경제 IT 열풍' 때다.

물론 1970년대 초 대형 성장주가 증시랠리를 주도했던 니프티-피프티 장세는 지난 1990년대 후반의 IT열풍과는 여러 가지 차이가 있다. 가장 큰 차이점은 1970년대 니프티-피프티 버블 때는 다양한 산업의 다양한 종목이 랠리를 주도했다는 것이다. 여기에는 머크, 화이자 등의 제약주와 IBM, 텍사스 인스트루먼트(TI) 등의 기술주, 코닥, 폴라로이드, 맥도날드 등의 소매주가 망라됐다.

2007년 현재 우리 증시에서 나타나고 있는 역사적 신고가 종목 장세 역시 광범위한 산업군의 다양한 종목에서 속출하고 있다. 이러한 단서를 통해 우리는 이번 랠리가 단기간의 현상만은 아닐 것이라고 추측할 수 있다.

사모수식투자펀드(PEF) 관련법 시행과 연기금의 주식투자 비중이 높아지는 등 증시 수급구조가 개선될 것으로 예상되면서 우량 블루칩에 대한 수요가 늘고 있다. 이는 국내증시에서도 니프티-피프티 장세가 화려하게 나타날 개연성이 높다는 것을 보여준다.

또한 한국증시에서도 기관화 장세에 대한 논의가 한창이다. 엄청나게 유입된 적립식펀드를 바탕으로 증시에 미치는 기관들의 영향력이 어느 때보다 강해졌기 때문이다.

증시에 새로운 자금이 대규모로 유입될 경우 대형 우량주가 주요 매수대상인데 외국인들은 그동안 우량주를 일단 산 뒤 팔지 않는 바이 앤 홀드(Buy And Hold) 전략을 구사하고 있어 이미 일부 종목의 경우 품귀현상이 나타나고 있다. 또한 자사주매입이나 이익소각 등으로 주주가치를 높이는 종목이 늘고 있어 우량 대표주의 공급 부족 현상은 지속될 것으로 예상된다.

2007년 현재 시가총액 상위 30개 종목 중 외국인 지분율이 높은 15개 주식의 외국인 지분율은 56.6%로 최대주주(19.5%)를 크게 웃돌고 있으며, 유통물량도 발행주식의 10%선에 불과한 상황이다.

2003년 이후 차이나 모멘텀에서 비롯된 전통 제조업의 장기랠리와 자본시장통합법 실시로 골드만삭스와 같은 대형 투자은행 탄생 가능성 등은 한국판 니프티-피프티 장세가 단순히 수급이 아니라 시대적 요청에 의한 것임을 뒷받침하고 있다.

이러한 측면을 고려해 볼 때, 한국 주식시장은 질과 양 모두에서 비약적 발전을 거듭하며 장기상승랠리를 펼쳐갈 가능성이 매우 크다.